Guo Xiang and the Metaphysical Philosophy
of the Wei and Jin Dynasties

郭象与魏晋玄学

汤一介 著

图书在版编目（CIP）数据

郭象与魏晋玄学 / 汤一介著 . —北京：北京大学出版社，2024.9. —（博雅英华 / 汤一介）. —ISBN 978-7-301-35158-1

Ⅰ. B235.65

中国国家版本馆 CIP 数据核字第 2024V1H168 号

书　　　名	郭象与魏晋玄学 GUOXIANG YU WEIJIN XUANXUE
著作责任者	汤一介 著
责任编辑	王晨玉　吴　敏
标准书号	ISBN 978-7-301-35158-1
出版发行	北京大学出版社
地　　　址	北京市海淀区成府路 205 号　100871
网　　　址	http://www.pup.cn　新浪微博 @ 北京大学出版社
电子邮箱	编辑部 wsz@pup.cn　总编室 zpup@pup.cn
电　　　话	邮购部 010-62752015　发行部 010-62750672 编辑部 010-62750577
印　刷　者	北京中科印刷有限公司
经　销　者	新华书店
	650 毫米 ×965 毫米　16 开本　21.5 印张　328 千字 2024 年 9 月第 1 版　2024 年 9 月第 1 次印刷
定　　　价	128.00 元

未经许可，不得以任何方式复制或抄袭本书之部分或全部内容。
版权所有，侵权必究
举报电话：010-62752024　电子邮箱：fd@pup.cn
图书如有印装质量问题，请与出版部联系，电话：010-62756370

目录

绪 论 / 1

第一章　论魏晋玄风 / 9
　　（一）何谓"魏晋玄学"？ / 9
　　（二）魏晋玄学的产生 / 13
　　（三）魏晋玄风的评价 / 28

第二章　魏晋玄学的发展（上）/ 37
　　（一）正始时期的玄学 / 38
　　（二）竹林时期的玄学 / 47
　　（三）元康时期的玄学 / 55
　　（四）东晋时期的玄学 / 66

第三章　魏晋玄学的发展（中）/ 75
　　（一）心无义 / 81
　　（二）即色义 / 82
　　（三）本无义 / 85
　　（四）不真空义 / 88

第四章　魏晋玄学的发展（下）/ 97

第五章　郭象的生平与著作 / 115

第六章　郭象与向秀 / 125

第七章　郭象与裴頠 / 147
　　（一）"有始"与"无始" / 152
　　（二）"外资"与"独化" / 154
　　（三）"无为"与"有为" / 155
　　（四）"入世"与"超世" / 155

第八章　郭象的《庄子注》与庄周的《庄子》 / 159
　　（一）关于"自性"的问题 / 164
　　（二）关于"无为"的问题 / 166
　　（三）关于"圣人"的问题 / 168
　　（四）关于"无"的问题 / 171

第九章　郭象的《庄子注》与《庄子》的旧说 / 177

第十章　郭象的哲学方法 / 193
　　（一）寄言出意 / 193
　　（二）辩名析理 / 209
　　（三）否定的方法 / 217

第十一章　郭象的哲学体系（上）/ 223

第十二章　郭象的哲学体系（下）/ 243

第十三章　郭象哲学中的理论问题（上）/ 253
　　（一）关于"有"与"无"的问题 / 253
　　（二）关于"动"与"静"的问题 / 257
　　（三）关于"知"与"无知"的问题 / 261
　　（四）圣人"可学致"与"不可学致"的问题 / 264

第十四章　郭象哲学中的理论问题（下）/ 269
　　（一）"（命）理"与"自性" / 269
　　（二）"独化"与"相因" / 272
　　（三）"无待"与"有待"，"无为"与"有为" / 275
　　（四）"顺性"与"安命" / 278

第十五章　郭象与王弼 / 281

第十六章　郭象与张湛 / 289

附录一　有关郭象的生平和著作的资料 / 301

附录二　论魏晋玄学到唐初重玄学 / 319
　　（一）魏晋玄学是先秦《老》《庄》思想的新发展 / 319
　　（二）重玄学的产生和完成 / 329

参考书目 / 338

后　记 / 339

绪 论

当前中国哲学史的研究有一个如何运用马克思主义唯物史观对中国哲学的产生与发展的原因作出科学分析的重要课题。这几年来，许多中国哲学史的研究者在这方面作出了不少可喜的成绩，对进一步开展这门学科的研究是有积极意义的。这本小书希望能在使中国哲学史的研究进一步科学化上起一点添砖加瓦的作用，因此想就以下几个方面的问题作些探讨。

（1）研究哲学思想发展的规律，揭示其发展的内在逻辑是把中国哲学史的研究进一步科学化的最重要的问题

研究哲学史当然要研究某一哲学家或哲学派别在历史上的作用、和当时社会生活的关系等，但严格说来，这些并不是哲学史最终要解决的问题。哲学史最终要解决的问题应该是揭示人类思维在历史上如何发展的内在逻辑。比如说，先秦哲学思想由孔子发展到了孟子，它在理论思维的发展上有什么必然性？虽然这一发展的动因是社会矛盾提出的要求，但思维发展必然有其自身的规律。

一部好的哲学史必然是既能揭示哲学思想发展的动因，又能揭示出哲学思想这样一种理论思维发展的内在逻辑。对哲学思想发展历史的分析必然是合乎于思维逻辑的发展，对哲学史上思想的内在逻辑的分析也必然合乎于历史发展的本质，所以列宁说："总的说来，在逻辑中思想史应和思维规律相吻合。"（《列宁全集》第 38 卷，人民出版

社，1959年，第355页）

魏晋玄学有一个发展的过程，它从曹魏正始年间（240—249）的王弼、何晏，发展到竹林时期（254—262）的嵇康、向秀，又发展到元康、永嘉前后（290年前后）的裴頠、郭象，再到东晋则有张湛、道安，这个发展固然和当时社会的变动有关，这是毫无疑义的。但是，为什么由正始时期王弼、何晏的"贵无"（"以无为本"）发展到竹林时期嵇康的"贵无"（"越名教而任自然"）和向秀的"崇有"（"以儒道为一"），又由竹林时期的玄学发展到元康时期裴頠的"崇有"（"自生而必体有"）和郭象的"独化"（"物各自造"），到东晋而有张湛的"贵无"（"群有以至虚为宗"）和道安的"本无"（"无在万化之先"），这一思想发展的过程有什么内在逻辑的必然性？本书打算围绕对郭象哲学思想的分析来试图回答这个问题。

（2）研究概念、范畴发展的历史是揭示理论思维发展规律的根本途径

哲学是一种理论思维，而理论思维必然以一系列概念、范畴以及由概念、范畴形成的命题（判断）和推理表现，因此可以说哲学思想发展就其内容说是概念、范畴发展的历史。恩格斯说："但理论思维仅仅是一种天赋的能力。这种能力必须加以发展和锻炼，而为了进行这种锻炼，除了学习以往的哲学，直到现在还没有别的手段。"（《自然辩证法》，《马克思恩格斯选集》第3卷，人民出版社，1972年，第465页）恩格斯这里说的"以往的哲学"自然就包括哲学史的内容。一部科学的哲学史必然是能揭示人类对唯物主义和唯心主义以及各种各样思潮的认识在矛盾冲突中发展的规律，而人类认识发展的历史最基本的内容则是概念、范畴发展的历史。由于概念、范畴在哲学史中的发展反映着人们认识的深入，我们研究它的发展历史就是把人类认识世界的过程在自己的思想中重新梳理一次，当然是排除了种种偶然的、次要的因素，而抓住本质的、规律性的内容。这种重新思索的过程，必然使我们自己的思想也深化了，所以列宁说："从逻辑的一般概念和范畴的发展与运用的观点出发的思想史——这才是需要的东西。"（《黑格尔〈逻辑学〉一书摘要》，《列宁全集》第 38 卷，人民出版社，1959 年，第 188 页）

黑格尔说："既然文化上的区别一般地基于思想范畴的区别，则哲学上的区别更是基于思想范畴的区别。"（《哲学史讲演录》第一卷，生活·读书·新知三联书店，1956 年，第 47 页）研究中国传统哲学的概念、范畴发展的历史更有认识中国传统哲学的特点和发展水平的重要意义。中国传统哲学有它自己的一套概念、范畴，并逐渐形成了一个较完整的体系。正因为中国传统哲学有自己的一套概念、范畴，对这些概念、范畴就不能简单地用西方哲学史的概念、范畴去套，甚至也不能简单地和马克思主义哲学的概念、范畴等同。我国哲学史上长期形成的一套概念、范畴，除少量吸收了印度佛教的概念之外，基本上是独立发展的，所以它的特点也是很鲜明的。例如，在中国哲学史上"天"和"人"这对范畴就非常重要，中国传统哲学不仅对天人关系的问题比较重视，而且不同的哲学家对"天"的解释就不相同，对"人性"的看法更是众说纷纭了。早在先秦就有韩非的《解老》，它实际上就是对《老子》书中的一些哲学概念的涵义的一种解释；东汉的《白虎通义》也对两汉某些哲学概念作了适应当时统治阶级需要的说明；在王弼的《周易略例》《老子指略》中也包含有用玄学思想解释哲学概念的意义；南宋陈淳作《北溪字义》对朱熹的哲学范畴体系作了分析；清朝戴震的《孟子字义疏证》则是一部解释中国传统哲学概念、范畴的重要著作。中国哲学史上的哲学家们所使用的概念、范畴以及他们对中国传统哲学概念、范畴的研究，充分表现了中国传统哲学的特点，并反映了一定历史发展阶段上的理论思维水平。恩格斯说："一个民族想要站在科学的最高峰，就一刻也不能没有理论思维。"（《自然辩证法》，《马克思恩格斯选集》第 3 卷，人民出版社，1972 年，第 467 页）我们的民族在历史上曾经创造出灿烂的文化，在那时难道不是因为有一定高度的理论思维吗？我们今天总结中国传统哲学如何运用一套特有的概念、范畴来进行理论思维时，难道不能丰富马克思主义的内容吗？

魏晋玄学是一种思辨性比较强的哲学，它的特点之一就是丰富了中国传统哲学的概念、范畴。例如，在魏晋玄学中"有""无""体""用""本""末""一""多""言""意""性""情""独化""相因""名教""自然""无心""顺有"等，这样一系列的概念、范畴都被成对地提出来了。这中间有的虽是先秦哲学中已有的，但在魏晋玄学中，它的内容更加丰富了，涵义更加明确了。本书打算以郭象哲学思想体系为中心，对魏晋玄学中的概念、范畴作些具体的分析。

（3）研究一个时期哲学家建立其哲学体系的方法，对了解这一时期的哲学发展水平及其特点有着十分重要的意义

一种新的哲学思潮的产生虽然有其社会历史的原因，但一种新的哲学方法往往是使这种由社会历史动因所产生的某种哲学思潮成为系统的完备的新学说的重要条件。没有建立哲学体系的新方法，则无以建立起新的哲学体系。从哲学发展的历史看，往往是在有了新的哲学方法之后，才为新的哲学思潮的广泛流传开辟道路，而且其影响往往及于史学、文学、艺术等领域。哲学或者可以说有"内容"和"方法"两个方面，哲学家的哲学思想内容和他建立其哲学思想体系的方法，都应是哲学史研究的课题。有时一个哲学家的哲学思想本身并不正确或者也不很深刻，但他建立其哲学体系的方法却可以很有水平，并表现了这一时期哲学发展的某些特点，所以从某种意义上说，揭示哲学史上某些哲学家建立其哲学体系的方法或者对我们更有启发。

魏晋玄学这种新的哲学思潮的流行和完备，是由于一种新的哲学方法的出现而发生的。这种新的哲学方法称之为"言意之辩"。就魏晋玄学家说，几乎都讨论了"言"和"意"的关系问题，王弼首倡"得意忘言"，嵇康继之；郭象又提出"寄言出意"，这也本之于王弼"得意忘言"。而"辩名析理"同样是这一时期玄学家共同采用的一种方法。

就"言"和"意"这对范畴说，它本身是个哲学问题，在魏晋时期对这个问题的看法可分三派：言不尽意派，如张韩有《不用舌论》，以言语为无用；言尽意派，如欧阳建有《言尽意论》，主张言可尽意；得意忘言派，如王弼、郭象、嵇康等均属之。王弼以为"尽意莫若象，尽象莫若言"，而"得意"必须"忘言"。但是魏晋时期的玄学家如王弼、郭象等不仅讨论"言""意"本身这一哲学问题，而且把这个问题作为建立他们哲学体系的根本方法。王弼言"贵无"，以无为本，而"无"作为宇宙本体无形无名，本不可说，那么如何把握这个作为宇宙本体之"无"呢？如果说，根本不能把握，那么就无法证明天地万物是"以无为本"，如果"本体"可说，那么"本体"就成为认识的对象，而有名有形。为了解决这一矛盾，王弼提出"得意忘言"这一玄学方法。魏晋玄学要解决的一个重要问题是调和儒、道，但是儒家和道家是两种不同的思想体系，特别是《庄子》一书指名道姓地诋毁孔子，这怎样调和呢？郭象《庄子注》采用了"寄言出意"的方法，力图解决这个矛盾。从王弼用"得意忘言"的方法，我们可以了解到他如何论证"无"和"有"的"体""用"关系，而建立其"贵无"的思想体系。从郭象用"寄言出意"的方法，我们可以看到他如何解决当时调和儒、道这一难题，而建立了他的新哲学体系。

魏晋玄学的方法是一种思辨性很强的方法，对它进行科学的分析，不仅将会丰富哲学史研究的内容，而且对于我们了解这一时期哲学发展的水平和特点有着十分重要的意义。

（4）研究外来思想文化的传入和与原有传统思想文化的关系，是认识原有传统思想文化的特点和发展水平的重要方法

当前世界思想文化发展的趋势表现为各种不同传统思想文化的冲突与调和。世界的动荡不安、矛盾冲突，除了其他原因（如政治的、经济的）之外，思想文化传统的不同也是其中的原因之一。阿拉伯世界、伊斯兰教和西方世界的矛盾，其中就有哲学思想和宗教信仰的原因。但是，由于世界的交往日益频繁，思想文化的互相影响，在思想文化上的调和和互相吸收的趋势也是很明显的。特别是马克思主义在全世界的广泛传播，更给各种不同传统思想文化的关系提出了新的课题。马克思主义产生在西欧，是西欧激烈动荡的历史条件下的产物，因此仅就思想文化传统方面来说，它对于世界许多其他地方而言则是一种外来的思想文化，那么也就存在马克思主义与原有传统思想文化的关系问题。马克思主义要在一个国家（民族、地域）生根、发芽，从某种意义上说就必须与原有的传统思想文化相结合，或者说必须通过对原有的传统思想文化进行批判地继承，否则就不能真正起作用。因此，研究马克思主义和我国传统思想文化的关系，是不是也会丰富和发展马克思主义？应该说是可以的。就中国哲学今后发展的趋势看，中国哲学将是中国化的马克思主义哲学，还是吸收了马克思主义以及其他各种哲学的中国哲学呢？这当然还要看一个时期，但我看后一种可能性比较大些。

魏晋南北朝时期，我国哲学思想（实际上也是整个文化、整个社会）发生了一个很大变化，这就是印度佛教在中国的广泛流传。佛教是一种外来的思想文化，这种外来的思想文化在中国如何与原有传统思想文化结合，如何由形式地依附于中国传统文化，到与中国传统思想文化的明显冲突，再到最后融合在中国传统思想文化之中，成为中国思想文化的一个组成部分，研究这个问题，研究这个发展过程，将是很有意义的。

在历史上思想文化有不同的类型，怎样才能了解一种思想文化的特点和发展水平？必须在和另外的思想文化的比较中来揭示。如果我们把汉、魏、两晋、南北朝传入中国的佛教和中国传统思想文化相比较，我们不仅可以较深入地了解中国传统思想文化的特点和发展的水平，而且也可以了解外来思想文化如何能为我们吸收、融化的原因。这种把一个国家、一个民族或一个地域和另一个国家、另一个民族或另一个地域的哲学思想相比较的分析研究方法,就是比较哲学。当前,我们应该开展这个方面的研究,以建立适应当前世界哲学发展潮流的中国比较哲学。

科学研究是一件严肃的事情,应当力求能够得出比较正确的结论,但是同时科学研究也是一项带有探索性的工作,应该敢于提出新的问题和看法。这本小书提出和探讨了一些问题,虽然我对这些问题是认真对待的,但限于水平,有些看法是很不成熟的,甚至还可能是不正确的,希望得到同行的批评指正。

第一章　论魏晋玄风

哲学是时代精神的体现，它标志着一个国家、一个民族理论思维水平所达到的高度。魏晋时期的玄学是我国古代哲学发展中的一个重要阶段，郭象是魏晋时期的重要哲学家，他的哲学思想可以说是那个时代哲学发展的最高点。对一种哲学思潮发展的最高形态作具体的分析，应该可以使我们比较容易深入地把握这种思潮的各个方面。因此，本书打算通过对郭象哲学思想的分析，对魏晋玄学的各个方面进行探讨。研究哲学史应该以马克思主义唯物史观作为起点，而"马克思的整个世界观不是教义，而是方法。它提供的不是现成的教条，而是进一步研究的出发点和供这种研究使用的方法。"（恩格斯：《致威纳尔·桑巴特》，《马克思恩格斯全集》第39卷，人民出版社，1974年，第406页）我们研究历史科学应该遵循马克思这个科学论断："在历史科学中，专靠一些公式是办不成什么事的。"（《哲学的贫困》，《马克思恩格斯全集》第4卷，人民出版社，1958年，第166页）

（一）何谓"魏晋玄学"？

"玄学"又称"形而上学"，我国最早出现"形而上"一词是《周易·系辞上》，"形而上者谓之道，形而下者谓之器"。在西方哲学史上，原来亚里士多德把我们称为"形而上学"（Metaphysics）的叫作"第一哲学"。黑格尔在他的《哲学史讲演录》中说："亚里士多德毫不含糊地把纯粹哲学或形而上学与其他的科学区别开来,认为它是一种'研究存在之为存在以及存在的自在自为的性质的科学'。"(生活·读书·新知三联书店,1957 年,第二卷,第 288 页)据 D. D. Runes 的《哲学字典》说,形而上学是关于存在自身的科学(the science of being as such),这里"科学"一词是就古典的意义上说的,也就是关于"终极原因"的知识,即关于"第一原理"(first principles)的知识。这个"第一原理"(终极原因)被视为没有比它更高的、更完全的普遍性,它对人类的智慧而言只能是靠其自身本性的能力得到的。马克思《哲学的贫困》第二章"政治经济学的形而上学",对标题中的"形而上学"有一条译注说:"用纯思辨的方法来阐述经验以外的各种问题,如关于存在的始源,关于世界的实质,关于上帝,关于灵魂,关于意志自由等等。"(人民出版社,1949 年,第 80 页)这条译注对马克思这里所用的"形而上学"这一概念的涵义的解释是正确的,马克思在这里所说的"形而上学"就是指把经济关系作为一种超验的、抽象的永恒观念来对待。所以在哲学史上,形而上学(玄学)并不都是指和辩证法相对立的孤立地、静止地、片面地看问题的方法。当然,前面所说的那种意义上的"形而上学"往往也是把世界的实质看成是静态的、永恒不变的存在。我们把魏晋时期的哲学称为"魏晋玄学"大体也是在上面所说的那个意义上讲的。

"玄学"这个名称,见于梁沈约的《宋书》,该书《雷次宗传》曾说:

> 元嘉十五年,征次宗至京师,开馆于鸡笼山,聚徒教授,置生百余人。会稽朱膺之、颍川庾蔚之并以儒学,监总诸生。时国子学未立,上留心艺术,使丹阳尹何尚之立玄学,太子率更令何承天立史学。司徒参军谢元立文学,凡四学并建。

然而或者在西晋时代已经使用了"玄学"这个名称,据《晋书》卷五十四《陆云传》说:

> （陆）云……至一家，便寄宿，见一年少，美风姿，共谈《老子》，辞致深远，向晓辞去。行十许里，至故人家，云此数十里中无人居。云意始悟，却寻昨宿处，乃王弼冢。云本无玄学，自此谈《老》殊进。

近人章炳麟在《五朝学》中较明确地说明了"玄学"的性质，他说：

> 夫驰说者，不务综终始，苟以玄学为诟。……五朝有玄学，知与恬交相养，而和理出其性，故骄淫息乎上，躁竞弭乎下。……五朝所以不竞，由任世贵，又以言貌举人，不在玄学。

而在魏晋时一般常把"玄学"称为"玄远"之学，《世说新语·德行》注引《魏氏春秋》说："上曰……天下之至慎者其唯阮嗣宗乎？每与之言。言及玄远，而未尝评论时事，臧否人物。"又同书《规箴》说："王夷甫（衍）雅尚玄远。"陆澄《与王俭书》说："晋太兴四年，太常荀崧请置《周易》郑玄注博士，行乎前代。于时政由王、庾，皆俊神清识，能言玄远。"像这样用"玄远"一词说明当时学风的史料在魏晋南北朝时还有很多，就不再一一列举了。不过，我们还要把何劭《荀粲传》中的一段话引用下来，因为它谈及这个名称的涵义问题。

> 粲诸兄并以儒术论议，而粲独好言道，常以为子贡称夫子之言性与天道不可得闻，然则六籍虽存，固圣人之糠秕。粲兄俣难曰："《易》亦云圣人立象以尽意，系辞焉以尽言，则微言胡为不可得而闻见哉？"粲答曰："盖理之微者，非物象之所举也。今称'立象以尽意'，此非通于意外者也；'系辞焉以尽言'，此非言乎系表者也。斯则象外之意，系表之言，固蕴而不出矣。"……（傅）嘏善名理，而粲尚玄远，宗致虽同，仓卒时或有格而不相得意，裴徽通彼我之怀，为二家骑驿。

按《世说新语·文学》中说："傅嘏善言虚胜，荀粲谈尚玄远。"又同书《言语》中说："裴仆射（頠）善谈名理，混混有雅致。"而孙盛《老聃非大贤论》说："昔裴逸民（頠）作《崇有》、《贵无》二论，时谈者或以为不达虚胜之道者。"可见所谓"玄远""虚胜""名理"三者的涵义既有区别，又有联系。所谓"名理"，开始盖为讨论"名分之理"，人君臣民各有其职守，如何使之名实相符而天下治，此为政治理论的问题；后来渐进而讨论鉴识人物的标准问题，于是"名理之学"趋向"辩名析理"，向着抽象原则的方面发展，如当时有钟会、傅嘏、李丰、王广等所谓"四本才性"问题的讨论。"虚胜"则谓为"虚无贵胜之道"（语见章炳麟《黄巾道士缘起》），盖所论不关具体事实，而以谈某些抽象原则为高明，但似仍未离政治人伦的抽象原理而进入宇宙本体的形而上学领域。"善言虚胜"者必"善名理"，所以《世说新语·文学》说傅嘏"善言虚胜"，而《荀粲传》说他"善名理"，这就很自然了。然"善名理"者则不一定都能"达虚胜之道"，如上引材料说裴頠则是（这两条材料对裴頠的评论是否正确，当为另一问题，但可以了解当时认为"名理"和"虚胜"确有不同的涵义）。"玄学"（玄远之学）则更前进一步，把讨论天地万物存在的根据问题作为中心课题，要为政治人伦找一形而上学的根据，而进入本体论问题的讨论。"玄远"在当时或有二义：说阮籍"言及玄远"，则指远离"世务"（世事），仍属政治人伦方面；而说荀粲"尚玄远"，则指远离"事物"，则属于超言绝象的形而上学问题。虽然这二者往往联在一起，但意义则不相同。

魏晋玄学既然是要为天地万物（包括政治人伦）的存在找一形而上学的根据，它所讨论的问题就必有其特殊的内容，这就是所谓"本末有无"问题。"本"为"体"（本体），"末"为"用"（功用）；"有"即是有名有形的具体的存在物，指天地万物、政治人伦（名教），"无"则为无名无形的超时空的本体，名为"道"或"自然"。魏晋玄学所讨论的问题就是指作为无名无形的超时空的本体和有名有形具体的天地万物的关系问题。魏晋玄学既然是讨论天地万物存在的根据这样的本体论问题，而这种问题在老庄哲学中已经多少接触到了，所以在当时又常常把"玄远之学"直接称为"老庄"或"玄宗""玄虚"之学等等。北齐颜之推在《颜氏家训·勉学》中说"何晏、王弼祖述玄宗"，接着在列举山涛、夏侯玄、荀粲、王衍、嵇康、郭象、阮籍、谢鲲之后又说："彼诸人者，并其领袖，玄宗所归。……洎于梁世，兹风复阐，《老》、《庄》、《周易》，总谓三玄。"这里的"玄宗"就是指"老庄之学"，所以干宝《晋纪·总论》说"学者以老庄为宗"。而所谓"玄虚"也是指"老庄之学"，如《晋书·嵇含传》引嵇含《吊庄周图文》："于是借玄虚以助溺，引道德以自奖；户咏恬旷之辞，家画老庄之象。"沈约《宋书·谢灵运传论》："为学穷于柱下，博物止乎七篇。"由此可见魏晋玄学和老庄哲学的渊源关系之深。

如果我们给"魏晋玄学"作一个比较简明的说明，可以这样表述：魏晋玄学是指魏晋时期以老庄思想为骨架企图调和儒道，会通"自然"与"名教"的一种特定的哲学思潮，它所讨论的中心为"本末有无"问题，即用思辨的方法来讨论有关天地万物存在的根据的问题，也就是说表现为远离"世务"和"事物"的形而上学本体论问题。

（二）魏晋玄学的产生

魏晋时期为什么产生魏晋玄学，这个问题可以从各个方面考察。例如，有说可以从汉末农民起义方面来考察，认为黄巾起义利用了道教，而道教所根据的经典之一是《老子》，因此说以道家思想为骨架的玄学，正是从另一个方面利用《老子》而与农民起义相对抗。又有说两汉流行的经学，后越来越烦琐和荒诞，但物极必反，思想因而向着简单和抽象的方面发展，因此老庄思想流行。还有一说，因为当时天下大乱，士大夫难以全身保命，不如逃避现实，而信奉老庄，《世说新语·栖逸》"嵇康游于汲郡山中"条注引王隐《晋书》说："魏晋去就，易生嫌疑，贵贱并没。"《晋书·阮籍传》说："籍本有济世志，属魏晋之际，天下多故，名士少有全者，籍由是不与世事，遂酣饮为常。"这些可能都是玄学产生的原因，至少可以说有这样一些现象。但是，如果仅仅停留在这样一些分析上，是不足以说明玄学这样一种思潮是如何产生的，它没有能从哲学思想发展的内在逻辑方面作出说明。

东汉末年，天下大乱，原来居于统治地位的儒家思想衰落，这是很自然的，但为什么作为玄学骨架的道家思想必然流行呢？两汉长达三四百年的统治中，儒家思想虽处于"独尊"的地位，而道家思想在这种情况下却成为反对汉儒天人感应目的论和谶纬迷信的最重要的武器而长期流行着。据现存可查史料，两汉治《老子》或"黄老之学"的有五十余家，可见其流行的一般情况。

在反对天人感应目的论和谶纬迷信中，"天道自然无为"可以说是两汉的主要思潮，从西汉末的严遵，经东汉初的桓谭，到王充、张衡、冯衍等，一直到东汉末的仲长统，他们在不同程度上都受这一思潮的影响。这些哲学家用"天道自然无为"的思想反对天人感应目的论，可以说是思想界里的一种净化运动，它不断排除着荒诞的、烦琐的神秘主义。这些哲学家所用的"天道自然无为"的思想虽不能说全同于老子的学说，但无疑总和它有着密切的联系，这点王充在《论衡·自然篇》就说明了，他说他的学说"虽违儒家之说，合黄、老之义也"。

社会的大动荡，给思想的大解放创造了条件。在旧的统治思想无法继续统治下去，而新的统治思想尚未形成的情况下，一般说来，思想总是比较活跃，比较解放，因而也是比较丰富多彩的。正是由于社会的大动荡，人们就会要问：现实社会的存在有什么根据？它究竟是否合理？理想的社会又应该怎样？……东汉末年，在儒家思想衰落的情况下，出现了原来先秦六家中名、法、阴阳、道等家相当活跃的新形势，而其中最可能继儒家而起的是道家思想，大家都想从各个方面回答现实中提出的问题。

我们说儒家思想衰落，并非说儒家所维护的封建社会的纲常名教已不再适合中国封建统治阶级的需要，而只是说一方面，两汉以来的经学，为纲常名教合理性作论证的天人感应目的论等已走入穷途末路了。维护封建统治的纲常名教要继续下去，必须得到新的生命力，得到新的理论论证。在当时的条件下，发展老子的道家思想不仅为此提供了最大的可能性，因为这是当时历史发展的现实所需要的，而且对当时的统治者从其性格的某一方面来说也是最可取的。不过从另一方面看，既然在两汉纲常名教已经和儒家思想结成一体，要反对儒家的独尊地位及其荒诞性，往往也不得不去批评"纲常名教"那一套，所以以老庄为骨架的玄学又有破坏"纲常名教"而使人们从虚伪的礼教中解放出来的作用。

为什么说在当时的条件下对统治阶级来说用发展了的道家思想来论证纲常名教的合理性是最可能的而且是最可取的呢？这样的思想发展是否有其必然性呢？这就要我们从当时思想发展的内在逻辑方面作些分析了。

汉朝选取官吏，地方用察举的方式，朝廷用征辟的方式，因此人物的品评鉴识就非常重要，而品评人物高下的标准为德性，即纲常名教所要求的品行性格。在东汉末，关于人物的评论，往往是对一个人一个人的具体评论，例如郭泰对黄宪和袁阆的评论说"叔度（黄宪）汪汪如万顷之陂，澄之不清，扰之不浊，其器深广，难测量也"；"奉高（袁阆）之器，譬诸泛滥，虽清易挹也"（见《世说新语·德行》"郭林宗（泰）至汝南造袁奉高"条及注引《泰别传》）。这里，郭泰只是对黄、袁等个人品德作具体评论。当时许劭兄弟颇有盛名，成为汝南名士，他们每月之初常选一个"题目"作为评论的对象，因而汝南地方称之为"月旦评"。有一次曹操要许劭对他进行评论，许劭说："君清平之奸贼，乱世之英雄。"（《后汉书》卷六十八《许劭传》）曹操听了非常高兴。这里可以看出两个问题：第一，许劭评论人物的标准仍依德行；第二，曹操看人物的标准和许劭根本不同，这样就出现了评论人物的标准问题。本来汉末这种评论人物的风气流弊很多，它不但造成一群一党的互相吹捧，而且使一些虚伪奸诈的人借着它可以招摇撞骗。汉末有晋文经、黄子艾靠着他们有点小聪明,而炫耀京师。他们自恃名声很大,朝廷征辟也不出仕;士大夫前去拜访,他们甚至都不接见。他们操纵着评论人物的舆论。后来是由于大名士李膺等的批评和揭露,才现其轻薄子的原形,而不得不逃离京师(事见《后汉书》卷六十八《符融传》)。由此可见,汉末的评论人物,"名"和"实"并不一定相符。所以东晋葛洪《抱朴子外篇·名实》中有一段批评的话说:"闻汉末之世,灵、献之时,品藻乖滥,英逸穷滞,饕餮得志,名不准实,贾不本物,以其通者为贤,塞者为愚。"

汉末社会混乱了,名不符实、名实颠倒错乱的情况当然是所在多有。因此,有不少思想家对这种状况深为不满,这样就出现了对"名"和"实"的关系问题的讨论。著名的政治家崔寔深检名实,号称法家,著《政论》,"指切时要,言辩而确,当世称之"。他说:"常患贤佞难别,是非倒纷,始相去如毫厘,而祸福差以千里,故圣君明主其犹慎之。"(《全后汉文》卷四十六)仲长统《昌言》也说:"天下之士有三可贱:慕名而不知实,一可贱。"王符《潜夫论》主张"考绩"谓为"太平之基",他说:"是故有号者非必称于典,名理者必效于实,则官无废职,位无非人。"而徐幹更申明"名"与"实"的关系说:"名者,所以名实也。实立而名从之,非名立而实从之也。故长形立而名之曰长,短形立而名之曰短,非长短之名先立而长短之形从之也。仲尼之所贵者,名实之名也。贵名,乃所以贵实也。"(《中论·考伪》)这些都说明当时的一些政治家、思想家非常重视名实问题,而多主张名必符实,因此名家思想的流行就不是偶然的了。

汉魏之际之所以注重名实关系问题,除上述原因之外,和曹操之重人才、好法术也大有关系。盖于乱世,要想成大业必注重人才的选拔,曹操用人举士,多重才力而不依德行。他前后下求贤令四次,建安十九年所下之令说:"夫有行之士未必能进取,进取之士未必能有行也。"(《三国志·魏书·武帝纪》)因此要"因任而授官,循名而责实",正是法家所注重者。陈寿在《三国志》里对曹操的评语说:曹操

"揽申、商之法术,该韩、白之奇策",傅玄《上晋武帝疏》说:"近者魏武好法术,而天下贵刑名。"法必依实,亦关乎刑名。由于曹操是法家,所以综核名实为当时所重视。曹魏时的思想家刘劭认为任用官吏,应有考核,作《都官考课》七十二条,据所上疏提及,他作《考课》的目的在于纠正"能否混而相蒙"的名实不符等弊病。刘劭著有《人物志》,虽是讨论评品人物的标准问题,而这个问题的实际意义正在于"因任而授官,循名而责实",所以书中《材能》篇谓:"或曰:人材有能大不能小,犹函牛之鼎不可以烹鸡,愚以为此非名也。"照刘劭看,人才无所谓"能大不能小",这样说是"名"不当"实",而人才由于所能各异,因此只有"宜"与"不宜"的分别,这正如蔡邕《荐边让书》所说:"传曰:函牛之鼎一旦立之以烹鸡,多汁则淡,而不可食;少汁则焦,而不可熟。此言大器之于小用,固有所不宜也。"(《全后汉文》卷七十三)因此,"名"必与"实"相当,如果不符合事物的实际,这样也就是"非名"。接着刘劭在《材能》篇中列举了"八能"以说明才能之不同,而各有所宜任之官。由此可见,刘劭深受当时时代风气之影响,而颇具名家、法家的思想。

人物的评论固然必依于实际,而由于种种原因而对人物的要求不同,如乱世固然出英雄,而乱世也正需要英雄。那么什么样的人才称得上"英雄"?这就要有一个"英雄"的标准问题,以便人们在评论人物时有所遵循。据史书记载,在汉魏之际讨论品评人物标准的著作不少,据可考者至少有九种,而多已散失,现仅存《人物志》一种。从《人物志》的内容看,虽或不能说像后来的"四本才性"问题那样已经成为纯粹的"名理之学",但也不再像汉末那样仅就具体人物的才性高下来进行评论(如"月旦评")了,而进于对评论人物的标准和评论人物的原则等问题的讨论,这一情况实为思想发展的必然趋势。对抽象的人物标准进行讨论,必然要用辩名析理的方法,因而讨论抽象原则的"名理之学"就大大得到了发展。

刘劭《人物志·有序》把人物分成若干等,并为其定出不同的标

准,他说:

> 是故仲尼不试,无所援升,犹序门人以为四科,泛论众材以辨三等。又叹中庸,以殊圣人之德。尚德,以劝庶几之论。训六蔽,以戒偏材之失。思狂狷,以通拘抗之材。疾悾悾而无信,以明为(按:即"伪")似之难保。

刘劭对人物的看法,圣人自然是列为第一等的,而所谓"圣人"的标准在于他有"中庸"之至德;第二等是兼材之人(如伊尹、吕望、颜回等贤人),"兼材之人,以德为目",即在仁、义、礼、智等有些方面非常突出;第三等为偏至之材,"偏至之材,以才自名",刘昞注说:"犹百工众伎,各有其名。"在此三等之外就是那些过分的狂者、不及的狷者和乱德之人,这些人都是末流人物,不必列在评论人物的范围之内。这里我们可以看到,刘劭评论人物虽主"因任授官,循名责实",而评论人物的标准乃往往本之儒家,所以宋人阮逸的《人物志序》说这部书"大抵考诸行事,而约人于中庸之域,诚一家之善志也",而《四库提要》更明确地说:"所言究悉物情,而精核近理……虽近乎名家,其理则弗乖于儒者也。"

汉魏之际道家思想之流行实亦与法家思想之流行有一定的关系,因为黄老与刑名本有内在联系。今本《尹文子》或为汉魏之际所修订过,其序中说:"其学本于黄老,大较刑名家也。"《四库提要》说:"其书本名家者流,大旨指陈治道欲自处于虚静,而万事万物则一一综核其实,故其言出入于黄老申韩之间。"本来,自战国至秦汉,道家与法家之间就存在不少的联系,"无为而无不为"本是道家的基本思想,而法家采之用为"君道无为,臣道有为";"将欲夺之,必固与之"本是道家的重要命题,而法家用之为"权术"的根据。"申子之学,本于黄老,而主刑名"(《史记·老庄申韩列传》),韩非则有《解老》《喻老》之篇。道家思想流行于汉魏之际,虽与法家思想流行有关,但从根本上说，仍是它原在两汉三四百年中即与汉儒天人感应目的论相对立，故在儒家思想统治地位削弱的情况下，才有继之而起的可能。汉代末年，经学家马融和郑玄都曾注《老子》，重要思想家仲长统"服膺老庄"，约与刘劭同时而提倡老学的知名者有夏侯玄、荀粲、钟会、管辂、裴徽等。《三国志·魏书》说："及会死后，于会家得书二十篇，名曰《道论》，而实刑名家也。"（按：钟会有《老子注》已佚，散见于各种《道德经注》疏中）可见当时道家与名家也甚有关系。在这种道家思想流行的情况下，刘劭自不能不受时代风尚之影响。在《人物志》中，他不仅引用了《老子》的话，而且多据《道德经》以立论，如说"自然无为""虚下不事""卑让胜敌"等，均以道家思想为立身行事之准则。

从上面的分析我们可以看出，到汉魏之际由于儒家思想统治地位的削弱，因而出现了儒、道、名、法合流的趋势。刘劭的思想正反映了这种发展的趋势，而成为过渡到魏晋玄学的一个环节。下面让我们通过《人物志》所谈及的几个问题，来探求"名理之学"向玄学发展的内在逻辑，以表明哲学思想发展的规律。

（1）才性问题

"才性问题"虽说不是在汉魏之际才提出来的。但到汉魏之际它却成为一个普遍重视的讨论之对象。"才"指"才能"，一般都是这样看；而"性"具体指什么，说法就不一致了。从孟子以来，就人的"性"（或叫"本性"或"天性"）说大体是指人之所以为人者，或人之所以异于禽兽者。章炳麟《辨性》中说："儒者言性有五家：无善无不善，是告子也；善，是孟子也；恶，是孙卿也；善恶混，是扬子也；善恶以人异，殊上中下，是漆雕开、世硕、公孙尼、王充也。"这五家虽对"性"的看法不同，但多从伦理道德的观点来看"人性"，如人性善，则只要"收其放心""反求诸己"，即可成为一个有道德的人；如人性恶，则只要有"师法之化""礼义之道"即可使人弃恶而为善。但到汉魏之际，天下大乱，需要有才干的人出来创大业，所以曹操提出"唯

才是举",他说:

> 若文俗之吏,高才异质,或堪为将守;负污辱之名,见笑之行,或不仁不孝而有治国用兵之术:其各举所知,勿有所遗。(《三国志·魏书·武帝纪》注引《魏书》)

本来在汉朝,"察举"和"征辟"往往是根据德行,因此并不把"才"和"性"看成是可以矛盾的。但到曹操时就出了问题,"才"和"性"竟可有如此之差异。刘劭正是在这样的情况下讨论才性问题的。从《人物志》一书看,刘劭很重视人的才能,他把人分成"圣人""兼材"和"偏材",又把人物分成十二流品(类型),都是依据才能而划分的。但对人的才能由何而来,他仍认为"出乎性情"。"性"(或"质"),晋袁准《才性论》说:"性言其质,才名其用。"(《艺文类聚》卷二十一引)由于人之性的不同,因此才能也就不同。"圣人"的"性"是"中和"("中庸"),"中和之质,必平淡无味","中庸之德,其质无名",故能"调和五材""总达众材"。而其余的人的"性"则各据五常之性的一偏或兼而有之。这就可以看出,刘劭的所谓"性"也还没有脱离汉人讲的那一套,只不过是对"圣人"的"性"用了一些道家思想加以解释罢了。然而由于才性问题的提出,所以到曹魏当政时,对这个问题的讨论就多起来了,有所谓"四本才性"问题的出现。《世说新语·文学》"钟会撰《四本论》"条注引《魏志》说:

> 四本者,言才性同,才性异,才性合,才性离也。尚书傅嘏论同,中书令李丰论异,侍郎钟会论合,屯骑校尉王广论离。

这四家讨论才性问题的具体内容已不可得而知,但所讨论的范围,已经进入抽象的"名理",则是无可怀疑的,其所讨论的内容当然是"才"和"性"的关系问题。"才"这个概念的涵义指的什么,大概没有太多可以讨论的地方，主要是讨论对"性"的看法。到何晏、王弼时代，对这个问题提出了新的观点，以为必先给"性"下个定义才好讨论，否则无所适从。何晏《论语集解》注"夫子之言性与天道，不可得而闻也"句说"性者，人之所受以生也"。但接着必然要提出更进一步的问题，"人之所受以生"的"性"是否合理？看来，何晏、王弼都认为"性"应该是合理的，也就是说，"性"即"理"。何晏说："凡人任情，喜怒违理；颜渊任道，怒不过分。迁者，移也。怒当其理，不移易也。"（《论语集解·雍也第六》）王弼在《答荀融难弼大衍义》中认为，圣人能"以情从理"。在《周易·乾卦·文言传》中说："不为乾元，何能通物之始？不性其情，何能久行其正。"这里的"理"，都是指"性"说的。这样一来，"人性"就和"天理"相通了，而"理"又是事物存在的根据（即本体），"物无妄然，必由其理"。于是曹魏到正始时，由才性问题的讨论而进入了玄学本体论的范围。以后几乎所有玄学家都把"人性"问题和宇宙本体问题联系在一起，如嵇康以"本之自然之性"为"人之真性"；向秀谓"人之性"为"天理自然"；郭象认为"物各有性，性各有极"，"天性所受，各有本分，不可逃，亦不可加也"，"性分各自为者，皆在至理中来，故不可免也"。如果说王弼认为"性"即"理"，而"理"是一至高的统一本体，那么郭象的所谓"性"实际上也是"理"，但天地万物各有各的"性"，也各有各的存在之"理"，而没有统一的至高的"理"。

从以上发展的情况来看，我们可知在魏晋之际，如何由才性问题的讨论而发展到关于宇宙本体问题的讨论的内在逻辑联系。

（2）有无问题

魏晋玄学是讨论"本末有无"问题的，或说"以无为本"或说"自生而必体有"这样的"贵无"或"崇有"等哲学命题，并不是一下子突然提出来的，它有一个不得不这样提出的过程。

王充批判天人感应目的论所采用的重要理论是改造了的道家"天

道自然无为"的思想,他用这个理论讨论到的仍是宇宙构成方面的问题,并没有涉及宇宙本体方面的问题。由于他主张"天道自然无为",因而在论人事方面也很重视"无为",他说:"至德纯渥之人,禀天气多,故能则天,自然无为。禀气薄少,不遵道德,不似天地,故曰不肖。不肖者,不似也。不似天地,不类圣贤,故有为也。"(《论衡·自然篇》)到魏晋之际,一些思想家沿着这种"无为"思想发展下来,而提倡"君道无为,臣道有为"。这一"君道无为,臣道有为"本是法家的君人南面之术。由于当时的需要,刘劭《人物志》中也反映了这种思想。但在刘劭的思想中似乎并未就此停止,他认为既然"君道无为",那么也就是说君主和臣民应该有所不同,其本性应是"平淡无味"的,这样才可以不"与一材同用好"。至此,刘劭的思想已不仅限于君人南面之术,而进入才性问题的抽象讨论。

刘劭认为,君主应是具有"中庸之德"的,而所谓"中庸之德"(或称"中和之质")"必平淡无味""其质无名"。因此,"观人察质(性),必先察其平淡,而后求其聪明"。"平淡"者才能真"聪明",而"聪明"者未必能"平淡"。因为"平淡"者才可以"总达众材";而"聪明"者只能以偏材或兼材取胜。"中和之质"必平淡无味,如有一味则不能调和众味;必平淡无味,才可以调和以成众味。如有此名,则不能成彼名;故必"无名",才可以"变化应节"。刘劭这些看法虽然还没有直接讨论到"有""无"问题,然而他显然已经注意到"无名""无味""无为"的作用。这样的看法,就它哲学上的意义看,可以说已经把"无"看成比"有"更为根本了。

王弼在《论语释疑》中说:"至和之调,五味不形,大成之乐,五声不分,中和备质,五材无名也。"这个观点和上述刘劭的看法大体相同。但问题是为什么圣人"其质无名"呢?刘劭并没有回答这个问题,而王弼则对它作了回答。《老子》第三十二章说"道常无名",第二十八章说"朴散则为器(有名)",王弼注说"道,无形不系,常不可名,以无名为常,故曰道常无名也";"始制官长,不可不立名分以定尊卑，故始制有名也"。蓄本体的"道"超言绝象，超时空，故"无名"，而天地万物乃是此本体的表现，是有形有象、在时空中者，故"有名"。圣人法"道"，但天下有百行殊类，因而要设官分职，立长官以统之。由于器是根据道而存在的，那么在社会上臣是由于君所设立的，因此就应该臣统于君。于是，王弼时就由君道"无名""无为"而进入"以无为本"的本体论问题了。

（3）一多问题

魏晋玄学在论证"无"和"有"的关系为"本"与"末"的关系时，使用了"一""多"这对概念，或者说"贵无派"借助了这对概念来论证其"以无为本"这个根本命题。

关于"一""多"问题，在先秦的哲学思想中已经接触到了，比如《老子》中说："道生一，一生二，二生三……"《周易·系辞上》："《易》有太极，是生两仪，两仪生四象，四象生八卦……"但是，先秦思想家对宇宙为什么由"一"而分化成"多"则并无说明。汉朝的哲学家讲这个问题时，往往也只是说宇宙是如此演变、如此构成而已，不论是以"元气"说解《老子》，还是以"象数"学讲《周易》。"一""多"尚未作为一对哲学范畴出现。汉魏之际，刘劭虽然没有直接讨论到"一""多"关系问题，然而在讨论"主道"（主德）和"众材"的关系问题时实际上已把"一"看成为高于"多"，可以支配"多"，或者统率"多"了。

照刘劭看，"平淡无味"的"圣王"才能"总达众材"；具有"中庸之德"的圣人才可以"变化无方，以达为节"。天下百行殊类，故必设官分职，来管理这些事务；而官吏各有各的专职，不能统一，故必有"总达众材"者，而此"总达众材"者只能是"一"，而不能是"多"，具体说此"一"应是君主，臣民应统一于君主，如"主道得，而臣道序，官不易方，而太平用成"（《流业》）。"致太平"是中国人的最高理想。天下事务多种多样，变化无方，某种"才能"只能应付某一方面的事务，而不能应付其他方面的事务，这是由于具有这种才能的人的性质规定的。只有具有"中庸之德"的圣人，因"其质无名"，而"平淡无味"，不"与一材同用好"，这样才能"变化无方，以达为节"。"有名"则陷于一偏而有方所，故不能"变化应节"；"无名"则无所限而无方所，方可"变化应节"。"有为"则各有其能，故不能"总达众材"；惟"无为"方可无不为，而能"总达众材"。

看来，刘劭虽已接触到"一""多"的关系问题，但仍停留在一般政治理论上，而没有进入宇宙本体问题的讨论。玄学家王弼则从"众不能治众，治众者至寡者也"的政治理论着眼，始进入讨论"一""多"关系的本体论问题。王弼说：

> 朴，真也。真散则百行出，殊类生，若器也。圣人因其分散，故为之立官长，以善为师，不善为资，移风易俗，复使归于一也。（《老子》第二十八章注）

照王弼看，宇宙有一个最高的本体"道"或称为"无"，它是天地万物存在的根据，天地万物因它而如此存在，而有秩序，有条理。因此，在社会上也应有一至高无上的统治者，由他来统一全社会，使社会有秩序和条理。圣人看到了众多的臣民需要统一起来，要设官分职，"立官长""以寡治众"，所以王弼在论证统一天地万物的不能是"多"，只能是"一"时说："万物万形，其归一也。何由致一？由于无也。由无乃一，一可谓无。"（《老子》第四十二章注）"一"就是"惟一"，而"惟一"只能是本体，不是本体则不能是"一"；"多"是现象，是本体的种种表现。这就是说，"万有"的存在是以"无"为根据的，是由"无"分化出来的，因此要由"无"来统一。这样王弼就给所谓"执一统众"之道找到了本体论的根据。

（4）圣人问题

从儒家的观点看，什么样的人才是圣人，本不成为问题，尧、舜、禹、汤、文、武、周公、孔子自然都是圣人。圣人应具有什么样的人格，本也不是问题，是"博施于民而能济众"者，或说是"五德"（仁、义、礼、智、信）具备而行以中庸者。但是到了汉魏之际，儒家思想衰落，因而"什么样的人才是圣人"，"圣人应具有什么样的人格"也就成了问题。魏晋玄学产生以后，几乎所有的重要玄学家都把"圣人问题"作为其讨论的核心内容之一，并且常常把儒家的圣人老庄化，或赋予圣人的人格以新的内容。刘劭《人物志》在圣人问题上颇具有那个时代的特点，表现了从两汉正统向魏晋调和儒道的过渡性。刘劭一方面仍推崇尧舜为圣人，而圣人是明易象、叙诗书、制礼乐，而行道德教化于天下者；另一方面又认为圣人中庸无为、无适无莫，其质无名，中和平淡，是"静则闭嘿，泯之玄门；动则由恭，顺之通路"者（《释争》）。这两方面看来似乎有些矛盾，刘劭本人确也没有对这两方面的关系从哲学上作过什么论述，这表现了他思想过渡性的特点，但这正是以后魏晋玄学所试图解决的问题。

在刘劭的《人物志序》中说：

> 夫圣贤之所美，莫美乎聪明；聪明之所贵，莫贵乎知人。知人诚智，则众材得其序，而庶绩之业兴矣。是以圣人著爻象，则立君子小人之辞；叙诗志，则别风俗雅正之业；制礼乐，则考六艺祇庸之德；躬南面，则援俊逸辅相之材：皆所以达众善而成天功也。

这里从讨论"知人"的重要性，进而说明圣人的言行都是为了"知人""用人"，而"成天功"。照刘劭的看法，评论人物要看他的才性，而只有圣人才能穷究"情性之理"，选择"人材"才可以名副其实。《周易》曰"天地设位"，"圣人则之"（见《系辞》），圣人君主设官分职，任选材能，各当其宜，则可"成天功"。所谓"成天功"者即谓"致太平"。故可知圣人设官分职、任选材能的目的正在于"致太平"。这里，不仅表明刘劭利用儒家经典说明"知人"的重要性，而且也反映他对圣人的看法，以为圣人的作用正在于完成最高的事功（"成天功"）。所以在《人物志》中，除了个别地方直接称颂老子之外，仍以"致太平"的尧舜等君主为圣人。《流业》中在叙人物之流品有十二之后，说："凡此十二材，皆人臣之任也。"他认为君主是不应属于这十二类的，"主德者，聪明平淡，总达众材，则不以事自任者也"。这就是说，只有君主（圣王）中庸无为，而使臣下都名副其实，名当其位，才可达到"致太平"的要求，"非圣人不能致太平"（语见《三国志·魏书·司马朗传》）。

圣人之所以能"致太平"，必因其具有不同于"兼材""偏材"的品质，因此刘劭又在《人物志序》中讨论了这个问题。照刘劭看，"凡人之质量，中和最贵矣；中和之质，必平淡无味"（《九征》），而只有圣人才具备这种品质。所谓"中和"即"中庸"，"中庸也者，圣人之目"，"目"就是"名目"的意思。"中庸"本来是儒家的思想，可是刘劭在《人物志》中常以老子学说来解释，他在《体别》篇中说：

> 夫中庸之德，其质无名，故咸而不碱，淡而不醴，质而不缦，文而不缋，能威能怀，能辨能讷，变化无方，以达为节。

又《流业》篇中说：

> 若道（按：指"中庸之道"）不平淡。与一材同用好，则一材处权，而众材失任矣。

刘劭这种用"无为"说明"中庸"的观点，对以后魏晋玄学必有影响。从王弼到郭象在讨论"圣人"问题时，往往都把"圣人"老庄化，而不以老庄为"圣人"。西晋何劭《王弼传》中记载了王弼答裴徽的一段话，王弼认为孔子才是真正体会"无"的，而"无"（事物的本体）是不能用言语来说明的，所以孔子不说"无"（本体）而说"有"（现象），而老子并不真正懂得"无"，他把"无"作为认识对象，常去说那不能说的"无"，因而实际上还是把"无"看成了"有"。后来郭象也是这样来评论孔子和庄周的。在《庄子注序》中说庄周虽知事物之本体，但仍把它作认识的对象，把"本""末"割裂为二，而没有能融会为一，所以郭象并不认为庄周是圣人。相反，郭象的《庄子注》中把孔子视为圣人则到处可见，如《庄子·大宗师》中说："孔子曰：彼游方之外者也，而丘游方之内者也。"郭象注却说：

> 夫理有至极，外内相冥。未有极游外之致，而不冥于内者也；未有能冥于内，而不游于外者也。故圣人常游外以弘内，无心以顺有。故虽终日挥形而神气无变，俯仰万机而淡然自若。

圣人必须是如孔子才能内外相冥，把"名教"和"自然"看成是一回事，什么事都可以做。只要是"无心以顺有"就可以了。无论王弼还是郭象虽都以孔丘为圣人，而老庄非圣人，但他们所说的圣人的人格都是以"无为""无心"或是"体无"为特征的。这种把老庄和周孔结合起来的说法，正是魏晋玄学发展的主流，刘劭的《人物志》虽然还不是讨论玄学的问题，但调和儒道的趋势已肇其端。

以上四个问题，从汉末到魏晋的思想发展看："才性问题"是要给人性找存在的根据；"有无问题"是要给天地万物找存在的根据；"一多问题"是要给社会（当然是指封建社会）找存在的根据；"圣人问题"则是给当时人们的理想人格找根据。从这几个方面构成了一个总问题，就是宇宙人生的存在的根据何在？刘劭不是一个哲学家，而是一个政治理论家，是汉魏之际的"名理家""清谈家"，在他的政治理论中接触到上述四个问题，虽未从哲学上作出回答，但问题既已提出，

就必然要从哲学上予以回答，因此有何晏、王弼等玄学家对这些问题作了哲学证论，而魏晋玄学生焉！

（三）魏晋玄风的评价

在历史上对魏晋时期的学风褒贬不一，而贬者居多。因为当时玄学流行，所以常称当时的学风为"玄风"。"玄风"一词这个时期也用得较为普遍。《世说新语·文学》："初注《庄子》者数十家，莫能究其旨要，向秀于旧注外为解义，妙析奇致，大畅玄风。"李充《玄宗赋》说："慕玄风之遐裔，余皇祖曰伯阳。"湛方生《秋夜》："拂尘襟于玄风。"王微《报何偃书》："卿少陶玄风。"（以上均见《全晋文》）在这种"玄风"流行的时候，已经有人提出过批评，西晋元康之际裴頠著《崇有论》就对这种学风作了尖锐的指责。据《晋书·裴頠传》说："（裴）頠深患时俗放荡，不尊儒术，何晏、阮籍素有高名于世，口谈浮虚，不遵礼法，尸禄耽宠，仕不事事。至王衍之徒，声誉太盛，位高势重，不以物务自婴，遂相放效，风教陵迟，乃著崇有之论。"裴頠在《崇有论》中则说：

> 是以立言藉于虚无，谓之玄妙；处官不亲所司，谓之雅远；奉身散其廉操，谓之旷达。故砥砺之风，弥以陵迟。放者因斯，或悖吉凶之礼，而忽容止之表；渎弃长幼之序，混漫贵贱之级。其甚者至于裸裎，言笑忘宜。以不惜为弘，士行又亏矣。

西晋末年，八王之乱后，西北少数民族入主中原，王衍时为玄学领袖，"王衍当时谈宗"（阮修语），在他被石勒活埋之前自己也说："呜呼！吾曹虽不如古人，向若不祖尚浮虚，勠力以匡天下，犹可不至今日。"到东晋以后，对"玄风"的批评就更多了，常常把失去北方的错过归于"玄风"。而所有这些批评多半是从儒家立场出发而指责玄学家

"尚虚无"而"反名教",因此到东晋以后儒家的礼教思想又渐渐抬头。葛洪《抱朴子外篇·刺骄》中说:

> 世人闻戴叔鸾、阮嗣宗傲俗自放,见谓大度,而不量其材力,非傲生之匹,而慕学之:或乱项科头,或裸袒蹲夷,或濯脚于稠众,或溲便于人前,或停客而独食,或行酒而止所亲。……夫古人所谓通达者,谓通于道德,达于仁义耳,岂谓通乎亵黩而达于淫邪哉!

《晋书·范甯传》中有一段范甯对当时的"玄风"批评的话说:

> 王、何蔑弃典文,不遵礼度,游辞浮说,波荡后生。饰华言以翳实,骋繁文以惑世。搢绅之徒,翻然改辙,洙泗之风,缅焉将坠。遂令仁义幽沦,儒雅蒙尘,礼坏乐崩,中原倾覆,古之所谓"言伪而辩、行僻而坚"者,其斯人之徒欤!

干宝作《晋纪》论晋之得失,其《总论》谓:

> 风俗淫僻,耻尚失所。学者以庄、老为宗,而黜六经;谈者以虚荡为辨,而贱名检;行身者以放浊为通,而狭节信;进仕者以苟得为贵,而鄙居正;当官者以望空为高,而笑勤恪。

这种对魏晋玄风的批评态度一直延续到明朝才有所变化。明代杨慎一反过去对"玄风"的批评,而为之辩护,他说正因为有"六朝风气",才使门阀世族的特殊地位得以维持。然而杨慎的看法显然是不正确的,是为肯定门阀世族制度的合理性作论证的。至明末清初,学者如顾炎武等则又对"玄风"进行激烈批评,认为它是"国亡于上,教沦于下,羌戎互僭,君臣屡易"的原因,当然和这些学者有见于亡明之痛有关。清朝对"玄风"的看法又有所改变，不再同"亡国""教沦"等联系在一起，转而注重玄学在理论上的贡献，如朱彝尊写《王弼论》，盛赞王弼《周易注》；钱大昕写《何晏论》，更说："若辅嗣之《易》，平叔之《论语》，当时重之，更数千年不废。"及至近代，章炳麟、刘师培等都认为魏晋"玄风"有解放思想作用，而为之辩护。所以说，对魏晋玄学的评价，往往随着时代的政治形势不同而有所不同。那么我们应该如何评价呢？对这个问题，我们应该取分析的态度，从不同的方面作具体的分析。

（1）对哲学发展的贡献

魏晋时期是门阀世族当政的社会，而统治阶级的思想总是占统治地位的思想，所以从总的方面来说，魏晋玄学是适应当权的门阀世族的需要，而且从其发展过程来看，又是越来越适合这个统治集团的需要。但是，从哲学思想发展来看，尽管玄学是把人们的思想引上远离事物之"有无本末"问题的讨论，但它不仅丰富了哲学的内容，而且提高了哲学的水平。所以对何晏、王弼等玄学家不仅不应加以全盘否定，而且还应在中国哲学史上给予他们一定的历史地位。何晏、王弼在政治方面特别是何晏可以肯定的地方虽然不多，但在哲学思想发展方面，他们是中国哲学史上不可缺少的一环。尽管何晏、王弼是唯心主义哲学家，然而他们却提出许多新思想、新方法、新问题和新概念，推动了中国哲学的发展。

中国哲学发展到魏晋时期可以说进入了一个新阶段，如果说先秦哲学特别是两汉哲学所讨论的基本上还是宇宙构成论（Cosmology）的问题，那么到魏晋玄学则主要讨论的是本体论（Ontology）的问题。先秦诸子各派多半是在讨论宇宙起源及其构成问题上发表意见，《老子》和《易传》虽或多或少接触到一些本体论的问题，但都没有摆脱宇宙构成论的严重影响。到魏晋玄学则不同了，魏晋玄学家都不太留心宇宙构成论问题的讨论，而讨论"本末有无"这个形而上学本体论则是它的特质。一般来说玄学家们不大注意天地万物的起源和构成问题，而所注意的是天地万物存在的根据的问题，天地万物存在的究极原因是什么，或者说天地万物为什么如此存在着的问题。这些新思想的提出，自然会丰富哲学的内容，它使人们不仅注意宇宙是如此的存在，而且要问宇宙为何如此存在，宇宙如此存在又有什么根据，这样一些问题的提出和探讨不能不说在哲学史上有着非常重要的意义。

一种新的哲学思想的产生和发展，往往是和一种新的哲学方法的提出有着密切的联系。魏晋玄学讨论"本末有无"问题，就要有一种与之相适应的玄学方法。天地万物有名有形，而有名有形的东西自身不能是其存在的根据，故必求之于无名无形之域，于是王弼、何晏提出"以无为本"的贵无思想。为要论证"以无为本"，他们提出了"得意忘言"的新的玄学方法。盖本体之"无"（或曰"道"）无名无形，超言绝象，本不可作为认识的对象；而"万有"有形有象，才是人们可以认识的。如果人们把本体作为认识的对象，则视本体为现象，而失去其作为本体的意义，如果本体自为"本体"，既不可证实其存在，又无其作用，则"本体"毫无意义，故王弼提出"得意忘言"的玄学方法，用以解释"体""用"之间的关系。本体固然超言绝象，但它是万有存在的根据，因此人们可以根据万有的存在以知它必有其存在的根据。但是，万有只是"用"，而非"体"，故不能执着"用"以为"体"，就像执着"言"以为"意"一样；如欲"得意""知体"，则须忘言忘象，以求"言外之意"，"象外之体"。"得意忘言"这一新玄学方法给当时人以看问题的新眼光，而为新思想的发展开辟了道路。

魏晋玄学是一种思辨性较强的哲学，它比较注重抽象理论问题的探讨，而抽象理论必然通过一系列概念、范畴表现出来，因此魏晋玄学使中国哲学的概念、范畴大大地丰富起来。尽管有些概念、范畴在以前的哲学家也使用过，但是魏晋玄学给了它以新的涵义。我们可以看到，在魏晋玄学中概念、范畴往往是成对的，如有无、体用、本末、一多、言意、性情、名教自然、独化相因等，这就对中国传统哲学的范畴体系的形成和发展起着重要的作用。由于有了一套新的概念或赋予过去已有的概念以新的涵义，而形成了若干在中国哲学史的发展中有很大影响的新命题，如"以无为本""本末不二""无因于有""崇本举末""言意之辩""自生而必体有""物各有性""相因之功莫若独化之至"等。

如果对这些新思想、新方法、新问题和新概念给以科学的分析，那就不仅会使我们了解魏晋玄学作为一种哲学思想的功过是非，并且通过对这种思辨性较强的哲学进行分析，将有助于提高我们的理论思维能力。

（2）对人生态度的意义

东晋戴逵对"玄风"曾作了很严厉的批评，但他在《放达为非道论》中仍对这种放达的玄风作了一定程度的具体分析，他说：

> 竹林之为放（达），有疾而为颦者也；元康之为放，无德而折巾者也。

《后汉书·郭太传》说："（郭太）尝于陈梁间，行遇雨，巾一角垫，时人乃故折巾一角，以为林宗巾，其见慕皆如此。"又《竹林七贤论》说：

> 竹林诸贤之风虽高，而礼教尚峻；迨元康中，遂至放荡越礼，乐广讥之曰："名教中自有乐地，何至于此！"乐令之言有旨哉！谓彼非玄心，徒利其纵恣而已。

盖戴逵认为，竹林时的放达和元康时的放达很不相同，竹林嵇康、阮籍等是由于对当时的"假名教"不满，故以"放达"的形式表示他们对现实的义愤，其实他们对人生的态度是很严肃的。嵇康曾作《家诫》说：

第一章 论魏晋玄风

> 不须作小小卑恭,当大谦裕;不须作小小廉耻,当全大让。若临朝让官,临义让生,若孔文举求代兄死,此忠臣烈士之节。

而阮籍作《首阳山赋》,以伯夷、叔齐自况,以示和司马氏政权的不合作态度。他"尝登广武,观楚汉战处,叹曰:'时无英雄,使竖子成名'"(《晋书·阮籍传》),当然他是借楚汉之际的事,暗示当时缺少英雄,遂使司马氏得以专权。司马昭杀嵇康时,有"太学生三千人请以为师",可见其人格感人之深。阮籍的文章,"率激烈慷慨。其心愤,故其行危;其道忠,故其旨远"(陈德文《阮嗣宗集叙》)。他虽不如嵇康具有那么强烈的反抗性格,但阮籍也是比较真诚、爱憎分明的人,不是一个沽名钓誉的假名士,《魏氏春秋》说:"籍性至孝,居丧虽不率常礼,而毁几灭性。"《晋书·阮籍传》也有类似记载:"毁瘠骨立,殆致灭性。"鲁迅在《魏晋风度及文章与药及酒之关系》中说,(竹林七贤)"他们七人中差不多都是反抗旧礼教的","然而后人就将嵇康、阮籍骂起来,人云亦云,一直到现在,一千六百多年。季札说:'中国之君子,明于礼义而陋于知人心。'这是确的,大凡明于礼义,就一定要陋于知人心的,所以古代有许多人受了很大的冤枉"。嵇康、阮籍的放达是对当时现实的不满,而元康的放达就大不相同了,王衍、胡毋辅之之流只是以一味追求"越名教"为放达,这正是他们自身堕落的表现。王衍幼时,山涛见到他时就说:"误天下苍生者未必非此人也。""妙善玄言,唯谈《老》《庄》为事,每捉玉柄麈尾,与手同色。义理有所不安,随即改更,世号'口中雌黄'。朝野翕然,谓之'一世龙门'矣。累居显职,后进之士,莫不景慕放效。选举登朝,皆以为称首,矜高浮诞,遂成风俗焉。"(《晋书》本传)八王之乱时,让其弟澄去荆州,族弟王敦去青州,王衍对他们说,这两地很重要,他自己却留住京师,这样兄弟三人"足以为三窟矣"。当时"识者鄙之"。后王衍被石勒捉住,还劝石勒当皇帝以求自免。可见王衍讲玄学,毫无理论的严肃性,而可以信口雌黄;讲"风流""放达",却贪生怕死，败俗伤德，以至于卖主求活。所以对晋魏玄风作为一种人生态度应有所分别，有的人是"行为之放"，仅得"放达"之皮相，如王衍、胡毋辅之之流，以矜富浮虚为放达；有的人是"心胸之放"，则得"放达"之骨骸，如嵇康、阮籍等人，以轻世傲时为放达；有的人是"与自然为一体之放"，则得"放达"之精髓，如不为五斗米折腰的陶潜即是。

（3）对思想解放的作用

在社会大变动的时代，常常为思想上的解放提供了客观条件。魏晋是个社会大变动的时代，正因为社会在变，人们难免要问：现实社会的存在有什么根据？现实社会是否合理？理想的社会应该是怎样的？这些问题在社会相对稳定时，人们往往提不出来，即使提了出来，也不为大家所重视，因为那个时候的社会成为那个样子，似乎是理所当然的。但往往社会的大变动引起的思想上的大解放，可以说是一般规律，魏晋玄风不仅表现着这一般规律，而且有其突出的特点。

任何哲学作为一种意识形态，归根结底，一方面是现实存在着的社会的反映，另一方面又是为肯定或否定现实存在着的社会作理论上的论证。魏晋玄学当然也是这样。不过它的特点从其表现形式上看是远离事物的，因此它往往并不直接表现为对现实生活的肯定或否定，而是去讨论"事物的存在有什么根据""理想的社会应该是怎样的""圣人的人格应该如何"这样的一些问题。虽然他们所讨论的"理想的社会应该是怎样的"正是从现实社会提出来的，但它却可以表现为与现实社会无关或对现实社会的否定。由于魏晋玄学从其表现形式上看，不讨论或不直接讨论现实社会的问题，因而思想就比较自由，比较解放，比较开阔。魏晋玄学提出和讨论的问题之广，不仅是两汉所远不及，就是相比于先秦来也毫无逊色。我们看魏晋的诗文、绘画、雕刻都反映了这一特点。当时的思想家、文学家很多都提出发人深思的问题或者写出优美而豪放的诗文。王弼的《老子指略》，其立论之严谨，分析之细微，堪称妙笔。郭象之《庄子注》，字简义丰，传其时代之精神，无有出其右者。阮籍的《大人先生传》，人们读了之后，真有一种超凡脱俗、飘然尘外之感，"至人无宅，天地为客；至人无主，天地为所；至人无事，天地为故""世之名利胡足以累之哉"！陆机《文赋》说"笼天地于形内，挫万物于笔端"，是何等的气魄！陶渊明《神释》最后抒发他的思想境界："纵浪大化中，不喜亦不惧，应尽便须尽，无复独多虑"，又是何等的自由、高朗！阮籍的《咏怀》："生命几何时？慷慨各努力"，又是何等的热情、严肃！陶渊明《读山海经》"孟夏草木长，绕屋树扶疏。众鸟欣有托，吾亦爱吾庐……泛览周王传，流观山海图。俯仰终宇宙。不乐复何如"，让人们读起来真有出世超尘之想；而他的《咏荆轲》："登车何时顾，飞盖入秦庭……惜哉剑术疏，奇功遂不成，其人虽已没，千载有余情"，我们读后难道能不为之慷慨流涕！他的"此中有真意，欲辩已忘言"，又是何等的深刻和玄远！

魏晋玄风所及，虽有其坏的影响的一面，使一些士大夫不关心社会，无所事事，逍遥放达，甚至发展到精神空虚，生活腐化，道德堕落，并且拿它作为挡箭牌，这些都是应该批判和否定的。但是另一方面，这种风气在当时的社会历史条件下，也使一部分士大夫保持了他们的蔑视礼法，傲然立于天地之间，不为"世之名利"所引诱的品德，而创造出深刻的哲理和优美的诗文。

世界是矛盾的，生活是复杂的，在任何社会中都有真、善、美与假、恶、丑的对立，在魏晋社会的玄风之下这也不可能例外。我们研究哲学史就是要揭示其间真、善、美与假、恶、丑的对立，歌颂其中的真、善、美，鞭挞其中的假、恶、丑，来丰富人们的精神和提高人们的人格。

第二章　魏晋玄学的发展（上）
——玄学发展的阶段

东晋时，有袁宏作《名士传》，把自曹魏正始以来的名士分为三个时期。《名士传》现已佚失，而《世说新语·文学》有"袁彦伯作《名士传》成"条，注说：

> 宏以夏侯太初（玄）、何平叔（晏）、王辅嗣（弼）为正始名士。阮嗣宗（籍）、嵇叔夜（康）、山巨源（涛）、向子期（秀）、刘伯伦（伶）、阮仲容（咸）、王濬仲（戎）为竹林名士。裴叔则（楷）、乐彦辅（广）、王夷甫（衍）、庾子嵩（敳）、王安期（承）、阮千里（瞻）、卫叔宝（玠）、谢幼舆（鲲）为中朝名士。

袁宏这里把魏晋以来学术思想的发展分为正始、竹林和中朝（指西晋以来，主要是指元康时期）三个时期，大体上说是看到了当时思想发展的变迁，如果再加上袁宏自己所处的东晋，我们说玄学发展大体上有以下四个时期：以王弼、何晏为代表的正始时期；以嵇康、阮籍、向秀为代表的竹林时期；以裴頠、郭象为代表的元康时期；以道安、张湛为代表的东晋时期。下面我们将根据社会生活的变迁而引起的学术思想上的变动，着重寻求这四个时期玄学为何如此发展的内在思想逻辑。

（一）正始时期的玄学

正始时期的玄学家可以王弼（226—249年）、何晏（190—249年）为代表，而尤以王弼的思想影响为最大。《晋书·王衍传》中说：

> 魏正始中，何晏、王弼等祖述《老》《庄》，立论以为："天地万物皆以无为本，无也者，开物成务，无往而不存者也。阴阳恃以化生，万物恃以成形，贤者恃以成德，不肖恃以免身，故无之为用，无爵而贵矣。"

这一段话可以说是对王、何"贵无"思想的简要概括。据史书记载，王弼、何晏"好老氏之学"这当然是事实，然何晏于注《道德经》未毕而作《道德论》外，并撰《论语集解》；王弼注《老子》，又注《周易》，并撰《论语释疑》，可见他们于儒家经典用力甚勤。从现存这些书看，王、何虽都是用改造了的老子思想解释儒家经典，建立他们的玄学新体系，但他们要齐一儒道、调和"自然"与"名教"的意图也是很明显的。

西晋何劭去王弼未远，作《王弼传》，所记王弼言行最可注意者有三：论老不及圣，即认为老子不如孔子高明；论圣人有情，即论圣人与一般人之不同所在；述《易》大衍义，即论"无"和"有"的体用关系。

（1）论老不及圣

何劭《王弼传》说：

> 时裴徽为吏部郎，弼未弱冠，往造焉。徽一见而异之，问弼曰："夫无者诚万物之所资也。然圣人莫肯致言，而老子申之无已者何？"弼曰："圣人体无，无又不可以训，故不说也。老子是有

者也,故恒言无所不足。"

这段对话的意思是说,王弼认为孔子才是真正体会了"无",而"无"作为"万有"的本体是难于用语言加以说明的,所以孔子不说"无",而说"有"。为什么要这样做呢?因为孔子把"无"和"有"认为一体,"体用如一""本末不二",本体即在万有之中,非在万有之外而另为一物。但老子不是这样,他没有真正懂得天地万物的本体,因而把"无"看成为认识的对象,看成是和"有"相对立的另一个"东西",故他经常说"无"(本体),实际上把"无"看成是什么,即以本末为二。王弼这个看法,在魏晋时期影响很大,如后来乐广曾说:"名教中自有乐地",就是把"名教"看成和"自然"一致的。郭象对孔子和庄周的看法实际和王弼的观点相同。在《庄子序》中说:"夫庄子者,可谓知本矣,故未始藏其狂言,言虽无会而独应者也。夫应而非会,则虽当无用;言非物事,则虽高不行。"照郭象的看法,庄周虽然知道事物的根本,但他仍然试图把事物的根本作为独立的实体去认识,这样就把本末割裂为二,因此庄周的看法"虽当无用","虽高不行"。东晋王坦之作《废庄论》虽站在儒家的立场上发表议论,但仍不能不受王弼的影响,所以他说:"孔父非不体远,以体远故用近;颜子岂不具德,以德备故膺教。"看来王弼虽然是发挥了老子的道家思想,但实际有所创新,可注意之点有二:一是以本末为不二;二是认为老不及圣。这两点就当时的社会作用来说,表明他试图调和儒家与道家的思想,从哲学思想的发展上来说,更有新的贡献(详下)。

(2)论圣人有情

何晏以为圣人无喜怒哀乐之情,钟会等人又发挥了他这种思想。何晏这个学说已经不可详考,但根据一些材料大体可知,何晏以为:圣人纯乎天道,未尝有情,故《老子》曰"天道无情";贤人以情当理,而未尝无情;至若众庶固亦有情,然违理而任情,为喜怒所役使而不能自拔。故何晏说："凡人任情，喜怒违理；颜回任道，怒不过分。"（《论语集解·雍也第六》）然而王弼却不赞同何晏的观点，他"以为圣人茂于人者神明也，同于人者五情也。神明茂，故能体冲和以通无；五情同，故不能无哀乐以应物。然则圣人之情，应物而无累于物者也。今以其无累，便谓不复应物，失之多矣"。《老子》第三十二章注也说："抱朴无为，不以物累其真，不以欲害其神，则物自宾而道自得也。"盖何晏等人还没有真正了解"圣人"的人格，如果把圣人看成是在现实世界之外和一般人毫无共同之处的"神人"，这样就把圣人和一般人完全割裂开来、对立起来，那么圣人和一般人之间就无法沟通，也就是说把"理想境界"和"现实社会生活"、"自然"和"名教"视为两截，有"体"而无"用"了。王弼的哲学则不是这样，他认为圣人虽有和一般人不同的一面，但在圣人和一般人之间也还有其共同的一面，因此圣人既能"体冲和以通无"（体）又能"应物而无累于物"（用），或者说唯其"应物而无累于物"方可"体冲和以通无"，理想境界并不在现实生活之外，而应在现实社会之中，"名教"应当而且必然反映"自然"。这里虽表现了王弼用道家思想改造儒家思想，但也没有使"圣人"离开现实社会的意思，因而他在这个问题上的观点有两点值得我们注意：

其一，"圣人有情"否定了"性善情恶"的说法，而以"性静情动"为根据。董仲舒认为，天有阴阳，而人有贪仁，阴恶而阳善，性仁而情贪，然而此前儒家经典《礼记·乐记》并不主张"性善情恶"，而谓："人生而静，天之性也；感于物而动，性之欲也。"后来刘向等均以动静论性情，而这种"人生而静""感于物而动"的思想本与道家思想相合。王弼承袭老子学说，故自动静言性情，而于此更有其深刻意义。为什么圣人也有情呢？照王弼看，因为"情"乃人之"自然之性"，而"自然之性"怎么能去掉呢！圣人只能做到"动不违理""应物而无累于物"。至于为什么"情"乃"自然之性"，则因"性静而情动"，不能只有静而无动，故动非对静，而动不可废。如果只有静而无动,那么就是只执着"无"而否定"有",则"无"这个本体就成为空洞无用的了,即把"体""用"割裂为二,王弼要坚持"体用如一",则不能以"圣人无情"立论。

其二,圣人既然"有情",为什么还能"应物而无累于物","有情"而"动不违理"呢?照王弼看,这是由于"圣人茂于人者神明"的缘故。"圣人茂于人者神明"的意思,是说圣人"智慧自备""自然已足",所谓"自备"则非学所得,也就是说出自"自然",所以"圣人天成"。由于圣人"智慧自备",则可顺应自然,不为不造;而德合自然,故可以"应物而无累于物"。但是,一般人在这方面则和圣人不同,不是"智慧自备",而是执着一偏;执着一偏,则不能无为无造,而有违自然。从这里我们可以看到一个问题,圣人既然是"智慧自备",故不可学、不可致,而这个问题实是当时中国传统思想和印度佛教的一重要不同之点。

(3) 述大衍义

何劭《王弼传》说:

> 弼注《易》,颍川人荀融难弼大衍义。弼答其意,白书以戏之曰:"夫明足以寻极幽微,而不能去自然之性。颜子之量,孔父之所预在,然遇之不能无乐,丧之不能无哀。又常狭斯人,以为未能以情从理者也,而今乃知自然之不可革。足下之量,虽已定乎胸怀之内,然而隔逾旬朔,何其相思之多乎?故知尼父之于颜子,可以无大过矣。"

王弼注《周易》,荀融用《周易》"大衍之数"向王弼提问质疑,王弼写信予以回答,说孔子这位圣人虽然"明足以寻极幽微",可是遇到颜回仍然"不能无乐",而颜回死去也"不能无哀",因喜怒哀乐乃"自然之性",而"自然之性"圣人也是不能去掉的,只不过圣人可以做到

"以情从理"罢了。王弼这个回答，和前面所说"圣人有情"其涵义是一致的，他不想把"本""末"割裂成两截。至于王弼的"大衍义"则见于韩康伯的《周易·系辞上》注中：

> 王弼曰：演天地之数，所赖者五十也。其用四十有九，则其一不用也。不用而用以之通，非数而数以之成，斯易之太极也。四十有九，数之极也。夫无不可以无明，必因于有。故常于有物之极，而必明其所由之宗也。

这里，王弼用"一"与"多"的关系来说明"无"和"有"的关系。所谓"不用之一"即是指"太极"，也就是指作为天地万物的本体之"无"，而"太极"不是说在万物之外（之后）另有一实体，照王弼看，它是包蕴万理、孕育万物者，也就是说，"太极"（不用之一）是在"有物之极"（四十有九）之中，不是在"有物之极"之外。所以对于"无"（本体），不能由其本身加以说明，因为它无形无名，不可言说；必须从"有"来进行说明。"一"（不用之一）即"四十有九"之体，"无"即"有物之极"之本，其不同点只是"四十有九"为数（具体事物），而"一"非"数"（不是具体事物）；"有物之极"，总合天地万物，而"无"则为其本体。要想了解天地万物的种种现象，必须了解其本体（所由之宗），"知其母而执其子"。"万有"如大海之波，千姿百态，汹涌澎湃，而其本则为水。离开了大海之波，也就无所谓大海之水；而大海之水为"体"，大海之波则为其种种表现。"大海之水"为"一"，千姿百态之波为多。这种"体用如一""本末不二"的观点正是王弼哲学思想的一新贡献，是对老子思想的发展。在老子思想中，"有"和"无"实际为二，"无"仍为在"有"之外的创造者，如说"道生一""有生于无""有物混成，先天地生"等。王弼的"体用如一""本末不二"等思想，实对中国传统哲学的发展起过很大的影响，如后华严宗讲"一多相摄"，宋儒讲"理一分殊"实际是这些思想的继承和发展。

从以上三点，我们可以看出王弼哲学思想的特点，即用"体用如一""本末不二"来论证"无"（本体）和"有"（功用、现象）的关系，建立其"以无为本"的玄学思想体系。然而王弼是如何论证"无"是"体"，而"有"是它的种种表现呢？王弼《老子指略》有下面这样一段话：

> 夫物之所以生，功之所以成，必生乎无形，由乎无名。无形无名者，万物之宗也。不温不凉，不宫不商。听之不可得而闻，视之不可得而彰，体之不可得而知，味之不可得而尝。故其为物也则混成，为象也则无形，为音也则希声，为味也则无呈。故能为品物之宗主，苞通天地，靡使不经也。若温也则不能凉矣，宫也则不能商矣。形必有所分，声必有所属。故象而形者，非大象也；音而声者，非大音也。然则，四象不形，则大象无以畅；五音不声，则大音无以至。四象形而物无所主焉，则大象畅矣；五音声而心无所适焉，则大音至矣。故执大象则天下往，用大音则风俗移也。

照王弼看，"无"为什么是"体"，这必须从"有"这个方面来看。天下万物，形形色色，既是此物，则不能是彼物，既有此形，则不能有彼形，"若温也则不能凉矣，宫也则不能商矣。形必有所分，声必有所属"。因此，只有"无形"才可以成就任何形，"无声"方可以做成任何声。也只有"无"（不是什么）才可以成就"有"（是任何"有"），王弼说："天下之物，皆以有为生。有之所始，以无为本。将欲全有，必反于无也。"（《老子》第四十章注）这就是说，天地万物都是有形有象的具体存在物，而这些有形有象的具体存在物得以发生，是由于"无"作为本体才呈现为形形色色的具体东西，如果要想使多种多样的具体事物都能保全，就必须把握本体之"无"。但是，"本体"并非在万物之外而更具有一实体,"象而形者,非大象","大象无形";"音而声者,非大音","大音希声",然而"四象不形,则大象无以畅;五音不声,则大音无以至"。只有通过具体的形象而又不拘泥于某一具体的形象,才可以把握无形无象之大象;通过具体的声音而又不执着某种具体的声音,才可以把握住无声之音的大音。这里我们可以明显地看到王弼"以无为本"思想的特点,他不是把本体之"无"看成在"万有"之外,而十分强调"体用如一""本末不二"的。

  王弼把"无"作为"有"的本体,作为"有"存在的根据,那么"无"是什么性质的东西呢?在王弼那里,所谓"无"实际上是把客观世界一切属性抽空了的、最高的抽象概念。王弼在《老子注》中说:"愈多愈远,损则近之。损之至尽,乃得其极。"(第四十二章注)只有把事物的具体属性全部去掉,才能是无所不包的、最普遍的"万物之极"。又说:"转多转远其根,转少转得其本。多则远其真,故曰'惑'也;少则得其本,故曰'得'也。"(第二十二章注)王弼认识到概念的内涵越多,则所能包含的事物就越少,因此他认为应把概念的内涵减损、抽象到"无"的地步,才能获得覆盖和贯通天地万物的外延。从这里,我们可以看到,王弼的本体之"无"实际是把事物一切属性抽空了的"无",把无内容的概念作为本体,也就是说,把没有内容的抽象存在形式(纯形式)作为本体,这当然是唯心主义的观点。马克思、恩格斯在《神圣家族》中揭露"思辨结构的秘密"时说:"如果我从现实的苹果、梨、草莓、扁桃中得出'果实'这个一般的观念,如果再进一步想象我从现实的果实中得到的'果实'这个抽象观念就是存在于我身外的一种本质,而且是梨、苹果等等的真正的本质,那末我就宣布(用思辨的话说)'果实'是梨、苹果、扁桃等等的'实体',所以我说:对梨说来,决定梨成为梨的那些方面是非本质的,对苹果说来,决定苹果成为苹果的那些方面也是非本质的。作为它们的本质的并不是它们那种可以感触得到的实在的定在。而是我从它们中抽象出来又硬给它们塞进去的本质,即我的观念中的本质——'果实'。于是我就宣布：苹果、梨、扁桃等等是'果实'的简单的存在形式，是它的样态。"（《马克思恩格斯全集》第2卷，人民出版社，1957年，第71—72页）王弼正是这样做的，他把事物的属性全排除掉，虚构了一个并不反映事物本质（内在联系）的"无"，把这个"无"说成是"万有"的本体，而"万有"只不过是这个"本体"之"无"的种种表现而已。

对历史上的哲学体系分清它是唯物主义还是唯心主义，自然是很重要的；对一种哲学体系所存在的内在矛盾，作出科学的分析，同样也是很重要，而且甚至可以说只有揭示某种哲学体系的内在矛盾，才能够了解唯物主义和唯心主义斗争的规律、认识哲学思想发展的逻辑必然性。特别是某种唯心主义哲学体系（其实历史上的唯物主义也是一样），它必然存在自身的矛盾，就像黑格尔那样伟大的唯心主义者，他的哲学也存在"体系"和"方法"的矛盾。

王弼哲学的新贡献是提出"体用如一""本末不二"的思想，但他的体系能否真正无矛盾地达到这点，是很成问题的。王弼试图用"体用如一"的观点来说明"无"和"有"的关系，因此认为"无"并不离开"有"存在于其先或其外，"无"并非如一在"万有"之上的造物主而和"万有"对立，而即在"万有"之中，作为"万有"之本体。所以他在讲到"有""无"关系时，常说：

> 守母以存其子，崇本以举其末，则形名俱有而邪不生。（《老子》第三十八章注）

"守母存子""崇本举末"应是王弼"体用如一""本末不二"的具体说明。但是，在王弼的著作中又有"崇本息末"的说法，这就造成了其思想体系的矛盾。照王弼"体用如一"的观点，本应不需在"有""末""用"之外去寻求"本体"，而是应通过"末""有"来把握"本体"，然而又不能停留在"末""有"之上，把"末""有"当成"本体"，所以他极力反对"用其子而弃其母""弃其本而适其末"。王弼为了防止"弃本适末""弃母用子",而往往又过分强调"本体"的绝对性,以至于强调本体之"无"似乎成了在"万有"之上的绝对。例如前面我们说过,他认为孔子不讲"无"而讲"有",正是由于老子把"有"和"无"割裂为二的缘故。但他在《老子指略》中则把儒家讲"有"说成是"用其子而弃其母",而反对执着"末""有"不放。当然,从实际上或理论上说,都可能有"弃母用子"的问题,但是并不能因此而主张"崇本息末",照王弼的体系的要求,只能得出是"崇本举末""守母存子"的结论。

王弼的哲学体系中为什么会出现这种矛盾现象,其重要原因之一就是他没有而且不可能摆脱老子哲学思想的影响。照王弼看,老子哲学思想的最根本点,正是"崇本息末"。他说:

> 老子之书,其几乎可一言而蔽之。噫!崇本息末而已矣。(《老子指略》)

倘若"崇本息末",则"末""有"几等于无用,可以否定。"本体"既不在"末""有"之中,则"体"必不与"用"为一而为二。"体"不在"用"之中,而"本"又与"末"为二,则"本体"自可先于"万有"而存在,所以王弼注《老子》第二十五章"有物混成,先天地生"句说:

> 混然不可得而知,而万物由之以成,故曰"混成"也。不知其谁之子,故先天地生。

第一章注也说:

> 两者,始与母也。同出者,同出于玄也。……玄者,冥也,默然无有也,始、母之所出也。

按,"玄"即"道",即本体之"无",或称"无有"。"天地之始""万物之母"从出乎"玄",则"本体"又在"万有"之先,且成为天地万物所由生者,所以第三十四章注说:"万物皆由道而生。"这样王弼几乎和老子同样从把"道"(无)看成是天地万物存在的根据而走到把"道"看成是生天地万物者,是创造天地万物的精神性实体,因而"体"和"用"就成了两回事,把"本"和"末"割裂成两种实体了。因此,从王弼思想体系本身存在的矛盾看,就有两种发展的可能:一是,进一步否定"末""有"的作用,而强调"本体"的绝对性;二是,强调"末""有"和"本体"的一致性,进一步发挥"体用如一"的思想。前者即是竹林时期的嵇康、阮籍所发挥的思想,后者则是向秀所提倡的"以儒道为一"的观点。

(二)竹林时期的玄学

在魏晋玄学中,"自然"一词的涵义往往和"道""无"的涵义相同。例如,夏侯玄说:

> 天地以自然运,圣人以自然用。自然者,道也。道本无名,故老氏曰"强为之名"。(张湛《列子·仲尼》注引)

王弼注《老子》"道法自然"句说:

> 道不违自然,乃得其性,法自然者,在方而法方,在圆而法圆,于自然无所违也。自然者,无称之言,穷极之辞也。(第二十五章注)

所以王弼对"自然"的解释往往和对"无"的解释相同,如说"自然,其端兆不可得而见也,其意趣不可得而睹也""天地任自然,无为无造"。因此，在魏晋玄学中大都把"自然"看成是"本"，而把"名教"看成是"末"。袁宏《三国名臣序赞》评论夏侯玄说："君亲自然，匪由名教。""自然"是说宇宙本体、世界本源或是说宇宙万物本来的样子；"名教"则指人们所作为的，是人们为调整人与人之间关系而设的等级名分和教化。郑鲜之《滕羡仕宦议》说："名教大极，忠孝而已。"王弼的哲学既然以"体用如一""本末不二"为特征，故主张"崇本举末""守母存子"，因此在"自然"与"名教"的关系上，则认为"名教"因于"自然"，"名教"不仅应当而且必然反映"自然"，他说：

> 朴，真也。真散则百行出，殊类生，若器也。圣人因其分散，故为之立官长，以善为师，不善为资，移风易俗，复使归于一也。（第二十八章注）

道常无名，朴散为器则有名，既然"名教"是根据"道"（"自然"）而设立，故亦不可废。但王弼哲学体系中有着矛盾，因而他又常据"崇本息末"的思想，认为"名教"可废而无用。如说：

> 见素朴以绝圣智，寡私欲以弃巧利，皆崇本以息末之谓也。（《老子指略》）
> 以道治国，崇本以息末。（《老子》第五十七章注）

因此，在王弼思想体系中虽以"名教"应当而且必然反映"自然"，但也存在着"名教"和"自然"互相矛盾的看法。到了竹林时期，"本末有无"问题往往直接成为"名教"与"自然"的关系。

嵇康（223—262年）、阮籍（210—263年）与王弼、何晏生约同时，而晚死十几年，作为竹林名士，他们的活动已经处在司马氏当政的时期了。曹魏政权虽在政治经济上有所改革，但并没有能够阻止门阀世族势力的发展。司马氏作为门阀世族势力的代表者，一开始就比较腐败，这个集团极其凶残、险毒、奢侈、荒淫，"侈汰之害，甚于天灾"。但他们却以崇尚"名教"相标榜。而以阮籍、嵇康为代表的"竹林七贤"的思想作风虽不完全相同，但多数认为现实社会很不合理。嵇康"与魏宗室婚"，他是曹魏的亲戚，从政治上说，属于曹魏集团；从思想上说，又不满意司马氏那套"假名教"的做法而加以反对，阮籍"本有济世志，属魏晋之际，天下多故，名士少有全者，籍由是不与世事，遂酣饮为常"。

嵇康、阮籍的政治态度深深地影响了他们的哲学思想和人生态度，特别是影响他们对"名教"和"自然"关系的看法。王弼认为"名教"不仅应当而且必然反映"自然"，而嵇康、阮籍特别是嵇康则认为"名教"虽然应当反映"自然"，但并不必然反映"自然"。他们的这个看法，虽和当时的统治者维护"名教"，而实际上是践踏"名教"有关，但从哲学思想的发展上看，也和王弼"崇本息末"思想所导致的结果有关。嵇康、阮籍认为"名教"并不必然反映"自然"，因此他们的思想体系以"崇尚自然"为特点。由于"崇尚自然"，因而把他们看成"贵无派"。然而他们所说的"自然"并不与王弼的看法完全相同，而往往是指宇宙本来的样子。"自然"本来是什么样子？按照嵇康、阮籍的看法，"自然"是有规律的、和谐的统一体，因此人类社会也应当这样。

嵇康、阮籍把"自然"看成是一种混沌状态的无限整体，天地万物都应存在于这一整体之中，它们是统一的。"自然"作为整体来说，天地万物都是它的组成部分，是没有分别的，"至道之极，混一不分"。若从宇宙无所不包来看，一切东西都在其内。从时间上说，没有比它存在更早的，或者更长久的，故"太初何如，无后无先"；从空间上说，它是无所不包，无所不容，故"自然无外"；从根本上说，它是天地万物的根据，故"莫究其极"。因此，在"自然"之先、之外就不应再有什么东西了。但在"自然"之内，相对地说则有万物之不同，若从整个"自然"来看，它们又都是"自然"的一个组成部分，没有什么不同。"别而言之，则须眉异名；合而说之，则体之一毛也"，"当其无外，谁谓异乎"（阮籍《达庄论》）。这反映了他们对自然的看法。

"自然"是一有秩序的统一整体。天地万物在"自然"中各有其一定的位置，就其时间方面说，都是有常规的，"四时有常位"；就其空间方面看，都是有规定的形体的，"方圆有正体"；就人类社会说，也是有定制的，"是故圣人以建天下之位，定尊卑之制"。因此，圣人应根据"自然"本身的规律来处理政事，"明于天人之理"，"以建天下之位"。如果能"崇简易之教，御无为之治，君静于上，臣顺于下，……群生安逸，自求多福。默然从道，怀忠抱义，而不觉其所以然"（嵇康《声无哀乐论》）。"名教"就和"自然"一致了，这样的"名教"就是合乎"自然"的"名教"。

"自然"是一和谐的、有秩序的统一整体。嵇康、阮籍认为"自然"之所以是和谐的，是由于它混沌无分别地存在着，因此是"和"；由于它是有秩序地变化着，因此是"谐"。"自然"的和谐性是根据其统一性和规律性而来的。嵇康、阮籍都是魏晋时著名的文学家，因而他们对"自然"的看法常常是用艺术的眼光来对待。他们用音乐的和谐来说明宇宙的和谐，或者说正因为宇宙是和谐的才有音乐的和谐，阮籍在《乐论》中说：

> 夫乐者天地之体，万物之性也。合其体得其性则和，离其体失其性则乖。昔者圣人之作乐也，将以顺天地之性，体万物之生也。故定天地八方之音，以迎阴阳八风之声。

嵇康、阮籍把音乐看成是"天地之体""万物之性"的表现。宇宙本身就像是和谐的音乐，如有韵律的诗一样，这是由于"自然"是有秩序地存在着，它超乎个人的利害得失，既无利害得失．又无矛盾冲突，因此它是一个和谐的整体。人类社会乃是宇宙整体的一部分，那么人们就应该顺乎自然的规律，这样在人与人之间就不会有矛盾冲突，可以达到"君静于上,臣顺于下","无君而庶物定,无臣而万事理"的局面。音乐的作用就在于"移风易俗",使人们"顺天地之性,体万物之生"。既然"自然"是和谐的,因此反映"自然"的理想社会也应该是和谐的。圣人事天治人,当以"和为贵"。音乐可以起陶冶性情的作用,使人们的心境平和,所以说音乐"使人精神平和,衰气不入。天地交泰,远物来集,故谓之乐也"(《乐论》)。"和心足于内,和气见于外……使心与理相顺,气与声相应,合乎会通,以济其美……大道之隆,莫盛于兹,太平之业,莫显于此。"(嵇康《声无哀乐论》)

嵇康、阮籍认为,本来人类社会应和"自然"一样是一有秩序的和谐整体,但是后来的政治破坏了应有的秩序,扰乱了和谐,违背了"自然"的常规,造成了"名教"与"自然"的对立,嵇康在《太师箴》中说:

> 季世陵迟,继体承资。凭尊恃势,不友不师。宰割天下,以奉其私。故君位益侈,臣路生心。竭智谋国,不吝灰沉。赏罚虽存,莫劝莫禁。若乃骄盈肆志,阻兵擅权,矜威纵虐,祸崇丘山。刑本惩暴,今以胁贤。昔为天下,今为一身。下疾其上,君猜其臣。丧乱弘多,国乃陨颠。

阮籍在《大人先生传》中也说:

> 今汝尊贤以相高,竞能以相尚,争势以相君,宠贵以相加。驱天下以趣之,此所以上下相残也。竭天地万物之至,以奉声色无穷之欲,此非所以养百姓也。于是惧民之知其然,故重赏以喜之,严刑以威之。财匮而赏不供,刑尽而罚不行,乃始有亡国戮君溃散之祸。此非汝君子之为乎?汝君子之礼法,诚天下残贼、乱危、死亡之术耳,而乃目以为美行不易之道,不亦过乎!

照嵇康、阮籍看，这样的社会当然是和有秩序的和谐的"自然"相矛盾，因此他们在"崇尚自然"的同时对"名教"颇多诽毁。在他们看来，所谓"名教"是有违于"天地之体""万物之性"的，"仁义务于理伪，非养真之要术；廉让生于争夺，非自然之所出也"（嵇康《难自然好学论》）。这种人为的"名教"只会伤害人性，败坏道德，破坏人与人之间的和谐的自然关系。由于这个原因，嵇康、阮籍提倡"越名教而任自然"，"非汤武而薄周孔"，说"老子、庄周是吾师也"。这样一种思想潮流，从哲学思想发展上看，是"贵无""崇本"发展的一个趋势。因为"贵无"要强调"以无为本"，就可能出现"贵无"而"贱有"，"崇本"而"息末"，"越名教而任自然"等情况。这样一种趋势，在一定的条件下就可能发展成为现实。这种条件，就是嵇康、阮籍所处的时代和他们自身的遭遇。

王弼哲学思想体系中存在的矛盾，使玄学在发展中出现了嵇康、阮籍的"越名教而任自然"的思想，但是王弼的思想，从本质上说，是欲调和"名教"与"自然"。因为"体用如一""守母存子""崇本举末"等是他思想的主导方面，而这个方面又可以导致"以儒道为一"的思想出现。这种"以儒道为一"的思想，当然更加适合门阀世族的根本利益。代表这种向"儒道为一"思想发展的正是与嵇康、阮籍同时名列"竹林七贤"的向秀。

向秀（约227—272年）虽与嵇康等同为"竹林七贤"，且与嵇康的个人关系很好，但他的思想却和嵇康不大相同，这点可以从他批评嵇康的《养生论》而作的《难养生论》看出来。过去研究向秀思想比较多的是注意他的《庄子注》，而对于《难养生论》这篇文章则注意不够，这可能是个疏忽。

嵇康作《养生论》以为"神仙者，禀之自然，非积学所致，至于导养得理，以尽性命，若安期、彭祖之伦，可以善求而得也"，因而他认为"调节嗜欲，全息正气"，即可长生。可见嵇康的思想是由于对现实不满，而倾向于"出世"的。向秀不同意嵇康这种"抑压性情"的

"出世"观点，他说：

> 夫人含五行而生，口思五味，目思五色，感而思室，饥而求食，自然之理也，但当节之以礼耳。

人的本性就包含着"口思五味，目思五色"等这样一些本能的欲望要求，这些是合乎"自然之理"的，而用压制本性要求的办法来求长生，则是"悖情失性，不本天理"。从这点看，向秀的"自然之理"和嵇康、王弼的"自然"涵义都不相同，他把人们生活中的一些欲望要求看成是合乎天理的。然而如何能使人们顺应自然之理而又不致造成社会混乱呢？向秀说，这就要求对人们的欲望"节之以礼"了。《难养生论》中还说：

> 且生之为乐，以恩爱相接。天理人伦，燕婉娱心，荣华悦志。服飨滋味，以宣五情。纳御声色，以达性气。此天理自然，人之所宜，三王所不易也。

向秀的这种观点，在当时"越名教而任自然"风气流行的情况下，不能不说是一种调和"名教"和"自然"的企图，所以谢灵运的《辩宗论》中说"向子期以儒道为一"，《世说新语·言语》"嵇中散既被诛，向子期举郡计入洛"条注引《向秀别传》中也说秀"弱冠著《儒道论》"云云。

向秀要调和"名教"和"自然"，这一思想也反映在他对"有"和"无"的关系问题的看法上。王弼的"贵无"学说，主张"以无为本"，虽说其立论在"体用如一""本末不二"上，然而他把无名无形超绝时空的"无"作为宇宙本体，并说它是"先天地生"，这样就必然导致承认"无"是一超越性实体，即不得不把本体之"无"视为造物主，"无"和"有"实仍对立，故有"崇本息末"的说法。向秀在这个问题上虽仍未能摆脱王弼"贵无"思想的影响，但他却在"有"和"无"的关系上提出了新的观点。

张湛《列子注》中大量引用了向秀的《庄子注》，从这些注中我们可以看到向秀的思想倾向，其中最能说明问题的是《天瑞注》中所引用的一段话：

> 向秀注曰：吾之生也，非吾之所生，则生自生耳。生生者岂有物哉？（无物也）故不生也。吾之化也，非物之所化，则化自化耳。化化者岂有物哉？无物也，故不化焉。若使生物者亦生，化物者亦化，则与物俱化，亦奚异于物？明夫不生不化者，然后能为生化之本也。

在这里，向秀认为在天地万物之后还有一个不生不化的"生化之本"，这显然表明他仍受王弼"贵无"思想的影响，但是这里有一可注意之点，即向秀把"自生""自化"的概念引入其思想体系，作为他注《庄子》的一个重要观点。向秀一方面讲天地万物背后有一"生化之本"，另一方面又讲天地万物"自生""自化"，这样就造成其思想体系中的矛盾。然而向秀把"自生"概念引入其体系，从魏晋玄学的发展上看，对后来的裴𬱟和郭象却产生了很大的影响。裴𬱟的"崇有论"和郭象的"独化论"，都把"自生""自化"作为反对"以无为本"的重要支柱。从向秀的思想看，"生化之本"自身是不生不化的；不生不化的"生化之本"，从理论上说，它并不生化万物，而只是生生化化的万物的本体（根据）。因此，万物的生化都是由于"自生""自化"。如果万物都是"自生""自化"的，那么所谓"生化之本"实际上就没有什么作用了，而成了一个"空名"，正因为这样，往往有人也把向秀的思想划入"崇有"。其实并非如此，向秀的"生化之本"正同王弼的"无"一样，它自身不生不化，因此从理论上说，也不应生化万物，实际上他们最后都不得不承认"本体"是在天地万物之先，而具有造物主的地位和作用。向秀在魏晋玄学的发展中提出"自生""自化"的概念，使我们比较清楚地看到他的思想正是王弼向郭象的过渡，是玄学发展中的不可缺少的环节。

从上述魏晋玄学发展的情况看，由玄学的第一时期发展到玄学的第二时期，是王弼、何晏"以无为本"的"贵无"思想分化的结果：一派由王弼的"崇本息末"而发展为嵇康、阮籍的"越名教而任自然"；另一派由"崇本举末""守母存子"而发展到向秀的"以儒道为一"，这其间发展的逻辑必然性是很明显的。

（三）元康时期的玄学

西晋司马氏统治了几十年，社会矛盾不断加深，作为当权的统治集团门阀世族的寄生性和腐朽性更加暴露出来，到元康时期玄学也有了新的发展。大凡一社会其存在已成为不合理时，而当权的统治集团就要更加强调其统治的社会是唯一合理的，他们的哲学也常常为这种唯一的合理性进行论证。元康时期，嵇康、阮籍"越名教而任自然"的思想继续发展，它就成为当时一些名士"放荡形骸"的根据。例如胡毋辅之流"至于裸裎，言笑忘宜"。乐广对这种现象也不得不批评说："名教中自有乐地，何为乃尔也。"这种一味追求"放荡形骸"的名士对哲学思想的发展无什么建树，他们的代表王衍也不过仅仅一再重复王弼、何晏等人所说过的东西罢了。像这种"越名教而任自然"表现为不守礼法、放荡形骸，对巩固地主阶级的统治并不有利，那么怎么办呢？因此，社会现实的要求必须进一步解决"名教"和"自然"的关系，这样就沿着向秀思想的发展分为两支，一支为裴頠，一支为郭象。

裴頠（267—300 年）著《崇有》《贵无》二论，而后者已佚。其撰写《崇有论》的目的乃是"疾世俗尚虚无之理"（《世说新语·文学》注引《晋诸公赞》），"矫虚诞之弊"（《三国志·魏书·裴潜传》

注引陆机《惠帝起居注》）。但是，裴頠对"贵无"学说并不是简单的否定，他分析了这一学说产生的原因，也肯定了它在一定限度内的作用。他认为，由于人们"欲衍情佚""擅恣专利"，因而使社会受到危害。于是有些人在找寻产生危害的原因时就发现"偏质有弊，而睹简损之善"，这样就发出"贵无"的议论，而提倡"贱有"的思想。裴頠认为这样看有合理的因素，因为可以使人心平气和，合乎《易经》"损""谦""艮""节"等卦的主旨。不过这种主张只看到了问题的一个方面，即"无为"的好处，但它却不是根本的道理；然而"贵无"派在当时不仅没有看到这种思想的片面性，反而把它加以夸大，认为它是最根本的道理。这样就造成，"贱有则必外形，外形则必遗制，遗制则必忽防，忽防则必忘礼。礼制弗存，则无以为政矣"。这就是说，提倡"贵无"的人从主张"无为"，发展到反对"有为"；从崇尚"自然"，发展到反对"名教"，其结果使"贵无"说完全变成错误而且对社会有害。原来向秀主张人们对欲望的要求应当"节之以礼"，而欲望要求"皆生于自然"，因此它有其存在的根据，同时是合理的；而"礼"是否有存在的根据？是否合理呢？因为欲望要求是"自然"的而不是"人为"的，"礼"则不是"自然"的而是"人为"的，有无存在的根据？向秀对这个问题未加以说明，裴頠却接着向秀对它作了回答。在他看来，有社会就有人与人之间的关系，有贵贱的等级，有长幼的次序，有各种各样的礼节规范，这样才能维持人们之间的正常关系。"礼"就是适应社会本身这种需要，因此它是合理的，是必不可少的，根本不需要在它自身之外去找什么存在的根据。所以裴頠对当时"越名教而任自然"的风气作了严厉的批评。

为了维护人们之间的正常关系（当然是指封建社会的等级名分），裴頠提出必须"用天之道，分地之利，躬其力任，劳而后飨"（指"有为"），"居以仁顺，守以恭俭，率以忠信，行以敬让，志无盈求，事无过用"（指"名教"），这就是"圣人为政之由"。

裴頠的《崇有论》不仅指摘时弊，而且于哲学理论亦有所阐发。

为了论证"礼"(名教)的存在本身的合理性,他提出"有"之所以为"有",并不需要另外去找什么作为根据,而"有"的本身就是其存在的根据,因为"有"是"自生"的。原来向秀已使用了"自生""自化"的概念来说明万物的存在,但他又认为"自生""自化"的"万有"仍有一个"生化之本",因此他的思想实际存在着矛盾。裴頠克服了这个矛盾,他说:"夫至无者,无以能生,故始生者,自生也,自生而必体有。""自生而必体有"这个命题非常重要,它与"以无为本"的思想针锋相对,并明确地说明万物的"自生"是以其自身的存在作为本体,"有"即是其自身存在的本体,而在"万有"的背后不再有什么"无"作为它的本体。裴頠在《崇有论》一开头就说明了这个基本观点,他说:"总混群本,宗极之道也。"整个无分别的群有本身就是最根本的"道"(本体)。然而有人把这句话解释为:最高的"道"就是总括万有的根本,按照裴頠《崇有论》全文的意思分析,这样的解释显然不对。至于"无",裴頠认为它是"有"消失的状态,即"虚无是有之所谓遗者也"。王弼的"以无为本",则把"无"看成为是"有"存在的根据,因此根据本体之"无"而存在的天地万物都是有道理的,"物无妄然,必由其理","理"正在于"本体之无"。裴頠针对王弼这个观点提出:"理之所体,所谓有也。""理"是以"有"为其实体,"理"不能离"有"(实体)而单独存在,"理"只能以"有"作为其存在的根据。于是裴頠把王弼的"贵无"一变而为"崇有"了。

裴頠的"崇有"思想当然还有一些问题需要讨论,其中一个重要问题就是"有"的涵义如何?"有"作为哲学概念在中国哲学史上早已出现,《老子》中说:"天下万物生于有,有生于无。"这里的"有"当指"有名""有形"的东西,而有名有形的东西却始于无名无形的东西,所以说"有"常常是指有名有形的万物。在西方哲学中的 being 或 existence 常译为"存在",大体上与"有"相同。亚里士多德认为由形式限定了的质料(matter clothed with form)叫"存在"(existence),所以"存在"是指具体的存在物。看来,在魏晋玄学中的"有",一般也

是指有名有形的具体存在物。在裴頠的《崇有论》中的"有",不仅是指"物"(具体的存在物),而且是指"事"(人们所作的事),在魏晋玄学中,甚至在中国传统哲学中常常也是这样,例如何晏说:

> 有之为有,恃无以生;事而为事,由无以成。

"物"是"有","事"也是"有"。裴頠不仅认为山河大地为"有",而且封建礼教也是"有",政治活动、道德行为等,通通是"有"。所以他说:

> 理既有之众,非无为之所能循也。心非事也,而制事必由于心,然不可以制事以非事,谓心为无也。匠非器也,而制器必须于匠,然不可以制器以非器,谓匠非有也。……由此而观,济有者皆有也,虚无奚益于已有之群生哉!

裴頠对"有"这个概念的涵义虽说得不是很清楚明确,判定他的哲学体系是唯物主义还是唯心主义固然有一定的困难,但他反对在现实生活(事物)之外去寻找一种超现实的东西作为现实社会存在的根据,从这点来看,应该说他的哲学是倾向于唯物主义的。

由向秀向前发展的最重要的玄学家是郭象(约253—312年)。郭象的哲学思想可以说是魏晋玄学发展的高峰。他是经过向秀和裴頠的思想并且继承了王弼的思想。

谢灵运说:"向子期以儒道为一。"仅就向秀的思想说,真正要做到"以儒道为一",尚有两个问题需要解决:一是"有"和"无"的矛盾如何进一步解决。虽然王弼用"体用如一""本末不二"的观点来解决"有""无"之间的关系,但由于过分强调"以无为本",而导致"息末""贱有",故本末实际未能统一,"无"仍然居于生化万物的造物主的地位。向秀虽把"自生""自化"的概念引入其体系,但仍然存在着

"自生"和"生化之本"的矛盾。同时"名教"和"自然"如何进一步得到统一，这些问题均待解决。王弼虽认为"名教"应当而且必然反映"自然"，但仍主张"以道治国，崇本以息末"。嵇康更发展为"越名教而任自然"，把"名教"跟"自然"对立起来。向秀也把"礼"和"自然之理"看成是两回事。裴頠重视"名教"，并认为它存在的根据不在现实社会生活之外，而是在现实社会生活之中，但他又没有直接论述"名教"和"自然"的关系等问题。郭象正是沿着向秀等人的思想向前发展，在他的哲学体系中解决了上述诸问题。这里说郭象解决了上述诸问题，并不是说他是正确地解决了上述诸问题，而只是说他看到了这些问题并作了回答，甚至可以说，他的回答可以在他的体系中自圆其说。由于本书后面有专章分析郭象的哲学体系，这里只是把他的思想作为魏晋玄学发展的一个阶段作简要的叙述。

（1）郭象哲学体系中的"有"和"无"

魏晋玄学所讨论的中心问题是"本末有无"问题，郭象的哲学体系可以说也是从讨论这个问题开始的。

郭象认为，"有"是唯一的"存在"，而"无"是说"不存在"（nonexistence），就是说"等于零"。他说："请问夫造物者，有邪无邪？无也则胡能造物哉？"又说："无既无矣，则不能生有。有之未生，又不能为生，然则生生者谁哉？块然而自生耳。"（《齐物论注》）"无"既然是无，怎么能生物？甚至"有"也不能生物，此"有"不能生成彼"有"，因为任何"有"都"不足以适众形"。如果说此"有"能生成彼"有"，那么生此"有"之"有"就成了众"有"之上的实体或造物主。郭象的哲学一开始就否认在"万有"之上另有一造物主，即"上知造物无物"。那么"无"是什么意思呢？这点郭象或者受到裴頠思想的影响，也认为"无"是"有"的消失，它只具有语言上和概念上使用的意义，没有实际意义。"有"在郭象哲学体系中是唯一的存在，所以他说："有之为物，虽千变万化而不得一为无。""有"是绝对的唯一的存在，它不可能变为"不存在"，即变为"无"。照他看，如果说"有"是由另一个什么东西所产生或作为存在的根据，那么"有"就有不存在的时候，这是说不通的，"殊气自有，故能常有，若本无之而由天赐，则有时而废"。这样看来，"有"在郭象思想体系中实际具有两重涵义：它既是抽象的"存在"，又是具体的"存在物"，而两者又是同一的。如果我们说，在裴頠那里的"有"只有一种涵义，即"万有"，指各种各样的事物，它否定了作为万物存在根据的本体之"无"；那么在郭象的体系中，"有"却具有两重涵义，他从具体的"存在物"（万有）中又抽象出一抽象的"存在"（有），并把两者看成是一回事，即"具体存在物"与"抽象存在"自身的同一，这实际上是另一种形式的"体用如一"。郭象认为，存在的只是一个一个的具体的"存在物"，这叫作"有"；除了一个一个具体存在物之外再没有什么了，而一个一个的具体存在物之所以"存在"，就是由于它们一个一个都是存在的，"有"之所以为"有"，正因为其存在，所以"有"是唯一的存在，就这点说，"存在"即是"具体存在物"本身，并非另有一实体作为它存在的根据。

天地万物既然不是以"无"为其存在的根据，那么事物的存在有没有根据？如果说事物的存在根本就没有任何根据，那么不仅郭象的哲学无必要，因为论证"有"是唯一的存在就变得没有什么意义；而且更无法说明现存社会的合理性。因此照郭象看，不能说天地万物的存在没有任何根据，天地万物（万有）既然存在，其存在本身就是其存在的根据，具体地说，万有的存在就在于其"自性"，所以他认为："物各有性，性各有极。"从这点看，郭象的所谓"性"就是说"此物之所以为此物者"，即有"规定性"的意思，他说：

> 天性所受，各有本分，不可逃，亦不可加。（《养生主》注）
> 性各有分，故知者守知以待终，而愚者抱愚以至死，岂有能中易其性者也！（《齐物论》注）

任何事物的"自性"就是它存在的根据，它是不可改变的。和"性"相联的"命"，郭象一般把它解释为"必然性"，如他说："知不可奈何者命也。"（《人间世》注）命也者，"言物皆自然无为之者也。"（《大宗师》注）这就是说，事物都是自然而然地如此存在着，因此它们的存在是必然的，是不能不存在的。

事物的"自性"是其自我存在的根据。但此"自性"是如何产生的？事物的"自性"的产生和存在是不是有条件和有目的的？郭象认为，事物的存在根据其"自性"，而"自性"是自然而然的，是"自生"的，他说：

> 凡所谓天（按：指"天性"）皆明不为而自然。言自然则自然矣，人安能故有此自然哉？自然耳，故曰"性"。（《山木》注）

如果说事物的"自性"不是自然的，不是"自生"的，那就是其他东西所给予的，或者是有目的的，它的存在就是有条件的。然而此事物之所以成为此事物，彼事物之所以成为彼事物，是没有什么使它成为这样或那样，或使它这样或那样，甚至也不能说它自己使它这样或那样，所以"自生"只能是"突然自生"或"块然自生"。因为说事物的产生和存在如果有什么原因和目的，就等于说有主使者，所以他说：

> 物之生也，莫不块然而自生。（《齐物论》注）

所谓"块然自生"，就是说每个事物都是作为一个完整的整体自然而然的、如土块一样无目的的产生和存在（《应帝王》疏："块然，无情之貌也。"）。那么"自生"的"事物"和其他事物之间的关系怎样呢？郭象认为，任何事物都是"自足其性"的，所以是"无待"的。但郭象对于"无待"有异于《庄子》的解释，例如他对"大物必自生于大处"解释说：

> 大物必自生于大处，大处亦必自生此大物，理固自然，不患其失，又何厝心于其间哉！（《逍遥游》注）

"大处"并非为"大物"而存在，"大物"的存在也并没有要求有"大处"，这是理所当然的，自然而然的，所以"大物"并不以"大处"的存在为意，这叫"无心"，即"无厝心于其间"，如果于"大处"有心，那就是"有待"了，就不是"自足其性"了，就是有条件的存在，就会导致承认造物主。而且照郭象看，说到底分别"有待"和"无待"，其实也没有什么意义，如果有意去分别它们，那反而成为"有待"了，对此问题正确的看法，应该是"有待无待，吾所不能齐也。至于各安其性……吾所不能殊也。"（《逍遥游》注）从"各安其性"说，任何事物都可以是"无待"的；如不能安其性，则任何事物都将是"有待"的。所以，要坚持事物的存在的根据除了其自身的"自性"外，再没有其他任何根据，故必须以"自生""无待"为条件。

如果要把"自生""无待"的观点坚持下去，还有一个重要问题要解决。如果说每件事物都是一个个的存在，此事物就是此事物，彼事物就是彼事物，彼此互相分别，那么所有的事物岂不都是相对的？如果都是相对的，那么岂不还要受到限制？如果还要受到限制，那么岂不仍是"有待"？为了解决这个问题，郭象又提出了"独化"的概念，所谓"独化"是任何事物的生生化化都是独立自足的，因此"无待"是绝对的。如果要去追求事物生生化化的原因和根据，表面上看来可以无穷无尽地追求下去，但追求到最后，只能得出"无待"的结论，所以他说：

> 若责其所待，而寻其所由，则寻责无极，卒至于无待，而独化之理明矣。（《齐物论》注）

郭象举了一个极端的例子，他认为形、影、罔两（影外之阴）都是独立自足的绝对存在。因为如果有一物不是独立自足的绝对存在，那么其他任何事物也就不能是独立自足的绝对存在了！这样就可以说在"万有"之上仍有一作为其存在的根据的本体之"无"，而势必承认有"生化之本"了。每一事物尽管是独立自足的绝对存在，但是只要每一事物都完满地实现其"自性"，充分地发挥其"自性"，"知者守知以待终，而愚者抱愚以至死"，那么就可以达到"天地未足为寿，而与我并生；万物未足为异，而与我同得"的境界，这对于其他任何事物就有最大的功用，所以他说：

> 夫相因之功，莫若独化之至也。（《大宗师》注）

郭象还认为，从另一方面看，任何存在着的事物只要是存在着的，它就是不可少的，就不可能不存在，他说：

> 人之生也，形虽七尺，而五常必具。故虽区区之身，乃举天地以奉之。故天地万物，凡所有者，不可一日而相无也。一物不具，则生者无由得生；一理不至，则天年无缘得终。（《大宗师》注）

因此，凡是存在的都是合理的、必不可少的、必然的，而且是不能互相排斥的。这样看，表面上似乎与"独化"说有矛盾，其实不然。因为存在着的都是合理的、必然的，而不是互相排斥的，正是以每一事物都能充分地、绝对地发挥其"自性"，以独立自足的生生化化为条件。

从上面的分析看，郭象的哲学最后要建立的乃是"独化"学说，而"崇有"不过是达到"独化"的阶梯，唯有建立了"独化"的学说，才可以坚持其"崇有"的思想。因此"独化"学说可以说较彻底地否定在"万有"之上还有一个作为存在的根据的"无"，对王弼、向秀思想体系中的问题作了回答，进一步解决了"体用如一"的问题。

（2）郭象哲学体系中的"自然"与"名教"

在郭象的哲学体系中，既然"有"是唯一的存在，再没有一"无"作为"生化之本"，因而从社会生活看，现实社会之外再没有一个超现实的世界，现存的社会就是惟一的、合理的。人们无须在现实社会之外去寻求理想社会。郭象的哲学归根结底就是要论证现实的就是合理的，或者说现实的就是理想的，这就是他所谓的"内圣外王之道"。

在郭象看来，没有什么超现实的"神人"，所谓"神人"就是"今所谓圣人"，而"圣人虽在庙堂之上，然其心无异于山林之中"，他尽可以"戴黄屋，佩玉玺""历山川，同民事"，而并不失其为"至至者"（《逍遥游》注）。甚至，圣人正是能"终日挥形而神气无变"的，能"俯仰万机而淡然自若"的，因为"未有极游外之致而不冥于内者也，未有能冥于内而不游于外者也"（《大宗师》注）。圣人"常游外以弘内"，而其之所以能够做到这点，就在于他能"无心以顺有""无心而任乎自化者应为帝王"。神人、圣人和帝王应是一体的，"无己故顺物，顺物而至矣"。所谓"无心"，就是说帝王尽管"戴黄屋，佩玉玺""终日挥形""俯仰万机"，而不以此为意，不使这些扰乱自己就可以了。所谓"顺有"，就是说让每一事物（包括各种人）都按其本性而各安其位，在上的安于上位，在下的安于下位，"若天之自高，地之自卑，首自在上，足自居下，岂有递哉"（《齐物论》注）；"虽复皂隶，犹不顾毁誉而自安其业"（《齐物论》注）。而所谓圣人"常游外以弘内"者，是说圣人无心于万物而万物各安其位，最有利于实现治理天下。郭象的"内圣外王之道"的实质即在于此。

如果说，向秀调和"名教"和"自然"，还只是把两者看成不是对立的，"名教"可以补充"自然之理"，可以调节"自然之性"，不必"越名教而任自然"，但在他那里"自然"仍是"自然"，"名教"仍是"名教"，儒道还是两行；那么郭象则认为"名教"即"自然"，"山林之中"就在"庙堂之上"，真正的"外王"必然是"内圣"，儒家和道家从根本上说是"一而二"，"二而一"了。

（3）郭象的所谓"有"的性质

郭象认为"有"是唯一的存在，而把"有"绝对化，使每个事物都成为一个独立自足的存在。他本想把天地万物存在的根据从超现实、超时空的本体之"无"，拉回到事物本身之中（现实中的、时空中的事物），然而在他的体系中结果却把一个个事物绝对化、神秘化，而使之更加远离了现实，使之成为一个个不可认识的、无法理解的存在（自在之物），失去了现实性的抽象的存在。如果说，王弼为了给天地万物寻找一个统一的根据，寻找世界的统一性，错误地虚构了一个作为天地万物存在的统一根据，即本体之"无"，那么郭象则为了要否认天地万物的统一性，错误地把天地万物之间的联系完全抛掉，虚构了千千万万个绝对的独立自足的"有"。尽管郭象和王弼对世界的看法表面上不同，但王弼的"无"和郭象的"有"都是虚构的，并非事物存在的真实状况。只不过王弼所虚构的"无"是作为"有"存在的根据的超越性的"绝对"，而郭象所虚构的"有"则是千千万万个自生自化的内在性的"绝对"，同样都是形而上的思辨性哲学。因此，郭象的思想又是把本来带有唯物主义因素的裴頠的"崇有论"转化为唯心主义的"崇有论"。

从郭象关于"有"的理论，我们可以看到一个问题，既然郭象把"有"绝对化，因而"有"从一个意义上说，它实际上成了抽象的存在而非具体的存在物了。因为任何具体的存在物都不可能是绝对的，只能是相对的、暂时的、变动的。但郭象的所谓"有"不仅是独立自足的，而且是绝对的。具体的存在物不可能是绝对的，只有抽象的存在才可以被说成是绝对的，因此我们在他的《庄子注》中可以发现，郭象所说的"有"，其涵义有时已经不是指"具体的存在物"，而是指"抽象的存在"，例如他说：

> 非唯无不得化而为有也，有亦不得化而为无矣。（《知北游》注）

认为存在不可能变成不存在，这样的看法就是把"有"视为抽象的存在。抽象的"存在"就是"存在","不存在"就是"不存在";而具体的存在物则可以是存在的,也可以是不存在的。在郭象的哲学体系中,"有"实际具有两重性,即具体的存在物和抽象的存在,他试图把两者合二为一,构造出千千万万个"绝对存在物",这样相对的存在物即变成绝对的存在了。照郭象看,事物既然是"存在",就不能不存在,这样他就取消了相对和绝对的界线。从某种意义上说,郭象的这个观点也是"体用如一""本末不二",不过他的"体"和"用"都称为"有","本"和"末"也称为"有"而已。郭象哲学体系的内在矛盾这时也就暴露出来了。如果"有"作为绝对的抽象存在和具体的存在物合二而一,这样实际上作为绝对的抽象存在的"有"就成了具体存在物的"本体";而具体存在物也就成了这个抽象存在的表现。这个"有"(抽象的存在)岂不和王弼的"无"很近似了吗?郭象自己也可能意识到这一点,因此他千方百计地论证具体的存在物本身就是绝对的,企图把"抽象的存在"消融在具体的存在物之中,从而在形式上取消"抽象的存在"。但是,所谓绝对的存在物是根本不存在的,这样郭象的哲学也就陷入矛盾之中。分析郭象哲学中矛盾产生的原因,从根本上说,他取消"一般"和"个别"的分别,把"个别"绝对化,而使其哲学留下了尚待解决的问题。

(四)东晋时期的玄学

魏晋玄学发展到郭象已达到了顶点,其所要解决的"本末有无"问题,调和"自然""名教"问题,齐一儒道问题,等等,在郭象的哲学体系里可以说是已经解决了。当然所谓"已经解决",只是说在当时玄学的范围内得到了回答。但是思想的发展和整个历史的发展一样,有前进的运动,也有曲折和暂时的倒退。到东晋,玄学虽不能说有什么大的发展,然而一方面有像张湛这样比较重要的玄学家出现,另一方面则表现为佛教和道教接着玄学而又有较大的发展。

门阀世族作为一个统治集团，对社会经济和政治能起的积极作用本来不大，但是在它还没有发展到顶点之前，总有其存在的根据和理由。而在那个时期，他们也想千方百计地解决若干社会矛盾，用以巩固其统治地位。如果说在郭象的时候，门阀世族还没有感到自己灭亡的命运即将到来，还在论证"现存的都是合理的"，以便保持他们的既得利益，那么到东晋的情况就不一样了，中国门阀世族到西晋元康之际可以说已经发展到顶点，从此以后，他们就走下坡路了。到东晋，门阀世族这个统治集团不再关心解决现实社会中的种种矛盾，而是更加着力地去虚构超现实的世界，企图把现实社会中存在的种种矛盾通通推到那里去解决。他们最关心的不再是社会现实问题，而是个人的生死解脱问题。个人的生死解脱问题既然成为这个集团最关心的实际，于是它就成为张湛《列子注》的中心课题和东晋以后玄学的特殊内容。这时佛道二教更为发展，《世说新语·文学》"简文称许掾"条注引《续晋阳秋》说："正始中，王弼、何晏好庄老玄胜之谈，而世遂贵焉，至过江佛理尤盛。"且当时名门大族如王氏、殷氏、沈氏等均有奉道教者，而更多的学者则攀附佛理。

张湛生卒年不详，大约活动在东晋中叶，《宋书·良吏》中说："高平张祐，并以吏才见知。……祐祖父湛，晋孝武世，以才学为中书侍郎、光禄勋。"张湛除注《列子》外，尚编撰了《养生要集》，该书已失，但在陶弘景的《养性延命录》以及其他一些书中还有佚文，可见他的思想和当时流行的"养生术"有关。"超生死，得解脱"，是张湛《列子注》要解决的中心问题，而这个问题在现实社会生活中当然无法解决。因而他不得不求之于"超现实的世界"。要肯定"超现实的世界"的存在，就必须为这个学说找到哲学根据。在当时的条件下，从玄学中去寻找自然是最为方便，而王弼的"贵无"恰好可以为之利用。因为如果说在"万有"的背后还有一无形无象超时空的"无"为其生化之本，那么人们追求"无"的境界，体认"无"，甚至达到与"无"同体（合一），不就可以"超生死，得解脱"了吗？因此，张湛在他的

《列子注序》中提出了"群有以至虚为宗,万品以终灭为验"这个根本命题,他的全部《列子注》都是围绕这一根本命题而展开。之所以"群有"要以"至虚"(或称"至无")为"宗",就是要肯定在现实之外有一超现实的绝对存在,以便使"超生死,得解脱"成为可能。"万品"既然必定"终灭",那么人们又何以能够得到解脱呢?照张湛看,"万品"虽有聚散、生灭,而构成万物的元气则无生灭,如果人能明了生死气化而终归之于太虚,则得与太虚为一体而永存。

从魏晋玄学的发展看,在上述张湛的基本思想中有两个问题是我们应当注意的:一是,张湛如何把王弼的"贵无"思想和郭象的万物"自生"的思想结合起来;二是,张湛如何把魏晋玄学讨论"本末有无"问题的本体论和两汉以来以元气为核心的宇宙构成论结合起来。

在郭象的哲学体系中已取消了作为本体的"无"的地位,而提出了万物自生自化的独化理论,认为"有"是唯一的存在。张湛如果只是简单地回到王弼"以无为本"的学说,而不接触郭象所提出的万物自生自化的问题,那当然是不可能的,如果那样就无玄学发展的第四阶段了。在张湛的《列子注》中,我们可以看到,他既要肯定"以无为本",又要容纳"万物自生",所以他一方面说:"至无者,故能为万变之宗主也。"(《列子·天瑞》注)另一方面又说:"有何由而生?忽尔而自生。"(《列子·天瑞》注)对这两方面如何统一起来,张湛有他自己的解释。照他看,说"群有以至虚为宗",是说在"群有"之上(之外)有一作为它存在根据的本体,这是说"群有"和"至虚"之间的"现象"和"本体"的关系;说"万物自生",则是说"万物"不是由"本体"变成的,因为"本体"无生无灭,这是就生灭与不生不灭上说"群有"和"至虚"的根本不同。张湛说:

> 有之为有,恃无以生。言生必由无,而无不生有。此运通之功必赖于无,故生动之称,因事而立耳。(《天瑞》注)

"有之为有，恃无以生"是王弼、何晏的"贵无"思想。说"有"根据"无"而存在，并非说"有"是由"无"产生的，而是说"有"是由于有本体之"无"才有生生化化。从"有"说，有生有灭；从"无"说，无生无灭。"无"无生灭，就不是"无"生"有"。"无"如生"有"，则"无"亦有生灭；如由"无"生"有"，则"无"变为"有"。因此，"有"只是根据"无"而生化，"无"则是"有"的"生化之本"。然而如果说"无"不生"有"，那么"有"是如何产生的呢？张湛进一步说：

> 谓之生者，则不无；无者，则不生。故有无之不相生，理既然矣，则有何由而生？忽尔而自生。忽尔而自生，而不知其所以生；不知所以生，生则本同于无；本同于无，而非无也。（《天瑞》注）

张湛认为，"有"是"忽尔而自生"的，这点似乎来自郭象的万物"自生"观点。然而实际并不相同。照张湛的思想体系看，"无"（或称"至无""至虚"）是绝对的，而"群有"之"有"是相对的；绝对的"无"是不生不化的（即无存亡变化），相对的"有"才有生死聚散。故所谓"生"者，就是由尚未存在的变为"存在"的；所谓"死"者，就是由已存在的变为"不存在"的，而"无"是绝对的，本来就没有这个问题。既然"有"和"无"的关系不是相生的关系，那么"有"只能是"忽尔而自生"了。然而"忽尔而自生"，正是说明不能由事物自身去找其存在的原因和根据，即"有"不能是"有"生化的原因；既然不能从"有"自身去找其生化的原因，那么事物生化的原因和根据只能是"非有"的"无"。看来，张湛讲"忽尔而自生"并不是郭象那样为了否定和"有"相对立的本体之"无"，而正是为了论证"生则本同于无"。

张湛的哲学思想体系试图在王弼"以无为本"思想的基础上容纳郭象的万物"自生"的观点，这不仅表明他和郭象的思想很不相同，而且也表明他和王弼的思想有很大差别，从而使他的思想体系陷入了矛盾之中。王弼的思想中较为深刻的地方是其"体用如一"的观点。在王弼思想体系中尽管也有矛盾，但他基本上认为"体"不在"用"之外，"无"不在"有"之外。郭象更认为，"有"是唯一的存在，具体的存在物本身就是绝对的存在。而张湛的"至虚"则成为在"群有"之上（之外）的另一实体，"至虚"不生不化，而"群有"生生化化，"至虚"是"群有"之外的绝对，这样"至虚"和"群有"就成为两截，因而他不说"体用如一"。郭象与王弼出发点虽异，而他们都认为"体用如一"；张湛与王弼虽同是"贵无"，而张湛并不讲"体用如一"。

魏晋玄学是讲"本末有无"问题的，但是此前中国哲学中宇宙构成的问题却很流行。从先秦到西汉不少哲学家在讲到万物的构成时，都认为"气"（或称"元气"）是构成万物的材料，所以在两汉"元气论"比较流行，因此这个方面的问题在魏晋时期也不能不予涉及。玄学家特别注重的书，除了《老子》《周易》外，就是《庄子》。而《庄子》书中讲到"气"的地方很多，也就是说有宇宙构成论的问题，因此有些玄学家就不能避而不谈。嵇康、阮籍固然讲了这个问题，就是郭象在注《庄子》时也接触到这个问题。

嵇康、阮籍（特别是嵇康）的哲学虽有玄学本体论的形式，但他们讲宇宙本源问题时，往往从宇宙构成论加以解释。他们认为"名教"应本于"自然"，"道"是产生天地万物的根源，"无为"比"有为"更根本，如他们说：

> 天地生于自然，万物生于天地。自然者无外，故天地名焉；天地者有内，故万物生焉。（阮籍《达庄论》）
> 道者法自然而为化，侯王能守之，万物将自化。《易》谓之太极，《春秋》谓之元，《老子》谓之道。（阮籍《通老论》）
> 然无措之所以有是，以志无所尚，心无所欲，达乎大道之情，动以自然。（嵇康《释私论》）
> 聊以娱无为之心，而逍遥于一世。（《达庄论》）

以无为用，不以人物为事。(阮籍《大人先生传》)

因此，"名教"应顺应"自然"。而自然（宇宙本然的样子）是统一的、有规律的和谐整体，既然"名教"应以"自然"为根据，那么圣人治天下当"以无为为贵"，使社会也成为统一的、有规律的和谐整体。这样的看法本来都是当时玄学家讨论的问题，是根源于王弼的"崇本举末"或"崇本息末"的思想。但嵇康、阮籍在讲天地万物本源问题时，又多讲宇宙构成问题，如说：

> 元气陶铄，众生禀焉。(嵇康《明胆论》)
> 浩浩太素，阳曜阴凝，二仪陶化，人伦肇兴。(嵇康《太师箴》)
> 混元生两仪，四象运衡玑。(阮籍《咏怀诗》第六十九首)

他们认为，整个宇宙是自然而然存在着的无限广大的元气。天地万物包括人都是禀自然之元气而生，宇宙间事事物物的变化都是元气自身的变化。这种看法实际是继承了两汉以来的元气论学说。而所谓"自然"者，就这方面说，即是无名无形之"元气"，如：

> 自然一体，则万物经其常，入谓之幽，出谓之章，一气盛衰变化而不伤。(《达庄论》)
> 专气一志，万物以存。(《大人先生传》)
> 昔者天地开辟，万物并生，大者恬其性，细者静其形，阴藏其气，阳发其精。(《大人先生传》)
> 气静神虚者……故能越名教而任自然。(《释私论》)

若从"有"本于"无"（"以无为用，不以人物为事"），"名教"本于"自然"方面看，嵇康、阮籍讨论的是本体论问题；若从天地万物由元气构成或自然变化都是元气变化方面看，他们又讨论了宇宙构成论问题，这两方面究竟是什么关系？他们并没有作出明确的论证。郭象则不同，在他的《庄子注》中虽也有天地万物由气构成的话，如他说"变化相代，原其气则一""殊气自有，故能常有"等等。但他认为决定此事物之成为此事物的不是"气"而是"性"。每个事物都有各自的"自性"，其"自性"是独立自足的。由于郭象不讲宇宙的统一性，只讲一个个事物的存在和构成，因此在他的体系中就没有着意讨论宇宙整体是什么、由什么决定的等问题，所以不存在本体论和宇宙构成论的关系问题，似乎也无须提出这样的问题来加以讨论。

张湛的哲学和郭象不同，他要求解决的是"生死解脱"问题，这就必定要遇到两个相互联系的问题：一是"神""形"的关系问题；一是"个体"与"全体"的关系问题，即人和整个宇宙的关系问题。要"超生死，得解脱"，或者主张形灭而神不灭（灵魂不死），或者主张神形不离而长存（肉体成仙），这都是神形关系问题。这个神形关系问题是"个体解脱"的问题，是就一个人的解脱说的，但"个体"必在"全体"之中，这样就有了"个人"和整个宇宙的关系问题。那么张湛是如何解决这两个问题的呢？

张湛认为，物之生为气之聚，物之灭为气之散，散则复归于"太虚"（宇宙全体）。由气聚之个体虽有生灭，而于宇宙全体则实无生灭聚散。人为万物之一，故亦有生有死，生是气之聚，死是气之散，而散并非变为没有，只是又回到"太虚"之中。如果人能认识自己的来源与去向，从"太虚"中来，又回到"太虚"中去，也就说明了"超生死，得解脱"的道理，与"太虚"成为一体，这样个体的人也就无生无灭了。这是张湛就宇宙构成方面说的。

张湛又认为，任何事物就其现象方面说，都是有生有灭的；而就其本体方面说，则是无生灭变化的，"夫尽于一形者，皆随代谢而迁革矣；故生者必终，而生生物者无变化也"（《天瑞》注）。因为只有不变化的、无生灭的本体才可以成就各种现象，"生生物者不生，形形物者无形，故能生形万物，于我体无变"（《天瑞》注）。"本体"只有是不生不灭、无形无象才可以做成有生有灭、有形有象的各种事物，因此"至无者，故能为万变之宗主也"。这就是说，"群有"都是根据"至虚"而有生生化化的，而"至虚"则是不生不化的宇宙本体（"生化之本"）。如果人们能"反本"而体认"至虚"，就不会执着现象而与"至虚"同体，自然就可以"超生死，得解脱"了。这是张湛就本体论方面解决"生死解脱"问题说的。

从上述两方面来看，张湛的哲学由宇宙构成问题讲到"太虚"，又由事物的本体问题讲到"至虚"，都涉及"个体"和"全体"的关系，于是他的宇宙构成论就和他的本体论碰头了，他试图把这两个不同性质的问题拉扯在一起，用来解决"超生死，得解脱"的问题。但本体论和宇宙构成论本来是两个问题，前者要解决的是本末、体用的关系，并不涉及天地万物由什么构成的问题；后者必须解决天地万物究竟由什么构成，这两个方面不需要，甚至不可能拉扯在一起。张湛这样建立他的思想体系，使他的哲学不得不陷入矛盾之中。这个矛盾之所以造成，正因为他根本不可能做到"超生死，得解脱"，而且也不能在哲学上找到根据。

张湛的哲学体系虽很庞大（我们这里只是讲了他的思想中和魏晋玄学发展最有关的方面，并未讲到他哲学的全部），但并不严密，也不很高明，并且存在着严重的矛盾。他的哲学之所以有这样一些缺陷，主要原因就是他试图在他的体系中同时容纳王弼的"以无为本"和郭象的万物"自生"的思想；又试图把"以无为本"的本体论和"元气化生"的宇宙构成论结合起来。看来，一种哲学体系从某种意义上说，其体系内在的矛盾越少，往往能解释的问题也就越多，因而对提高人们的认识水平就越有益，否则相反。王弼、郭象的哲学虽然都是唯心主义，且其体系内也存在着不可解的矛盾，但其体系内部的矛盾毕竟比张湛少，因而在一些哲学问题上对人们是有启发的，对锻炼人们的理论思维能力是有帮助的。张湛的哲学体系杂而不纯，试图包容各家，因而把魏晋玄学引入绝境，哲学思想如再往前发展，就不得不采取新的形式了。恰恰这时印度佛教的般若学流行中国，鸠摩罗什不仅再译了般若大小品，而且还译了《般若经》的释论《大智度论》以及阐发般若学的《中论》《百论》《十二门论》等著作，因此有讨论"非有非无"的哲学继讨论"本末有无"的玄学的兴起，中国哲学思想的发展从此又进入一个新的阶段。

第三章　魏晋玄学的发展（中）
——玄学与佛教

印度佛教传入中国，初在汉时依附中国道术而为"佛道"。后至魏晋，般若学流行，开始又依附于玄学而为"佛玄"。至东晋，有般若学六家七宗，仍用玄学思想来了解佛教般若学。鸠摩罗什来到中国，译出《般若经》的释论《大智度论》和《中论》《百论》《十二门论》等，其弟子僧肇作《不真空论》，其理论比较接近印度佛教般若空宗的原意，但也还是接着玄学讲而有所发展。本章将简论佛教传入中国以及它和魏晋玄学的关系，从另一个方面来说明魏晋玄学的发展变化。

印度佛教何时传入中国有种种说法，但东汉明帝永平年间（58—75）派遣使者到西域求佛法，是大家公认的佛教传入中国的开始。我们且不论此前有张骞使西域"始闻浮图之教"、大月氏王使伊存授《浮屠经》等传说，但佛教传入中国必在永平求法之前。永平八年，明帝诏令天下死罪都可以交纳缣赎罪。楚王英（明帝的兄弟）送了三十匹缣赎罪，于是明帝下诏说：

> 楚王诵黄老之微言，尚浮屠之仁祠，洁斋三月，与神为誓，何嫌何疑，当有悔吝？其还赎，以助伊蒲塞桑门之盛馔。（《后汉书·楚王英传》）

楚王英对黄老和浮屠同样礼拜，说明在永平八年以前佛教传入中国已有一段时间,所以把永平求法作为佛教传入中国的开始是晚了一点。我们虽然不能说永平求佛法是佛教传入中国的开始,但自永平以后佛教在中国才较有影响,大体上是不差的。佛教传入中国至东晋始大盛,中间经历了几个传播和发展的阶段。

佛教在东汉,是作为当时流行的一种道术而传播的。两汉以来道术流行,无论黄老之学还是方士之术在当时均称道术,而方术所包含的内容颇广,如祠祀求仙、长生久视等均属之。据《后汉书·方术列传》载,其时有所谓究"阴阳推步之学""河洛之文""龟龙之图""箕子之术""纬候之部""钤决之符""师旷之书"者,有所谓"风角""遁甲""七政""元气""六日七分""逢占""日者""挺专""须臾""孤虚"之术。而究其原因则谓:"汉自武帝颇好方术,天下怀协道艺之士,莫不负策抵掌顺风而届焉。后王莽矫用符命,及光武尤信谶言,士之赴趣时宜者皆骋驰穿凿,争谈之也。"据当时记载,多把"黄老"和"浮屠"看成是同样的"道术",桓帝延熹九年(166)襄楷上书说:

> 又闻宫中立黄老、浮屠之祠。此道清虚,贵尚无为,好生恶杀,省欲去奢。今陛下嗜欲不去,杀罚过理,既乖其道,岂获其祚哉!(《后汉书·襄楷传》)

甚至佛教的信徒也自称其为"道术",牟子《理惑论》说:"道有九十六种,至于尊大,莫尚佛道也。"《四十二章经》亦自称"佛道",就其内容看,且颇有与中国道术相合者,如说"阿罗汉者,能飞行变化,旷劫寿命,住动天地"(一章)、"学道之人,去心垢染,行即清净矣"(三十五章),均似黄老神仙家言。在那时佛教所讲的主要内容为"灵魂不死""因果报应"之类,袁宏《后汉纪》说:

> 又以为人死精神不灭,随复受形。生时所行善恶,皆有报

应，故所贵行善修道，以炼精神而不已，以至无为，而得为佛也。

然而这类思想为中国所固有。"灵魂不死"的思想在中国表现为"有鬼论"，《诗经·大雅·下武》说"三后在天"精灵升遐，《庄子·养生主》已有"薪尽火传"之喻，《淮南子·精神训》谓"故形有摩，而神未尝化者，以不化应化，千变万抮，而未始有极"。故桓谭有"形尽神亦灭"之论，王充有"人死不为鬼"之说，对"灵魂不死"作了批判。而"精神不灭"靠"炼养"也是中国已有的观点。至于"因果报应"，佛教与中土所说虽不尽相同，而汉时所流传者实与中国原有的"福善祸淫"（《周易·坤卦·文言》："积善之家，必有余庆；积不善之家，必有余殃"）相贯通。

到汉末魏初，由于佛教传入渐多，翻译的佛经也一天比一天增加起来。这时所译佛经有小乘的经典，也有大乘的经典，于是佛教在中国就分成两大系统：一为安世高系，是小乘佛教，重禅法；二为支娄迦谶系，是大乘佛教，讲般若学。安世高于桓帝建和初（147）到洛阳，译经甚多，而最有影响的为《安般守意经》和《阴持入经》。前者为习禅的方法，是讲呼吸守意的书，如道家（神仙家）的呼吸吐纳之术；后者为解释佛教名教，如汉人注经的章句之学。安世高的再传弟子为康僧会已在吴时，这一系对宇宙人生的学说以"元气"为根本，说"元气"即"五行""五阴"（后译为"五蕴"）。《阴持入经注》释"五阴种"说："五阴种，身也……又犹元气……元气相含，升降废兴，终而复始，轮转三界，无有穷极，故曰种也。"佛教认为人本为五阴积聚而成，所以安世高译的《阴持入经》说"积为阴貌"。中国先秦时代，"元气说"相当流行，至两汉而大盛。元气和神形问题相联系，说形体由粗气构成，精神则为"精气"。这种学说和神仙家的"养生"术很有关系。《吕氏春秋》中认为，人要做到长生久视，则"气"必须在身体中不断流通，而"精气日新，邪气尽去"，"精神安乎形，而年寿得长焉"。那时，安世高一系的佛教徒们也就把"五阴"和"元气"

拉扯在一起,说元气配合得好,则人心平和而身体可以没有疾病;如果配合得不好,阴阳五行不协调,身体就会得病。吴时竺律炎与支越合译的《佛说佛医经》中说:

> 人身中本有四病:一者地,二者水,三者火,四者风。风增气起,火增热起,水增寒起,土增力盛,本从是四病,起四百四病,土属身,水属口,火属眼,风属耳。

这和汉朝流行的医学理论非常相似。要使身体内部的元气协调,则必须引导元气向正的方面而不向邪的方面发展,心神平静就不会产生种种欲望和烦恼。心神的活动而有意念,于是就有种种烦恼。如何消除这些烦恼,当时的小乘禅法认为重点在养心神,而养心神在"守意"。所谓"守意"者,即专注一心,使意念不生,《安般守意经》说:"已未起便为守意……若已起意便走,为不守。"安世高译《处处经》中有"佛语诸比丘,当会坐一切,但当说法。语不能者,急闭目声,守意善听,可从得道。诸比丘闻佛说,此语,欢喜意解,即得阿罗汉道"。"守意"的方法叫"安般","安"指入息(吸),"般"指出息(呼),如同当时流行的黄老神仙家的吐纳,所以道安的《安般注序》说"安般者,出入也","安般寄息以守成"。能"守意"则心神明静,心神明静即可成佛,故康僧会《安般序》说:

> 得安般行者,厥心即明,举眼所观,无幽不睹……无遐不见,无声不闻,恍惚仿佛,存亡自由,大弥八极,细贯毛氂,制天地,住寿命,猛神德,坏天兵,动三千,移诸刹,入不思议,非梵所测,神德无限,六行之由也。

可见安世高这一系统所宣扬的小乘禅法,显然是依附于我国当时流行的黄老神仙方术的某些思想,用这种道术来解释佛教。

支娄迦谶一系则不相同，所传为大乘般若学，他的弟子叫支亮，再传弟子为支谦，世称"三支"。支娄迦谶于桓帝末年（167）至洛阳，灵帝光和二年（179）译出《道行般若波罗蜜经》，支谦再译为《大明度无极经》。支谶一系讨论的是人生的根本道理，认为要使心神返本真，而与道合，可以看出深受老庄思想的影响。仅就支谦译《般若波罗蜜经》为《大明度无极经》，改用这一名称，也可以看出佛教是迎合了当时以老庄思想为核心的玄学思潮。把"般若"解为"大明"，当是取自《老子》的"知常曰明"；把"波罗蜜"解为"度无极"（达到无极），也是取自《老子》的"复归于无极"，所以支谦《大明度无极经》第一品原注中有这样的说法：

> 师云（按：指他的老师支亮的话）：菩萨心履践大道，欲为体道，心与道俱，无形故言空虚也。

"心与道俱"即后来竺法护所译《佛说四自侵经》中所言"不复阴身，以与道合"，亦即阮籍《大人先生传》中所谓"与道俱成"的意思。"无形故言空虚"如老子所言"道常无形"，故心神也是无形象可求的。照支谦等看，个人的心神本即源于道，只因种种后天的关系（如贪欲的引诱），心神乃受到这些后天的影响而不能与道合。心神如欲解脱这种种的限制，要点在于体认"道"，如果能认识其本源，即重新与道合一的话，则可成佛，此实以老庄思想附会佛教。

魏晋时以老庄思想为骨架的玄学本体论思想大为流行，玄学讨论的中心问题为"本末有无"问题，而佛教般若学和玄学有相接近处，因此当时僧人多用玄学解释佛教教义，他们采用的方法，渐由自相比附的"格义"进展到取"得意忘言"的玄学思辨方法。

这个时期有一很可注意的现象，即名僧与名士对世事的看法往往有不少地方相同。他们常以逍遥放达、超尘离世相标榜。名士据三玄以发挥其玄学，名僧也以三玄来解释佛理。西晋有支孝龙与当时名士阮瞻、庚敱等结为知交，也呼之为"八达"；东晋孙绰作《道贤论》，乃以七名僧与竹林七贤相比拟。许多名僧都精通老庄之学。据史书载，竺法护"博览六经，涉猎百家之言"；于法兰，支遁赞其"综体玄旨"；支孝龙说他自己"抱一以逍遥，唯寂以致诚"；竺道潜"优游讲席三十余载，或畅方等，或释《老》《庄》"；支遁"雅尚老庄"，注《逍遥游》；道安以"可道""常道"与"二谛"相比；慧观"注《法华经》，探究老庄"；慧远"博综六经，尤善老庄"。当时的许多名僧大都是讲般若学的，而又善言老庄，除当时由印度、西域等地传入的佛教多半都是与般若学有关的经典这一客观情况外，而般若学得以流行实非偶然，道安《毗奈耶序》说：

> 于十二部，毗目罗部最多，以斯邦人老庄教行，与方等经兼忘相似，故因风易行耳。

"毗目罗"之学为方等（或"方广"，大乘经之总称），般若学属于方等，可见般若学得以盛行于两晋，当与玄学有关。但《般若经》之大品（指《放光般若波罗蜜经》和《光赞般若波罗蜜经》）真正盛行则在东晋初年，所以道安《渐备经叙》说：

> 大品出后，虽数十年，先出诸公略不综习，不解诸公何以尔？……但大品顷来东西诸讲习，无不以为业。

竺法护的《光赞般若波罗蜜经》于太康七年（286）译出，《放光般若波罗蜜经》竺叔兰于元康元年（291）译出，而至东晋初始盛行。这种情况和当时的社会历史条件有关。自魏晋以来，中国的门阀世族作为一个统治集团的势力不断发展，至元康之际可以说已发展到顶点，而"八王之乱"、西北少数民族入主中原，司马氏晋王朝被迫南渡，加速了门阀世族的衰落过程。这个统治集团到了这时，对自己的命运和社会的前途既无办法，又无信心，更加关注的是自身的"生死解脱"问题，所以东晋以后，佛教和道教也就更加流行了。

宗教的目的归根结底都是为人们找寻一个超现实的世界，说在那个虚幻的世界里可以解决现实社会中普遍存在而又无法解决的包括生死问题的种种苦难。佛教当然也不例外。般若学传入中国后，在东晋以前大体还属于传译阶段，中国僧人还没有提出自己对般若学的系统的理解，而到了东晋则出现了对般若学说各种不同解释的派别。僧肇《不真空论》所破有三家（本无、心无、即色），刘宋时有昙济作《六家七宗论》，僧镜作《实相六家论》，都是东晋以来般若学的各派。对当时流行的这些派别不可能都作详细的讨论，但有一点值得注意，即魏晋玄学所讨论的"本末有无"问题，实际也是当时流行的般若学各派所讨论的问题。下面以僧肇《不真空论》所破三家为例，来说明这个问题。

（一）心无义

僧肇《不真空论》说："心无者，无心于万物，万物未尝无。此得在于神静，失在于物虚。"又据吉藏的《二谛论》说："言心无义者，然此义从来太久，什师之前，道安、竺法护之时，已有此义。言心无义者，亦引《经》云：色色性空者，明色不可空，但空于心，以得空观故言色空，色终不可空也。肇师破此义明。得在于神静，失在于物虚，得在神静者明心空，此言为得；色不可空，此义为失也。"盖意谓"心无义"者是"空心不空色"。"不空色"就是说"万物未尝无"，唐元康《肇论疏》说"然物是有，不曾无也"，"不知物性是空，故名为失也"。"不知物性是空"即以物性为有，这和郭象的思想非常相近。郭象反对"以无为本"，认为"万有"没有一个"无"作为它的本体，"有"是唯一的存在，而其存在的根据就在于万物各有其"自性"，所以他说"物各有性"。"空心"就是说"无心于万物"。元康疏说："但于物上不起执心，故言其空。"这点和郭象的学说也很相近。郭象注《庄子》于内七篇均有解题，其中三篇解题均说"无心"，《人间世》解题说："唯无心而不自用者，为能随变所适而不荷其累也。"《大宗师》解题说："虽天地之大，万物之富，其所宗而师者无心也。"《应帝王》解题说："夫无心而任乎自化者应为帝王也。"据此，郭象认为圣人无心而顺物，故能"随变所适，而不荷其累"。虽说"心无义"与郭象思想颇有相似之处，但也并不能肯定说"心无义"是直接由郭象发展而来，只是说在当时玄学风气的影响下，玄学所讨论和注意的问题，往往也为佛教所讨论和注意。

（二）即色义

主张"即色义"的是支遁（支道林），据说他著有《释即色本无义》《即色游玄论》《妙观章》《逍遥论》等近二十种著作，大都佚失，只存片断。《世说新语·文学注》引他的《妙观章》（全文已佚）说：

> 夫色之性也，不自有色。色不自有，虽色而空。故曰色即为空，色复异空。

又慧达《肇论疏》说：

> 支道林法师《即色论》云：吾以为"即色是空，非色灭，空"（按：为《维摩经》文），此斯言至矣。何者？夫色之性，色不自色，虽色而空。

所谓"色不自色"者，就是说物理的现象是没有自性的；"不自有色"是说事物背后没有自体（支持者，support）或说没有一本体（substance）。所以这里说的"自性"是指"自体"即"本体"。既然事物没有"自体",那么虽有千差万别的种种现象,但这千差万别的种种现象又都是不真实的,所以说"虽色而空"。虽有千差万别的现象而实际上并无实在的自体。在魏晋时,"空"往往也可以译为"无",而当时的玄学家(或受玄学影响的佛教徒)常常说"空"或"无"是事物的本体(如后面要讲到的"本无义"),事物的背后没有"本体",支遁的这个观点和郭象的思想大体相似。"无体"就是说色后面没有"空"(或"无")作为本体,虽有现象而无本体,所以说"色复异空"。既然色无本体,并不是说"色"消灭了以后才成为"空","非色灭,空"。从这里看,支遁的《即色论》称《即色本无义》,是合适的。从一个方面说,支遁的思想和郭象有相似之处,都认为事物的背后没有一个实在的本体;但从另一方面说,他的思想又和郭象不同,他认为事物既然无实在的本体,那么事物本来就是"空"的。

如果从他对《庄子·逍遥游》的解释来看,支遁的思想和郭象的思想就更加不同了,据《高僧传·支遁传》记载:

> 与刘系之等谈庄子《逍遥篇》云:各适性以为逍遥。遁曰:不然。夫桀跖以残害为性,若适性为得者,彼亦逍遥矣。于是退而注《逍遥篇》。

"各适性以为逍遥"正是郭象注《逍遥游》的思想,他在《逍遥游》的解题中说:

> 夫小大虽殊,而放于自得之场,则物任其性,事称其能,各当其分,逍遥一也。

郭象对《逍遥游》的第一个注说:

> 夫庄子之大意在乎逍遥游放,无为而自得,故极小大之致,

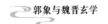

以明性分之适。

可见支遁反对的正是郭象的上述看法。那么支遁对"逍遥"是如何看的呢?他注的《逍遥篇》全文已不可见,仅《世说新语·文学》注有一段说:

> 夫逍遥者,明至人之心也。庄生建言大道,而寄指鹏鷃。鹏以营生之路旷,故失适于体外;鷃以在近而笑远,有矜伐于心内。至人乘天正而高兴,游无穷于放浪,物物而不物于物,则遥然不我得;玄感不为,不疾而速,则逍然靡不适,此所以为逍遥也。若夫有欲,当其所足,足于所足,快然有似天真,犹饥者一饱,渴者一盈,岂忘蒸尝于糗粮,绝觞爵于醪醴哉!苟非至足,岂所以逍遥乎?

郭象认为,万物虽大小不同,但各适其性,则同样都是"逍遥"。支遁的看法则不同,他认为"逍遥"与否完全在于如何看待,如果能"物物而不物于物",主观上支配万物而不受万物支配;"玄感不为,不疾而速",客观上只去感应万物,而不强求万物,以不变应万变,这样才可以"逍遥"。如果以满足自己性分的要求为"逍遥",那不过像饥饿的人只求一饱,口渴的人只求一饮一样,这样低的要求,哪里称得上"逍遥"。所谓"至足",照支遁看是能"乘天正(按:见于《庄子·逍遥游》'乘天地之正')而高兴,游无穷于放浪"者,在天地中生活而不为有限的世界所限,思想上绝对超脱而得以逍遥放达,所以说"夫逍遥者,明至人之心也"。支遁的所谓"逍遥"全在"至人"的心胸能超越时空的限制,而绝不是"适性"就可以达到"逍遥"的。

支遁另有一篇文章《即色游玄论》,已佚,但推测起来很可能是他的"即色义"和"逍遥义"结合起来而有此论。盖"至人"如能认识到"色不自色",那么就可以"物物而不物于物","玄感不为,不疾而速",而达到无往而不逍遥了,即其心胸完全可以超脱时空的限制。因此,我们可以看到支遁所追求的"成佛",实际上是玄学家们所追求的"逍遥放达"。这样看来,他的《即色游玄论》和《即色本无义》从思想上说是一致的,并不矛盾。

从上面的分析看,支遁的"即色义"所讨论的也还是玄学问题,而他对"逍遥"的看法,更说明他本身就是玄学家,虽和郭象看法不同,但更接近庄周原意。

(三)本无义

从昙济的《六家七宗论》和吉藏的《中论疏》看,"本无义"有两种,一为"本无宗",一为"本无异宗",前者为道安的学说,后者为深法师(即竺道潜,字法深)的学说,然实大同小异,这里不去分别,只对道安"本无义"作些分析,以明它和玄学的关系。

吉藏在《中观论疏》中说:

> 什师未至,长安本有三家义:一者释道安明本无义,谓无在万化之前,空为众形之始。夫人之所滞,滞在末有。若诧心本无,则异想便息。……安公明本无者,一切诸法,本性空寂,故云本无。

这里,道安首先提出在有形有象的万物之先存在的是"无""空"。但"空无"并非"虚空",所以《名僧传钞》引昙济《六家七宗论》说:"无在元化之先,空为众形之始,故称本无。非谓虚豁之中,能生万有也。"所谓从"空无"中产生"万有"的"空无"并不是"虚空",而是说"空"或"无"乃"万有"之本体,它才先于"万有"而存在。道安对佛教般若空宗的了解,并不像空宗那样以为"本无"是说"诸法本无自性",即任何事物都没有实在的自体。道安的"本无义"可以说接近王弼"以无为本"的思想，而更与张湛的思想相符合。张湛也讲"以无为本"，但他讲的"无"似乎在"有"之外（之上），如他说"至无者，故能为万变之宗主"，"不生者，固生物之宗"，即认为在"万有"之上有一超现实的绝对作为产生"万有"的宗主。这个看法和王弼的看法不大一样，王弼认为"无"虽是"有"的本体，但"无"并非在"有"之上另为一物，"无不可以无明，必因于有"；"体"和"用"也是结合在一起的，"用"不离"体"，"以无为用，不能舍无以为体"。道安讲"本无"，则把"无"看成在"万有"之先，故更接近张湛。不仅如此，道安甚至和张湛一样，用"元气论"来解释天地万物的构成。昙济在《六家七宗论》中说：

> 第一本无立宗曰：如来兴世，以本无弘教。故《方等》深经，皆备明五阴本无。本无之论，由来尚矣。何者？夫冥造之前，廓然而已。至于元气陶化，则群像禀形。形虽资化，权化之本，则出于自然。自然自尔，岂有造之者哉！由此而言，无在元化之先，空为众形之始，故称本无。非谓虚豁之中，能生万有也。夫人之所滞，滞在末有，宅心本无，则斯累豁矣。夫崇本可以息末者，盖此之谓也。

道安认为，天地万物是由无形无象的"元气"演化而来，而元气本来就在虚廓之中，所以"本无"并不是说"虚豁之中，能生万有"。这个看法，和此前汉魏之际的僧人解释天地万物的构成是一脉相承的。康僧会译《六度集经》卷八《察微王经》中说："深睹人原始，自本无生。元气强者为地，软者为水，煖者为火，动者为风。四者和焉，识神生焉。上明能觉，止欲空心，还神本无。……识与元气，微妙难睹。"又《阴持入经注》解"五阴种"谓"又犹元气"。所以说"本无"并不是说从"虚空"中产生"万有"，而是说"万有"由无形无象的元气演化而成。形形色色的万物都由无形无象的元气产生，人也不能例外。

人之所以迷惑，在于执着暂时存在的形形色色，如果能明了"无在元化之先，空为众形之始"，就可以返本归宗，超生死，得解脱，而与天地万物为一体，即是说可以成道而复归于元气。所以道安认为，求解脱的关键就是要消除对事物的不正确认识，无为无欲，清净其心，即可达到"萧然与太虚齐量，恬然与造化俱游"（《人本欲生经》注）的境界。道安追求的解脱之道和张湛的解脱之道几乎无异。张湛认为，如果人能不执着什么，明了生死的来源与去向，自太虚中来，又回到太虚中去，就可以得到解脱，成为得道的"至人"。而"至人"则"心与元气玄合，体与阴阳冥谐"（《列子·黄帝》注）。

僧肇《不真空论》对"本无义"作了批评，他说：

> 本无者，情尚于无多，触言以宾无。故非有，有即无；非无，无即无。寻夫立文之本旨者，直以非有非真有，非无非真无耳。何必非有无此有，非无无彼无？此直好无之谈，岂谓顺通事实，即物之情哉！

意思是说，"本无"这一派偏好的是"无"，把"无"作为实在的本体，立论都以"无"为根据，所以他们不承认"有"，认为"有"离不开"无"，即"以无为本"；不把"无"看成无，认为"无"也离不开"无"，即执着"无"，把"无"作为"真无"。然而根据佛经的本旨，"非有"的意思只是说"有"不是真的"有"；"非无"的意思是说"无"也不是真的"无"。为什么一定要说"非有"就没有这个"有"，"非无"就没有这个"无"呢？看来，僧肇是从般若宗的本旨出发批评"本无义"执着于"无"，而不了解"无"也是假名，而非实有，而"非有非无"才是佛教所谓的正理。僧肇的《不真空论》不仅批评了"本无义"，实际上也批评了王弼的"贵无"和郭象的"崇有"，从而发展了魏晋玄学。

（四）不真空义

僧肇的《不真空论》对当时中国流行的三家般若学的批评，可以说大体是根据印度般若学（特别是《中论》等）的本意来批评的。所谓"不真空"，并不是说万物实有，而是说一切事物都是不真实的存在，所以说它是"空"，"不真"则"空"。这个思想正是印度佛教般若空宗基本命题"诸法本无自性"中国化的说法。

僧肇说，《中论》认为"诸法"（任何事物）从一方面说是"非有"，从另一方面说又是"非无"，了解了"非有非无"的道理，就是认识了最后的真理。因为虽然有形形色色的事物，而分析起来这些形形色色的事物都是因缘和合而成，并没有"自性"（没有实在的自体），这就是说"非有"；虽然"诸法"没有实在的自体，但仍然有形形色色的现象，从这方面说又是"非无"，因此并不是说没有事物，只不过是说没有真实的事物罢了。

为什么有这样的"假有"呢？照僧肇看，《中论》说事物都是由因缘和合而成的，所以没有"自性"；既然因因缘而生起了，所以也是"不无"，不能说根本什么都没有。他论证说，这个道理是真理，因为"有"如果是"真有"，那么"有"就应该始终存在，哪里还需要等待因缘才成为"有"呢？如果是"真无"，那么应该自始至终都是"无"，也不是待因缘而无。如果认识"有"不能"自有"，待因缘而有，因此知道"有"非"真有"，"有非真有，虽有，不可谓有矣"。说"不无"，因为"真无"，那么就是说"湛然不动"，什么现象就都不会发生，这样才可以叫"无"。如果说"万有"是"真无"，就不会有万物的发生，不会因因缘而生起；既然因因缘而生起始"有"，故也不能说是"无"。

僧肇的《不真空论》从内容到方法都是比较符合印度佛教般若学的原意的。他的《不真空论》的出现并非偶然，在当时已具备了两个条件：一是鸠摩罗什再译《般若经》大小品，又出了《般若经》的释论《大智度论》等著作，因而有可能对印度佛教般若学有比较清楚的了解；二是玄学的发展，"非有非无"这类思想有可能接着它出现而产生影响。

一种外来思想文化的传入和原有思想文化如何相处，这是一个非常复杂的问题，然而研究它又非常重要。魏晋南北朝时期，我国哲学思想（实际上是整个文化和整个社会）有一个很大的变化，而印度佛教的传入和流行可以说是使它发生重大变化的原因之一。佛教对中国来说是一种外来的思想文化，它如何与中国传统思想文化相结合，如何从形式上依附于中国思想文化，到和中国传统思想文化的明显冲突，最后成为中国思想文化的一个组成部分，研究这些问题及其发展过程是很有意义的。佛教传入中国后，在它流传的过程中有哪些现象值得我们研究，并从中总结出一些可供借鉴的规律呢？下面从三个方面作些分析。

（1）佛教传入中国，首先依附于中国原有的思想文化，而后逐渐发展而产生影响

佛教在东汉传入后，先是依附于道术，到魏晋时期又依附于玄学。汉朝时，佛教重要的信条是"精灵不死"和"因果报应"，这类思想在中国原来就有或者至少有某些相似之处，且当时所传小乘禅法又和中国黄老神仙的呼吸吐纳大体相类。到魏晋时期，般若空宗又和玄学有些相似，所以它可以依附玄学而流行，后来影响扩大。但是，一直到鸠摩罗什译出《中论》等，我国对印度佛教般若空宗思想的了解才比较符合它的原意。可见佛教传入中国首先是依附于原有传统思想而后才得以流行的。

这里有一个问题需要提出来讨论。支娄迦谶译《道行经》在179年，其中已有一品叫"本无品"，而比何晏、王弼的"贵无"（"以无为本"）思想早得多。那么王、何"以无为本"思想的提出是否受到佛教的影响呢？倘若认为玄学是受了佛教的影响才产生的，这是不符合历史事实的。玄学的产生不仅是由于当时社会的需要，而且从汉魏之际的名理之学、才性之辨以及儒、道、名、法交错互相影响来看，从思想发展的内在必然性来看，它也是我国思想自然发展的结果。我们找不到什么有力的材料能说明王、何曾经受过佛教的影响。退一步说，即使有一两条材料可以说明王、何等直接或间接接触到佛教，但玄学仍是中国原有思想自身发展的结果。而且有些材料反而说明，在汉魏之际士大夫并不重视佛教，如牟子《理惑论》中记载对待佛教的情况说："世人学士，多讥毁之……视俊士之所规，听儒林之所论，未闻修佛道以为贵，自损容以为上也。"更能说明问题的是，虽然当时佛教般若学用了"本无"一词，它却和王弼的"以无为本"的思想并不相同。《般若经》中讲的"本无"是说"诸法本无自性"，事物都没有实在的自体，实际上就否定了事物有一本体（substance）；而王弼说的"本无"，是说"以无为本"，"有"以"无"为本，即是说"无"是"有"的本体。

魏晋时传入中国的佛教主要是大乘般若空宗的学说，其基本命题是"诸法本无自性"。"法"（Dharma）指一切事物，不论是物质的还是精神的，佛经中都把它称之为"法"。《大般若经》卷五百五十六中说：

> 如说我等，毕竟不生，但有假名，都无自性。诸法亦尔，但有假名，都无自性。何等是色，既不可取，亦不可生。何等是受、想、行、识，既不可取，亦不可生。

般若空宗认为，人们都执着于认为"有我（自体）"，但殊不知所谓"我"只不过是色、受、想、行、识五蕴积聚而成，而错误地认为有一个"自我"。如果离开了"五蕴"，"我"到底在哪里呢？所以说"我"不过是一个假设的名称，本无自性。不仅人如此，所有的事物（诸法）无不如此，所以《中论·观四谛品》中说：

> 众因缘生法，我说即是空，亦为是假名，亦是中道义。

一切事物都是因缘所生，所以没有"自性"（无实在自体），就"无自性"说故是"空"（nonexistence），"我说即是空"。事物虽无自性，可是世界上毕竟有千差万别的种种现象，那又是怎么回事呢？说事物无自性只是说它不是真实的存在，但仍有种种不真实的现象，为了方便起见，故给以假设的名称，《放光般若经》中说："佛告须菩提，名字者不真，假号为名，假号为五阴，假名为人，为男为女。"僧肇《不真空论》解释说："《放光》云：诸法假号不真。譬如幻化人，非无幻化人，幻化人非真人也。"这里还有一个问题需要讨论，说"我说即是空"的"空"是不是说事物从现象上看是不真实的存在，而有一本体"空"（如王弼的本体之"无"）是真实的呢？般若空宗并不这样看，他们认为"空"就是指"诸法本无自性"。因为说"因缘所生法，我说即是空"，是为了破除人们执着事物有实在的自体，倘若对"我说即是空"的"空"去执着，那岂不又把"空"看成是可以执着的，而认为"空"是实在的了吗？所以必须加上"亦为是假名"，不仅事物的名称是假设的，"空"也是"假名"。《大般若经》卷五百五十六说：

> 时诸天子问善现（按：为佛号）言：岂可涅槃亦复如幻？善现答言：设更有法胜涅槃者，亦复如幻，何况涅槃？

言外之意，实际涅槃也是幻、是空，何况涅槃以外诸法呢？因此，不仅应该了解"诸法"无实在自体，而且不要执着于"空"，《大智度论》说：

> 如服药，药能破病，病已得破，药亦应出。若药不出，则复是病。以空灭诸烦恼病，恐空复为患，是故以空舍空，是名空空。

说"空"是为了破除执着"有"，如果"有"已破除，就应知"空"也是"假名"，而不可说一切俱无（因仍有幻化人），了解这两方面就是"中道观"。般若空宗这个"非有非无"的思想到东晋末年鸠摩罗什译出《中论》等之后，才为我国真正了解和接受，这集中地表现在僧肇的《不真空论》中。

在僧肇以前，中国僧人大体都是通过中国当时流行的玄学思想去了解般若学的，这点前面已经说过。为了使这个问题得到进一步的证明，这里再对道安"本无义"的一些问题作点分析。前面引用吉藏《中观论》疏中有这样一段话："安公明本无者，一切诸法，本性空寂，故云本无"，这话岂不和"诸法本无自性"是一样吗？其实不然，这里说"诸法本性空寂"，是说"诸法"的本性为"空寂"，或说诸法以"空无"为本性（本体）。这个看法在慧达《肇论》疏中就已经有了，他批评道安"本无义"说："但不能悟诸法本来是无，所以名本无为真，末有为俗耳。"安澄《中论》疏记中也有这样的意思："别记云：真谛者为俗谛之本，故云无在元化之前也。"（按：《别记》作者不详，但应为中国注疏）可见道安对于"空"（或为"无"）的了解，仍是把它作为"有"之本体的。

为什么会出现这样的情况？正如恩格斯所指出的，传统是一种巨大的保守力量。看来任何一种思想文化传统都有保守的一面，对外来的思想文化都产生抗拒性，因此外来思想文化必须首先适应、依附、迎合原有的思想文化，同它接近的部分比较容易传播，然后不同的部分逐渐渗透到原有的思想文化中去，使原有的思想文化有所改变。

（2）外来思想文化在所传入的国家（民族或地区）中能有较大的影响，除了社会现实的需要之外，往往总是和原有思想文化自身发展的某一方面（部分）可能出现的结果大体相符合

魏晋玄学从王弼、何晏"以无为本"的"贵无"思想，发展到郭象"万物自生"的"崇有"思想，到东晋张湛"忽尔而自生，则本同于无"的思想，接着发展下来的就是"非有非无"的思想，即根据般若空宗学说而有的《不真空论》。为什么魏晋玄学的发展是这样呢？可以说这是魏晋玄学发展可能出现的一种结果，或者说这种发展并不和它矛盾，而是丰富了魏晋玄学。

　　魏晋玄学从王弼、何晏开始，特别是王弼对"有"和"无"的关系作了比较深入的论证。王弼以"体"（本体）和"用"（功用、现象）来说明"无"和"有"的关系，并认为"无不可以无明，必因于有"，所以"无"作为"本体"而在"有"中，由"有"来表现，因而视"体""用"如一。但是，在王弼思想体系中由于强调"无"的绝对性，所以又有"崇本息末"的思想，这样就造成了王弼思想体系中的自我矛盾。就其"崇本息末"方面说，可以引出否定"有"，而包含着"非有"的意思。王弼的"贵无"经过向秀、裴頠，发展到郭象的"崇有"。照郭象看，"有"是唯一的存在，在天地万物之上（之外）再没有什么作为它的"本体"（或"造物者"），万物的存在均根据其"自性"，而"自性"又是"忽尔而自生"的，所以他说："无则无矣。"这样就直接否定了本体之"无"，而包含着"非无"的意思。东晋张湛注《列子》时，又试图在他的体系中同时容纳王弼和郭象两人的思想，他一方面说"群有以至虚为宗"，"无"（至虚）是"有"存在的根据，"无"是"有"的本体，"无"是不生不灭、无聚无散的，而"群有"是有生有灭、有聚有散的，故"万品以终灭为验"，所以是"非有"；另一方面，"群有"又都是"忽尔而自生"，它的存在不是有目的、有条件地创造的，因而又可以引出"非无"的思想。然而张湛上述两点，是机械地拼凑在一起，是矛盾的，因此他的体系并不严密。恰好般若空宗讲"非有非无"，它在理论体系上比张湛严密得多，因此可以说僧肇的"不真空义"接着王弼、郭象而发展了玄学。僧肇的思想虽然是从印度佛教般若学来的，但却成为中国哲学的重要组成部分，使魏晋玄学经由王弼到郭象再到僧肇，构成中国传统哲学的一个发展轨迹。

　　为什么会有这种情况呢？可以说这是由于思想文化的继承性带来的要求。一种思想文化的发展，如果它是不间断的，后面总是接着前面的发展下去，而前面的思想如何发展也往往有几种可能性，后面接着前面继续发展的思想总是前面思想可能发展中的某一种。如果外来

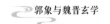

思想文化和原有思想文化可能发展的某一方面相适应，它将不仅可以得到发展，而且会直接成为原有思想文化的组成部分。

（3）如果外来思想文化想要对原有思想文化产生不只是暂时的而且是长远的影响，则它必须在某一方面（或全面）超出原有思想文化的水平，这样才能对原有思想文化起刺激作用，从而影响它的发展

印度佛教般若空宗的思维水平是否全面高于中国原有的思想文化？这个问题应该经仔细研究而后才可能得出合乎实际的结论，在这里不可能讨论清楚。但作为一种思辨哲学，般若空宗的思想从思维水平方面看，即从它对"有"和"无"关系的分析上看，是用分析矛盾的方法，提出"非有非无"的思想。它虽和王弼、郭象一样，都是唯心主义哲学，但其理论思维水平无疑有超出王、郭的地方。从发展上看，僧肇的"不真空义"虽是接着王弼、郭象的玄学讲的，但它确实比较符合印度般若空宗的原意，吸取了般若空宗的理论和方法，应该承认在理论思维上比王、郭高明。照我们看，中国传统哲学中的唯心主义，经过般若学的洗礼之后，成为真正有影响、有意义的哲学体系，表现为造物主（或创造天地万物的精神性实体）如"天""帝"等学说不再占据重要的地位，而把抽象概念比如"理""天理""道"等作为第一性，由它们决定着天地万物的存在和生生、化化；或者把"心"作为第一性，认为"心即理""理具于心"，天地万物之理都在心中；等等。这样，唯心主义得到发展，成为中国传统唯心主义哲学的基本形式，宋明理学，无论是程朱派还是陆王派，都是如此。

然而较高水平的思想文化传入另一国家（民族或地区），如果要产生较大影响，除了要受到所传入国家（民族或地区）经济政治条件的制约外，就思想文化方面说，如原有思想文化没有中断，则必须在具有上述（1）（2）两个条件的情况下才会产生巨大作用和长远的影响。如果不是这样，无论哪一种更高的思想文化传入，都很难起较大的作用，不大容易生根。例如玄奘传入的唯识学以及和它相联而传入的因明学，从思维发展水平上看，也是比较高的，虽然一时名声很大，但在中国思想的发展上并没有产生很大的影响。尽管唯识学的个别思想（例如"能""所"这对范畴）被吸收了，但从总体上说，它们并没有成为中国传统思想的组成部分，我们仍然把它们看成是印度的思想。

据以上三点看，这里可以提出一个问题，即应该开展比较哲学的研究。研究比较哲学是要揭示外来思想文化对所传入的国家（民族、地区）起作用的规律，在对两种不同传统的思想文化的比较分析中，了解原有文化的特点和发展水平，以及这两种不同传统思想文化的异和同、影响和吸收、冲突及调和等等。我们今天研究公元1世纪后印度佛教传入中国的历史，是否对现实生活也有一点意义呢？这个问题应该给以肯定的回答。马克思、恩格斯在一百多年前就曾指出：

> 资产阶级，由于开拓了世界市场，使一切国家的生产和消费都成为世界性的了。……物质的生产如此，精神的生产也是如此。各民族的精神产品成了公共的财产。民族的片面性和局限性日益成为不可能，于是由许多种民族和地方的文学形成了一种世界的文学。

这里"文学"是用"Literatur"一词，编者注说："这句话中的'文学'（Literatur）一词是指科学、艺术、哲学等等方面的书面著作。"今天已是20世纪80年代，时代比马克思、恩格斯写《共产党宣言》的1848年又进步了许多，思想文化的交流和互相影响也更加广泛深入了。

当前世界思想文化的发展趋势，表现为各种不同传统思想文化的冲突与调和。世界的动荡不安、矛盾冲突，除了其他原因（如政治的、经济的）之外，思想文化的传统不同也是其中的原因之一。阿拉伯世界、伊斯兰教和西方世界的矛盾，其中就有哲学思想和宗教信仰的原因。但是，由于世界的交往日益频繁，思想文化的互相影响，在思想文化上的调和和互相吸收的趋势也是很明显的。特别是马克思主义在全世界广泛地传播，更给各种不同传统的思想文化提出了新的课题。马克思主义产生在西欧，是西欧的历史条件下的产物，因此就思想文化传统方面说，它对世界许多地方来说是一种外来的思想文化，也存在马克思主义与原有传统思想文化的关系的问题。

尽管马克思主义是无产阶级的哲学，而无产阶级的事业是没有国界的，它是指导各国无产阶级和革命人民进行革命斗争的思想武器，但马克思主义要在一个国家（民族、地区）生根，从某种意义上说，就必须与原有的传统思想文化相结合，或者说必须通过对原有的传统思想文化进行批判地继承，否则就不能真正起作用。因此，研究马克思主义和我国传统思想文化的关系，是不是也会丰富和发展马克思主义呢？应该说是能够的。列宁在《青年团的任务》中说："只有确切地了解人类全部发展过程所创造的文化，只有对这种文化加以改造，才能建设无产阶级的文化。"马克思主义无疑是指导我们研究和正确对待传统思想文化的方法，但它不是教条，普列汉诺夫在《评弗·吕根纳的一本书》中说："这个繁杂多样的过程（按：指历史发展的过程，一定社会存在的基础上一定的心理的那个过程），它的很多很多方面还刚刚成为科学研究的对象。唯物主义历史观只是认识社会现象领域的真理的方法，而决不是一堆现成的结论。……要做到这一点，除了研究事实和发现它们的因果联系之外，别无其他途径。"

各国人民在人类文明史上应该说都有其特殊的贡献，如果我们能用正确的方法去研究它，就会给其以正确的评价，使之成为人类精神文明的一部分而为我们所继承。马克思主义不应是排斥曾对人类社会作出贡献的精神文明的，而是应吸收它，改造它，使马克思主义得以不断丰富和发展。我们不但应吸收过去的有价值的东西，而且特别应注意吸收当前的科学成就和思想文化中一切有价值的东西。马克思主义不是结束真理，而是为发展真理开辟道路，因此它应是一个开放性的思想体系，而不是一个封闭的思想体系。

第四章　魏晋玄学的发展（下）
　　——玄学与道教

　　道教是中国本民族的宗教，它产生于东汉末年，这当然不是偶然的。恩格斯在《布鲁诺·鲍威尔和原始基督教》中说：

> 　　把一切宗教因而把基督教看作欺骗者的虚构，这是从中世纪自由思想家时代起一直到十八世纪启蒙派止的占主导地位的看法。自从黑格尔给哲学提出任务要在全世界历史里指出理性发展以来，这种看法已不再能使人满意了。
> 　　对于征服了罗马世界帝国并把大部分文明人类支配了一千八百年的一种宗教，并不能只说它是骗子们捏造出来的胡说就完事。要想了解它，必须首先能够就它产生并达到支配地位的那些历史条件来说明它的发生和发展。
> 　　也就是在这个经济、政治、精神和道德普遍瓦解的时代里，基督教出现了。（根据原书译出）

　　我们知道，道教，特别是原始道教所宣扬的"长生不死""肉体成仙""阴阳五行""巫觋杂语"等等在东汉以前早已存在。战国末期上述思想已相当流行，秦汉尤盛，秦始皇信方士之言，求长生不死之药；汉武帝惑于李少君等，祠祀求仙，以期羽化。《淮南子》中载有导引行气、长生久视之术。而道教据以成仙的基本理论"气化"学说，也早见于战国至秦汉之际,《庄子》中已有"生死气化"之说。而以"精神"为"精气",故形与神合而可长生,在《淮南子》中已开其端,如说"精神内守形骸而不外越",则可成为"望于往世之前,而视于来事之后"的神仙。因此,道教"成仙"的某些思想早已存在,为什么东汉末年以前道教没有产生,直到东汉末年它才产生呢?这是由当时的历史条件决定的。

东汉自顺帝以后,社会日益腐败,外戚专政,宦官当权,"凡贪淫放纵,僭凌横恣,扰乱内外,螯噬民化",无恶不作,致使"农桑失业,兆民呼嗟于昊天,贫穷转死于沟壑"(仲长统《昌言》)。当时统治集团残酷的经济剥削和政治压迫,使广大劳动人民无法生存,破产、逃亡已经成为当时的普遍现象,所以当时统治阶级与广大劳动人民的矛盾十分尖锐。据史书记载,顺帝在位二十年间,农民起义就有十余起之多,其中规模较大的有章河领导的起义,《资治通鉴》说:顺帝"阳嘉元年……三月扬州六郡妖贼章河等寇四十九县,杀伤长吏"。又广陵张婴等领导农民起义于扬、徐等州,与统治者转战十余年。当时农民起义的特点,除由于阶级利益一致而使他们自动联合外,同时农民起义领导者们还利用迷信、方术等思想作为组织群众的纽带。因此,我们从史书记载可以看出两点:一是汉末这个经济、政治、精神和道德普遍瓦解的时代,为道教的产生提供了客观条件;二是起义农民普遍利用当时流行已久的迷信、方术,起到鼓动、组织群众的作用,这就为道教的产生创造了广大的群众基础。

不仅如此,汉末道教的产生还有两个重要的条件,也是我们应该重视的。一是,自汉武帝时董仲舒提出"罢黜百家,独尊儒术"之后,儒家思想逐渐成为我国封建社会的统治思想,此后儒家思想沿着董仲舒天人感应目的论而发展为谶纬之学,它具有浓厚的有神论色彩。宗教必定是有神论,但并不是所有的"有神论"都能成为宗教。因为宗教不仅有对神灵的崇拜,而且要有教会组织、教规教仪等,特别是必然要把世界二重化为现实世界和超现实世界,并认为人们只有在超现实的彼岸世界里才能永远摆脱现实社会生活中的重重苦难，人们的美好幸福生活只能在超现实的彼岸世界中实现。我国的儒家思想，特别是两汉的儒家，尽管也承认"有神"，但它从不认为必须在现实世界之外实现其理想，而是力图在现实世界中实现其理想，虽然这只能是幻想和欺骗。在我国封建社会中，宗教虽然在特定时间中有过很大影响，但始终没有能成为统治思想，并且常常居于次要地位，这一情况不能不说和儒家思想有关。儒家思想到东汉本来也很可能成为一种宗教，因为从有神论、谶纬迷信发展成一种宗教，并不是很难的。但儒家思想最终也没有成为宗教，这和它要求在现实社会中实现其理想当是有直接关系的。随着汉王朝统治的衰落，儒家思想的统治地位又走向下坡路。由于儒家思想统治地位的削弱，这就为宗教的产生提供了有利的条件。

另一情况是，佛教的传入，大大地刺激了中国原有的有神论思想的发展。佛教的传入如同催化剂，加快了道教产生的过程。本来，神仙家思想在汉朝就很流行，而神仙家又往往托言黄老，就有所谓"方仙道"和"黄老道"，前者求长生不死，后者把黄帝、老子神化而礼拜祭祀。汉明帝时就有楚王英把老子和浮屠同样礼拜的事，而桓帝于宫中"立黄老浮屠之祠"。原神仙家只是一种方术，养生希望成仙也只是个人去修炼，并没有什么组织形式。但佛教传入以后，它不仅有一套不同于中国传统思想的教义，而且是一个有教会组织的团体，还有教规教仪和礼拜祭祀的对象等等，这样就给道教的创立提供了一个可以参考的样板。

原来神仙家流行的地区，一为滨海地区，即今山东、江苏北部沿海一带；另一是南方的荆楚地区，即今两湖之地。因此，到了东汉末年，道教首先也从这些地方发展起来。根据现有的材料，最早建立的道教有两支：一为张道陵的五斗米道，后称天师道；一为稍后的张角太平道，又称黄老道。

秦汉以后，中国进入一个封建社会的新时期，大一统的封建帝国的规模已经确立。这时统治者所要求的往往有两件大事：一是巩固其封建专制统治；二是使自己的寿命延长和有子孙嗣续，以保证其统治的延续。所以秦始皇、汉武帝除完成扩大封建帝国的版图外，都求长生不死之术。然而在西汉巩固封建专制统治的三纲五常、君权神授等思想，并没有和长生不死的神仙方士之术结合起来，虽然帝王对这两方面都很重视。但到东汉顺帝以后，这两方面渐有合流的趋势，实现这个结合的可以说就是道教。我们知道，道教的建立一开始就有两个显著的特点：从思想方面说，道教所推崇的经典《太平经》既讲"精、气、神"三者混一长生不死的神仙思想，又讲"天、地、人"三者合一广嗣兴国之术；从道教的实际活动方面看，张道陵以后道教很快就和政权结合起来。张鲁在汉中传播道教，基本上是靠他的政权力量，因此一开始宗教教会组织和政权组织就没有分开。张角利用道教作为他发动和组织农民起义的工具。就这两个方面看，可以说道教的特点是在虚构一个超现实的世界给人们以幻想的同时，又有十分强烈的干预政治的愿望。

　　三国时，曹魏政权开始对道教采取限制的政策，东吴也是一样。建安二十年（215），曹操亲自领兵进攻汉中，张鲁战败投降。以前曹操又曾参与镇压黄巾起义的活动，并收编了青州黄巾军三十万，作为他打天下的基本武装力量。此后，统治者对道教和对其他方术一样都采取既限制又利用的政策，这种情况一直到西晋末才有所改变。所以从三国到西晋中叶，道教不仅没有什么大发展，相对地说，反而削弱了。但是到西晋末年，特别是到了东晋，情况就大不一样。我们前面已经说过的，由于门阀世族的衰落，这个统治集团不再关心社会政治问题，而把追求"超生死，得解脱"作为他们的生活目标，正如清潘眉《三国志考证》说，原来在晋以前"从受道者，类皆兵、民胁从，无名之士，至晋世则浸及士大夫矣"。至东晋，道教有了很大的发展，大体表现在以下六个方面：

（1）门阀世族信奉道教的日益增多，并且逐渐形成了一些道教世家

道教求长生不死，生活闲散放荡，游于名山大川，采药炼丹，海阔天空地虚构幻想，这种生活自然很适合门阀世族的需要。腐朽没落的门阀世族，正希望毫不费力地过着一种神仙般的生活方式，当时的头号大族琅邪王氏，已成为道教世家，"王氏世事张氏五斗米道，凝之弥笃"（《晋书·王羲之传》）。南朝大族吴郡杜氏、吴兴沈氏亦成为道教世家，"杜京产……杜子恭玄孙也……世传五斗米道"（《南齐书·高逸传》），"（沈）警累世事道"（《南史·沈约传》）。当时世家大族信奉道教已成为司空见惯的常事。

（2）建立起了道教系统的宗教理论体系

汉末道教创立时虽已有某些教义和理论，但无论是《太平经》还是《老子河上公注》《老子想尔注》等都还不能说已使道教宗教理论系统化。东晋初有葛洪著《抱朴子》，他不仅为道教构造了种种修炼长生的方法，而且还为它建立了一套宗教理论。此后，道教的宗教理论就不断地得到发展，如南朝的陆修静、顾欢、陶弘景，北朝的寇谦之等都对道教的理论增加了新的内容。

道教理论的哲学基础和佛教大不相同。佛教哲学有较强的思辨性，因此其理论体系比较严密而丰富。道教由于其特点所决定，它主张"肉体成仙"，不大注重抽象思维，往往把自然界、人的身体和精神都看成具体的实在的存在，因此道教的经典往往传播一些所谓"经验"的东西，它或许对我们了解具体事物有所启发，但对锻炼理论思维作用不大。佛教到东晋是接着玄学发展的，由汉魏之际的"佛道"，到两晋发展为"佛玄"，而佛教的般若学大为流行。道教在本质上和玄学的思想体系不同，而其哲学基础是更多地继承两汉的"元气论"，它进一步把"元气"神秘化，因此它所讨论的往往是宇宙构成论方面的问题，较少涉及本体论。但是，在当时玄风的影响下，东晋南朝的道教理论也不能不受其影响，因而也接触到"本末有无"问题，这种影响比较

集中地反映在葛洪所著《抱朴子》的《内篇》中。(详下)

（3）整顿和建立了道教的教会组织

汉末的道教虽已建立了教会组织，如三张（张道陵、张衡和张鲁祖孙三代）在巴蜀汉中，张角在东方，但当时的道教组织实际上和政权组织没有分开。到曹魏和西晋初期，道教受到统治阶级的打击和限制，不仅没有什么发展，反而大大地削弱了，这时更加没有什么严密的教会组织可言。重整道教的大师是东晋时钱塘人杜炅（炅，又作"昺"，字子恭）。《云笈七签》卷一百十一引《洞仙传》谓："杜昺……叹曰：'方当人鬼淆乱，非正一之炁无以镇之。'于是师余杭陈文子，受治为正一弟子，救治有效，百姓咸附焉。"杜子恭重建道教组织，可注意的有两件事：一是用所谓"正一之炁"（天师道自称是传授正一经法的）把一些混杂在道教中的巫术之类清除出去；二是恢复了"治"这样的道教教会组织，而且自命为天师道的最高领袖，领阳平治。原来在汉末道教教会组织和政权组织没有分开，至杜子恭时，道教教会组织已经取得相对的独立地位。到南北朝时，陆修静在南方，寇谦之在北方，又进一步使道教教会组织完善化。

（4）效法佛教，逐渐建立了一套教规教仪

佛教到晋，特别是东晋以后，不仅翻译了大量的"经"，而且把佛教的"戒律"也大量翻译过来。东晋时《十诵律》《四分律》《僧祇律》都有了译本。原来道教也有一些简单的教规教仪，但与佛教比就相差很远了。如果道教要想与佛教对抗，成为一个完整的、有影响的宗教团体的话，就必须建立自己的教规教仪，而这种教规教仪又必须和政府的法令、世俗的规仪有所区别。这个任务也由北朝的寇谦之和南朝的陆修静予以完成。

从寇谦之的《云中音诵新科之诫》和陆修静的《洞玄灵宝斋说光烛戒罚灯祝愿仪》等内容看，这些道教领袖往往是把佛教的规仪和儒家的礼法都容纳在他们的教规教仪之中。尽管寇谦之在教规教仪方面"专以礼度为首",陆修静以为"禁戒以闲内寇,威仪以防外贼,礼诵役身口,乘动以反静",但如果他们的戒律、规仪都和世俗礼法一样,那也就不成其为宗教的规仪了。从教规方面说,他们除了吸收佛教的戒律(如"五戒"之类)外,还创造了一些道教的特殊教规,如在《道德尊经戒》中规定有"戒勿费精气""戒勿为伪彼指形名道""戒勿忘道法"等等。从教仪方面看,有所谓"奉道受戒仪""求愿仪"(分"厨会求愿""烧香求愿")、"三会仪"等等。

(5)大量编纂道教经典

佛教从东汉永平求法之后到西晋已大量译出,据《开元录》,这一时期二百五十年间共译经八百二十三部,一千四百二十卷。东晋渡江为南朝,共计一百零三年,共译经一百六十八部,四百六十八卷,与此同时北朝(后秦、西秦、前凉、北凉)共译经二百五十一部,一千二百四十八卷,总计此时南北两地共译经四百一十九部,一千七百一十六卷,说明这一百年内超过以前二百五十年内所译的经数。据梁僧祐《出三藏记集》载,佛经至梁时已达总数二千一百六十二部,四千三百二十八卷之多。佛经这样大量的翻译,当然会对道教造成很大的威胁。而道教自汉末建立至西晋一直参与了当时的政治斗争,对其教义的阐述并不十分注意。直到东晋初,道教才对其教义的建立加以重视。一种宗教必定有其教义,而教义必定体现在它的经典之中。葛洪《抱朴子·遐览》载道经目录,共著录道经六百七十卷,符箓五百余卷,合一千二百卷。葛洪自称这些是其师郑隐的藏书,他自己仅仅见到二百余卷。实际在葛洪时道教经典不可能有一千二百卷。目录中所列书名多出自葛洪所编造。但从葛洪以后,道教确实掀起了一场大规模的造经运动。

葛洪从孙葛巢甫在东晋隆安(397—401)末,构造了《灵宝》等一系列的道经(孟安排《道教义枢·三洞义》)。后在晋安帝至宋文帝之间（397—424），又有王灵期者"见葛巢甫构造《灵宝》，风教大行，深所忿嫉，于是诣许丞求受上经"（陶弘景《真诰·叙录》）。许丞（许黄民）于安帝元兴三年（404）奉《上清经》入剡，此即王灵期所求之经。王灵期从许黄民处得到《上清经》后，加以扩充，成为五十余篇的道经，但仍称之为《上清经》。这样大量地构造道经，甚至连陶弘景也提出批评，他说"自灵期已前，上经已往往舛杂"云云。陈国符《道藏源流考》中说："考《上清经》《灵宝经》，系经之总称。各统经数种或数十种。最初不过数十卷。后人据先出道经，敷衍增修，仍题以原名，卷帙遂因而增多。又据所统经文，修撰斋仪，仍编入此经，种数亦因而孽乳。"由于道教徒大量造经，至刘宋陆修静修《三洞经目录》时，道教的经典真的已有"一千二百二十八卷"了，他亲自见到的也有"一千零九十卷"。虽然还不如佛经之多，但也相当可观了。

（6）编造道教的神仙世界和传授历史

道教初创时已继承神仙家的办法，说自己是神仙所传授，且多托言始祖为老子（老君），如说《太平经》即由老君授帛和，帛和授于吉，而后流传于世。《太平经》中有所谓"真人""神人""大神"等，都可以说是道教神仙世界中的成员，但直至葛洪的《抱朴子》，道教的神仙世界谱系尚未形成和固定，也没有建立起论证其神仙世界的说教。至于其宗教传授的历史更不固定，除三张的传授比较清楚外，张鲁的儿子张盛于江西龙虎山创立龙虎宗的传说也并不可靠。为了使道教成为一完整意义上的、有影响的、能和佛教相对抗的宗教团体，编造其神仙世界的谱系和传授历史，自东晋以后也成为道教的当务之急。

佛教至东晋翻译经典日多，因而佛教的关于"极乐世界""佛国净土"等宗教内容当然也广为流传。不仅佛（释迦牟尼）本人已成为超自然的神，而且他的弟子或成为罗汉，或成为菩萨，也都神化了，还编造了所谓"七佛之说"，即在释迦之前还有七佛。又到5世纪时，南北均有叙述佛教传法系统（法统）的著作，如《付法藏因缘传》，题为北魏吉迦夜共昙曜译；南方有僧祐的《萨婆多部师资记》。道教在佛教上述情况的影响下，于是也就忙于编造其神仙谱系和传授历史了。

约和陆修静（406—477）同时有道士顾欢（约卒于485年前后），在他的《答袁粲驳夷夏论》中就把道教的神仙世界的谱系分为"圣人""神人""仙人"三种，每种又有九品，共二十七品。后陶弘景作《真灵位业图》，更专门讲述道教神仙的谱系。他还论证说，因为人间社会有各种等级，神仙世界中的仙真也应有各种品位。道教要建立自己的传授历史，于是也就逐渐形成不同的宗派，有所谓正一道、灵宝派、茅山宗等等。这些宗派在当时是否真正已经形成自然可疑，不过其中茅山宗至少已在编造自己的传授历史。陶弘景撰《真诰》时，他曾对由杨羲、许谧、许翙所记载的所谓众真灵降授的诰言进行考订，而杨羲自称是南岳魏夫人下降亲授与，他用隶书写出，传与二许，许翙的儿子许黄民又传与王灵期，陶弘景作《真诰》，当然也是由于这个系统的传授。因此，陶弘景的系统是由魏夫人华存开始，以下依次为杨羲、许谧、许翙、许黄民、王灵期（一说为马朗、马罕）、陆修静、孙游岳、陶弘景。

以上大体是东晋以后道教发展的概况，其中与本书主题最为有关的是葛洪为道教建立的宗教理论体系。

葛洪生于晋武帝太康四年（283），卒于哀帝隆和二年（363，另一说卒于343年），他在道教史上占有重要的地位，不在于他对道教组织有什么贡献，也不在于他对道教的教规教仪有什么特别的建树，而是因为他为道教建立了较系统的理论体系。葛洪著《抱朴子》内外篇，其中有些地方批评玄风，然而他仍不能不受玄学风气的影响。

一种宗教总要有其最基本的信仰，即建立一套求得"超生死，得解脱"的理论和方法。佛教的解脱之道是"涅槃"，那么道教的解脱之道是什么呢？是"成仙"。所谓"成仙"，早期道教就是"长生不死"。如果要想取得人们的相信，就必须回答"成仙有无可能""如何才能成仙"等问题。"成仙"本是虚构的幻想，根本是不可能的。但作为宗教的道教必须作出肯定的回答，否则起不了麻醉人们的"鸦片"的作用。不仅如此，如果是一种完整的、有影响的宗教，只有给自己的教义找到哲学理论上的根据，这样才能引起广泛的传播和信仰。

"成仙是否可能"这个问题本来同魏晋玄学关于"圣人是否可学可致"有联系。当时不少玄学家都讲到圣人学致问题。王弼说："圣人茂于人者，神明也。"郭象也说："学圣人者，学圣人之迹。"这是说一般人和圣人之间有某种严格的界限，故圣人是不可学、不可致的。嵇康也说仙人"似特受异气，禀之自然，非积学所能致"。但早期道教从原则上都主张"神仙由积学所致"，如汉末阴长生在其《自叙》中曾说："不死之要道在神丹。行气导引，俯仰屈伸，服食草木，可以延年，不能度世，以至乎仙。子欲闻道，此是要言，积学所致。"《太平经》中也说："夫学者各为其身，不为他人也。故当各自爱而自亲，学道积久，成神真也，与众殊绝，是其言也。"《老子想尔注》中说："奉道诫，积善成功，积精成神，神成仙寿，以此为身宝矣。"而葛洪一方面认为"仙人禀异气""仙人有种"，似是受玄学思想影响；而另一方面他又认为神仙可由积学所致。面对这种矛盾，葛洪作为道教的理论家，自然要服从其宗教信仰的需要。于是，他说所谓"仙人禀异气""仙人有种"，并不是说有的人生来就是"仙人"，就是"禀异气"的人同样要通过修炼、服食，才可能成仙，所以他说："若谓彼皆特禀异气，然其相传皆有师，奉服食，非生知也。"（《对俗》）甚至有"元君者，老子之师"，"大神仙之人也"，"天下众仙皆隶焉，犹自言亦本学道服丹之所致也，非自然也"。因此，葛洪实际上是认为人人都有通过修炼服食而成仙的可能性，他引《玉牒记》说"天下悠悠，皆可长生"；又说"亦有以效验，知长生之可得，仙人之无种也"（《至理》）。看来，葛洪的"仙人禀异气""仙人有种"之说，还是受当时魏晋玄学"圣人天成""圣人不可学致"的影响，而这点并不是他"成仙"理论所必须的，相反"神仙"可由积学所致，才是出于道教理论的需要。

那么"神仙可学可致"为什么可能、如何可能？照葛洪看，依靠金丹、药物可以使人心身不朽而成仙；通过导引、养气可以排除内外干扰而长生。前者即所谓"外丹"，后者即所谓"内丹"。就前者他论证说：

> 夫五谷犹能活人，人得之则生，绝之则死，又况于上品之神药，其益人岂不万倍于五谷耶？夫金丹之为物，烧之愈久，变化愈妙；黄金入火，百炼不消，埋之毕天不朽。服此二物，炼人身体，故能令人不老不死。此盖假求于外物以自坚固，有如脂之养火而不可灭，铜青涂脚，入水不腐，此是借铜之劲以扞其肉也。金丹入身中，沾洽荣卫，非但铜青之外傅矣。（《抱朴子·金丹》）

"荣卫"即"营卫"，《灵枢经·荣卫生会》："营卫者，精气也。"就后者葛洪又论证说：

> 夫人所以死者，诸欲所损也，老也，百病所害也，毒恶所中也，邪气所伤也，风冷所犯也。今导引行气，还精补脑，食饮有度，兴居有节，将服药物，思神守一，柱天禁戒，带佩符印，伤生之徒，一切远之，如此则通，可以免此六害。（《抱朴子·至理》）

内欲和外困使人不得长生，如何应付？葛洪认为，要在导引行气。因为"人在气中，气在人中，自天地至于万物，无不须气以生"。如果再加以"金丹"，那就"能令正气不衰，形神相卫"，而成为长生不死的神仙了，神仙又是能够"与天地相毕，乘云驾龙，上下太清"的。至此，葛洪接触到两个根本性的哲学理论问题：一是神形关系问题，即精神和肉体为什么可以结合在一起而长存？二是个人和宇宙的关系问题，即有限的个体如何具有超自然力的问题，这样，人才可以超出个体的限制而具有无限的力量而成神。关于神形关系问题，葛洪说：

> 夫有因无而生焉，形须神而立焉。有者，无之宫也；形者，神之宅也。故譬之于堤，堤坏则水不留矣。方之于烛，烛糜则火不居矣。身劳则神散，气竭则命终。根竭枝繁，则青青去木矣。气疲欲胜，则精灵离身矣。夫逝者无反期，既朽无生理，达道之士，良所悲矣。（《至理》）

这里葛洪用"无"和"有"来说明"神""形"关系，显系受玄学"本末无有"问题之影响。老子说："有之以为利，无之以为用。""有"之所以对人们有"利"，正是因为有"无"，它才有这样的作用。所以"有"和"无"是一对矛盾，不能只有"有"而无"无"。"神""形"关系也是一样。人的肉体有了精神才成为有生命的人，但是如何使"神"存在"形"中，首先这个"形"必须是坚固的，永远不坏的"形"，这样"神"才有一个永久留存的地方。那么应该怎么办呢？照葛洪看，应通过"养生"，即保养好自己的身体，而身体是由"气"构成，气存则身存，气竭则身死，"养其气，所以全其身"。人的寿命的长短和所保存的"气"的多少有关，受气"多者其尽迟"，"少者其竭速"，因此"宝精爱气，最为急"。如何"养气"，葛洪说：

> 夫吐故纳新者，因气以长气，而气大衰者则难长也。服食药物者，因血以益血，而血垂竭者则难益也。（《极言》）

"吐故纳新"是为了补气，"服食草药"是为了养血，而"养血"也是为了"养气"，王充曾说："能为精气者，血脉也。"能否长生不死，关键在于善"养生"，而"养生"就要使身体不受到伤害，"养生以不伤为本"。如果能做到"正气不衰，形神相卫，莫能伤也"，则可长生不死。葛洪认为，形神之得以相卫，要在"守真一"，所谓"一"即"元气"，"真一"谓精神所依靠在人形体之中的精气，如"形气"和"精气"结合得好，则神不离散而长生。

"形神相卫",是说形神结合在一起永不分开,这当然也表现了超自然的神力,但是这种超自然的神力还是有限的,只有个体的人和整个宇宙相结合成为一体,这样个体才能真正超出有限而达于无限。这种要求使个体与宇宙全体相结合,也正是玄学家们的要求,如王弼所说的"反本",阮籍所谓的"与道俱成"。

我们知道,葛洪虽批评了玄学,但往往是从其社会影响方面着眼,在哲学理论上,他仍然要受玄学的影响,所以他的《抱朴子》第一篇就叫《畅玄》,所讨论的就是宇宙本源问题以及整个宇宙和得道成仙的个体的关系问题。葛洪说:

> 玄者,自然之始祖,而万殊之大宗也。(《畅玄》)

葛洪认为,"玄"(或称"道""玄道")是天地万物的总根源。既然"玄"是天地万物的总根源,那它就和有形有象的具体事物根本不同,它是无形无象的,"眇昧乎其深也,故称微焉;绵邈乎其远也,故称妙焉",其高可以"冠盖乎九霄",其旷可以"笼罩乎八隅"。从"无"这方面看,它比事物的影子、声音的回声更虚无缥缈;从"有"这方面看,它比有形有象的具体事物更实实在在,"论其无,则影响犹为有焉;论其有,则万物尚为无焉"(《道意》)。因为它无名无形,当然最空虚;又因为它是产生天地万物的总根源,作为"存在"的总根源,当然又是最实在的"存在",没有它万物就不存在,所以葛洪说:

> 因兆类而为有,托潜寂而为无。(《畅玄》)

就其作为万物存在的总根源来说,"玄"是"有";就其自身没有任何规定性来说,它又是"无"。葛洪关于"有"和"无"的关系的看法虽和王弼、郭象不同,但却和张湛的思想比较接近。葛洪和王弼、郭象、张湛一样在讨论宇宙本源问题时,都是从讨论"有"和"无"的关系开始的。王弼在《老子指略》中论证"有"和"无"的关系时说："无形无名者，万物之宗也。不温不凉，不宫不商。……若温也则不能凉矣，宫也则不能商矣。形必有所分，声必有所属。故象而形者，非大象也；音而声者，非大音也。"所以"大象无形"，"大音希声"。这就是说，宇宙的本体是没有任何具体规定性的存在，因为有了某一具体规定性，它就必是排斥其他规定性，这样仍是某种具体事物，而不是宇宙本体了。王弼这样的学说，分析起来，就是把事物的全部规定性抽空，把没有任何内容的形式叫作"本体"。葛洪在这个问题上的论证方法，大体上也还是从王弼那来的，但也有若干不同。王弼在讲了上述看法之后，接着说事物的本体虽然是无名无形的，是和具体事物根本不同的，但它并不是在万物之外更有一作为事物本体的实体，而它即在万物之中，所以他说："然则，四象不形，则大象无以畅；五音不声，则大音无以至。四象形而物无所主焉，则大象畅矣；五音声而心无所适焉，则大音至矣。"王弼把"体""用"看成是"如一"的，因此"体"不过是抽象概念。但葛洪则不同，他试图把"玄"（"道"）说成是"有"和"无"的统一，就其作为实在的存在来说它是"有"；就其作为天地万物的总根源来说它是无名无形，故又是"无"。这就是说，葛洪的"玄"虽具有天地万物本体的形式，但却更具有精神性实体的特色，因而实际上是居于"造物主"的地位。这点又和郭象根本不同了。就"玄"作为"实在的存在"来说，它比万物更实在；如果这个"实在的存在"不具有超乎万物的特性，不具有超自然力，那它岂不也成为万物之一了吗？所以"玄"和万物相比，除了它无形无名外，还具有无穷的能力。照葛洪看，"玄道"是"光乎日月，迅乎电驰"，"胞胎元一，范铸两仪；吐纳大始，鼓冶亿类；徊旋四七，匠成草昧"。（《畅玄》）这样一来"玄道"就成了一种神秘的力量，实际上居于造物主的地位。从这点看葛洪的思想更接近于张湛。

如果说，王弼论证"以无为本"是用思辨哲学的方法，因而有较多的理性主义的色彩；那么葛洪又向前迈进一步，他把作为天地万物的本体的"玄道"神秘化、人格化了。因此,葛洪关于天地万物本源问题的论证,就不再是理性主义的了,很少有什么逻辑性的论证。他的《畅玄》篇讨论宇宙本源问题,本应具有很强的思辨性,但分析其论证方法则是经验主义的,而且是一种相当粗俗的主观经验主义。《畅玄》一开始就提出它的基本思想,"玄者,自然之始祖,而万殊之大宗";接着对"玄"作了一些描述;再后就是谈它所具有的种种超自然的伟力,没有什么逻辑论证。就《抱朴子》全书看,葛洪也往往不是对他的论点作理论分析,而是举出一些似是而非的个别经验的例证来说明问题。这就可以看出,一个哲学家和一个宗教家是多么的不同。作为宗教家的葛洪,在他说明宇宙本源问题时,最后必然引导到使他创造的作为宇宙本体的"玄"具有造物主的地位。

"玄道"既然是神秘的超自然的力量或存在,如果人能和"玄道"合一,或者说如果人能"体道",那么个体的、有限的个人是不是就可以超出个人、超出有限,而也具有神秘的超自然力,成为超自然的存在呢?葛洪认为这是可能的,他说:"得道者,上能竦身于云霄,下能潜泳于川海。"(《对俗》)那么如何才能使个体的自我超出个体的限制而与"道"合一,成为具有超自然力的神仙呢?这就要"守真一"。葛洪在《地真》中说:"守一存真,乃能通神。"可见"守一"或"守真一"在葛洪的宗教理论体系中非常重要,它正是把"人"和"道"("玄道")联系起来的关键,是"人"成为"神仙"的桥梁。葛洪说:

> 道起于一,其贵无偶,各居一处,以象天地人,故曰三一也。(《地真》)

"道起于一"有各种解释,或说宇宙最初是统一的、没有分化的;或说宇宙是由"一"这样的状态开始的。这两种看法都是说"一"是宇宙存在的状态,也就是说"一"是存在形式的概念,而不是一个实体概念。但在《地真》篇中"一"显然是个实体，如说："天得一以清，地得一以宁，人得一以生，神得一以灵。"（按：此为引《老子》中语，而多"人得一以生"句）特别是接着说"子欲长生，守一当明；思一至饥，一与之粮；思一至渴，一与之浆。一有姓字服色，男长九分，女长六分"云云，更说明"一"为一实体。"一"既然是一实体，那么它是否就是"道"，因为"道"在葛洪思想体系中是一精神性实体。在葛洪的思想体系中，"道"和"一"的关系可以作两种解释：如果说"一"是"道"，那就是说"道"而不仅是万物的本源或造物之主，而且也是构成万物的材料。其实原来在《老子》中"道"就有多种涵义，既有精神性实体的意思，又有构成天地万物的材料的意思（参见拙作《略论早期道教关于生死、神形问题的理论》，《哲学研究》1981年第1期）。那么葛洪的作为构成万物材料的"一"是什么呢？如果说"一"不是"道"，而是宇宙根据"道"而存在的最初状态，那么这种状态是怎样的呢？这两种解释都必然得出同样的结论，就是说"一"是指"气"或称"元气"。说"一"就是"元气"，就是物质性实体，有没有根据呢？根据是有的，它可以从两方面得到证明：一是从《抱朴子》本身中得到证明；二是从早期道教的其他著作中得到证明。

在《地真》篇中有这样一段："一能成阴生阳，推步寒暑。春得一以发，夏得一以长，秋得一以收，冬得一以藏。其大不可以六合阶，其小不可以毫芒比。"这是葛洪对"一"的说明。而在《至理》篇中说"自天地至于万物，无不须气以生"，《塞难》篇中说"浑茫剖判，清浊以陈，或升而动，或降而静，彼天地犹不知所以然也。万物感气，并亦自然，与彼天地，各为一物，但成有先后，体有巨细耳"。这两段对"气"的说明，和上面《地真》那段对"一"的说明是很一致的。在《太平经》中说："一者，其元气纯纯之时也。"《老子河上公注》说："言人能抱一使不离于身，则长存。一者，道始所生，太和之精气也，故曰一。"后南齐道士作的《三破论》中说："道以气为宗，名为得一。"可见在早期道教的著作中"一"一般都是指的"元气"。

总之，这种在一个思想体系中同时容纳魏晋玄学关于"本末有无"的本体论学说和两汉以来以元气为基础的宇宙构成论学说的做法，似乎在东晋时期颇为流行，玄学家张湛如此，佛教大师道安也是如此，道教理论家葛洪又是如此。在葛洪看来，"道"既是天地万物存在的根据，又是产生天地万物的根源；"一"是"元气"，它是根据"道"而构成天地万物的材料，任何事物都是根据"道"由"元气"构成。没有"道"，天地万物就不能存在；没有"气"，天地万物也不能发生。

葛洪根据上述看法提出他的"守一成仙"的思想，他引《仙经》说："子欲长生，守一当明。""守一"就是"守气"。能守住"气"，使它不离散，就可以神形结合，而长生不死。因此，不仅人的身体由"气"构成，而且人的精神也是由某种特殊的"气"构成，它叫"精气"。这种"气"，照葛洪看，它有"姓字服色"，具体地存在于人身体的"丹田"之中。《胎息经》中说："脐下三寸为气海，亦为下丹田，亦为玄牝。世人多以口鼻为玄牝，非也。口鼻即玄牝出入之门。""丹田"又叫"关元"。桓谭《仙赋》说："夭矫经引，积气关元。"《灵枢经·寒热》说："脐下三寸，关元也。"荀悦《申鉴·俗嫌》说："邻脐二寸谓之关，关者所以关藏呼吸之气，以禀授四体也。""关元"所育之精气可散布全身。"关元"为存精气处，"丹田"为"守一"处，可见"一"即"精气"或"元气"。而精气是人的精神现象的承担者，所以在坚固不坏的身体中，守住精神现象的承担者"精气"，使之不离散，人就可以长生不死。葛洪把这种存在于人身体中精神现象的承担者"精气"称为"真一"，他之所以不直接把它叫作"气"而称"真一"，无非是要增加它的神秘性。

葛洪说，一个人如果能守住"真一"，就能有"神通"，"陆辟恶兽，水却蛟龙；不畏魍魉，挟毒之虫；鬼不敢近，刃不敢中"。人的身体和精神是由"气"构成的，整个宇宙也是由"气"构成的，"气"把"天""地""人"统一起来，在"气"和"气"之间有着感应关系，如果能把"精气"养得很灵妙，那么它和整个宇宙的感应就很灵敏，这样有限的个体就可以超出个体的限制，而和无限的永恒宇宙合为一体，具有超自然的伟力了，所以葛洪说："余闻之师云：人能知一，万事毕。知一者，无一之不知也。"

葛洪的这套理论，尽管吸收了某些玄学的观点，但是如果用当时魏晋玄学那种思辨性较强的哲学标准来衡量，它无疑是很粗糙的。但它作为一种宗教理论，在当时条件下也确有其可以迷惑人的地方。"精神"到底是什么？如果真是一种"精气"，那么守住它不使散失，有没有可能？宇宙的存在由什么使它成为统一体？如果是"气"，那么都是由"气"构成的，它们之间能不能相通？有没有超自然的伟力？如果没有，为什么天地万物得以形成？为什么会有"天以之高，地以之卑，云以之行，雨以之施"等等现象？所有这些问题，他都无法回答。

第五章　郭象的生平与著作

郭象字子玄，《世说新语·文学》注引《文士传》谓象为河南人，《经典释文·序录》谓为河内人，约生于魏齐王芳嘉平五年（253），卒于西晋怀帝永嘉六年（312）。《晋书》有传，《世说新语》多处载郭象事。

《晋书·郭象传》谓：象"少有才理，好老庄，能清言"。《世说新语·文学》注引《文士传》说：象"慕道好学，托志老庄，时人咸以为王弼之亚"。尝与王衍、庾敳、裴遐诸名士游。本传中说："太尉王衍每云：听象语，如悬河泻水，注而不竭。"按，《语林》所载与本传不同："王太尉问孙兴公曰：郭象何如人？答曰：其辞清雅，奕奕有余，吐章陈文，如悬河泻水，注而不竭。"又《世说新语·赏誉》说："郭子玄有俊才，能言老庄，庾敳尝称之，每曰：郭子玄何必减庾子嵩。"《晋书·裴秀传》附《裴宪传》中说"楷弟绰……绰子遐，善言玄理，音辞清畅，泠然若琴瑟。尝与河南郭象谈论，一坐嗟服"云云。而《世说新语·文学》有更具体的记载："裴散骑娶王太尉女，婚后三日，诸婿大会。当时名士王、裴子弟悉集。郭子玄在坐，挑与裴谈。子玄才甚丰赡，始数交未快。郭陈张甚盛，裴徐理前语，理致甚微，四坐咨嗟称快。王亦以为奇，谓诸人曰：君辈勿为尔，将受困寡人女婿。"王僧虔《诫子书》有"郭象言类悬河"之语，刘勰《文心雕龙·论说》有"郭象锐思于几神之区"之语，如此等等。可见，郭象为当时清谈名家、玄学巨匠，当时人目"为王弼之亚"，其在魏晋玄学中地位之重要自不待言。

《晋书·郭象传》谓：象"州郡辟召，不就。常闲居，以文论自娱。后辟司徒掾，稍至黄门侍郎。东海王越引为太傅主簿，甚见亲委，遂任职当权，熏灼内外。由是素论去之。永嘉末，病卒"。又《晋书·荀晞传》中说："荀晞字道将……复上表曰：殿中校尉李初至，奉被手诏，肝心若裂。东海王越得以宗臣，遂执朝政，委任邪佞，宠树奸党。至使前长史潘滔、从事中郎毕邈、主簿郭象等操弄天权，刑赏由己。"《世说新语·赏誉》注引《名士传》："郭象字子玄，自黄门郎为太傅主簿，任事用势，倾动一府。"根据这些材料，可以看出，郭象虽为玄学清谈大师，但他不但热心追求名誉和权势，而且运用其权势作威作福。魏晋名士口谈"玄远"，自许"放达"，然往往是名利场中人，其言行不一，实为当时之世风。如嵇康、阮籍、陶渊明诸人确为凤毛麟角。至于郭象为何不就州郡之辟召，当是待价而沽，后应朝廷之召辟而出，且迁升很快，由司徒掾而黄门侍郎，后东海王越当政，又引为太傅主簿。据史载，东海王越是西晋朝政混乱之罪魁祸首，"专擅威权，图为霸业，朝贤素望，选为佐吏，名将劲卒，充于己府，不臣之迹四海所知"云云。郭象在东海王越手下颇受重用，"操弄天权，刑赏由己"，"倾动一府"。由此可见，对郭象的为人评论很差。曾有一种观点认为，社会政治声誉不好的人，在哲学思想上也不可能有很大成就。然统观历史，此或为腐儒之见解，"左倾"教条之认识。当然，具有极高尚人格的哲学家，能为世人之模范，而这在历史上是很少见的。哲学与政治自然有关，但哲学并不等于政治，而且也不必然从属于政治。因此，有的哲学家在哲学上或甚高明，为世所重视，而在政治上则幼稚、糊涂，甚至可以是争名夺利者，这种情况在中外历史上屡见不鲜。何况，郭象的哲学本来就是主张既可"戴黄屋，佩玉玺"，而又可"心无异于山林之中"！魏晋玄学家又多为世族出身，更不足怪，《颜氏家训》中说：

> 夫老、庄之书，盖全真养性，不肯以物累已也。故藏名柱史，终蹈流沙；匿迹漆园，卒辞楚相，此任纵之徒耳。何晏、王弼，祖述玄宗，递相夸尚，景附草靡，皆以农、黄之化，在乎己身，周、孔之业，弃之度外。而平叔以党曹爽见诛，触死权之网也；辅嗣以多笑人被疾，陷好胜之阱也；山巨源以蓄积取讥，背多藏厚亡之文也；夏侯玄以才望被戮，无支离拥肿之鉴也；荀奉倩丧妻，神伤而卒，非鼓缶之情也；王夷甫悼子，悲不自胜，异东门之达也；嵇叔夜排俗取祸，岂和光同尘之流也；郭子玄以倾动专势，宁后身外己之风也；阮嗣宗沉酒荒迷，乖畏途相诫之譬也；谢幼舆赃贿黜削，违弃其余鱼之旨也；彼诸人者，并其领袖，玄宗所归。

颜之推这段话并非公允之谈，且是站在传统儒家立场来批评诸玄学家，其中对嵇康、阮籍等的批评更是偏颇之辞，兹不论。但是，当时不少玄学家，如何晏、王弼、郭象等等无疑在哲学理论的创建上和对中国哲学发展的贡献上都堪称一流，而在人品方面却不为时人所称许。

据《晋书》本传，郭象除有《庄子注》外，尚著有《碑论》十二篇，早已亡失。《文选》卷五十四刘孝标《辩命论》中说："萧远论其本，而不畅其流；子玄语其流，而未详其本。"李善注谓："李萧远作《运命论》，言治乱在天，故曰论其本。郭子玄作《致命由己论》，言吉凶由己，故曰语其流。"此《致命由己论》亦早已佚失。《隋书·经籍志》著录有《太傅（脱"主簿"二字）郭象集》二卷，注云："梁有五卷，录一卷，亡。"《旧唐书·经籍志》仍五卷。在《隋书·经籍志》和《新唐书·艺文志》中都著录有郭象之《论语体略》，此或如王弼之《老子指略》和《周易略例》者。又《隋书·经籍志》尚著录有郭象的《论语隐》，此或如王弼之《论语释疑》者乎？江熙《论语集解》叙《论语》十三家，郭象为其中一家，可见《论语体略》是一家之言，在东晋时为人所重视。皇侃《论语义疏》引有郭象注数条（据马国翰《玉函山房辑佚书》），与郭象《庄子注》思想很一致，如"子曰：禹吾无间然矣"条，郭象注说：

> 舜、禹相承，虽三圣故一尧耳。天下化成，则功美渐去，其所因循，常事而已。故史籍无所称，仲尼不能间，故曰：禹吾无间然矣。

这段话和《庄子·天地》中的一段注大体相同，其文如下：

> 夫禹时三圣相承，治成德备，功美渐去，故史籍无所载，仲尼不能间，是以虽有天下而不与焉，斯乃有而无之也。故考其时而禹为最优，计其人则虽三圣，故一尧耳。

据《玉函山房辑佚书》所载其余八条，现录于下，以便研究者作参考。

（1）《论语·为政第二》："子曰：为政以德，譬如北辰居其所，而众星共之。"注谓：

> 万物皆得性谓之德，夫为政者奚事哉？得万物之性，故云德而已也。得其性则归之，失其性则违之。

（2）《论语·为政第二》："子曰：导之以政，齐之以刑，民免而无耻；导之以德，齐之以礼，有耻且格。"注谓：

> 政者，立常制以正民者也；刑者，兴法辟以割物者也。制有常，则可矫；法辟兴，则可避。可避则违情而苟免，可矫则去性而从制。从制，外正而心内未服；人怀苟免，则无耻于物，其于化不已薄乎？故曰民免而无耻也。德者，得其性者也；礼者，体

其情者也。情有可耻而性有所本，得其性则本至，体其情则知至。知耻则无刑而自齐，本至则无制而自正，是以导之以德，齐之以礼，有耻且格。

按，以上两条释"德"为"得其性者也"，此正是郭象哲学之要点，他以"物各有性"立论，而《天地注》中说："任其自得，故谓之德。""任其自得"者即"任其自得之性"也。又，此二条皆阐释"以不治治之"之义，此亦为郭象思想之要点。

（3）《论语·述而第七》："子在齐，闻韶，三月不知肉味，曰：不图为乐之至于斯也。"注谓：

> 伤器存而道废，得有声而无时。

（4）《论语·先进第十一》："颜渊死，子哭之恸。从者曰：子恸矣！子曰：有恸乎？非夫人之为恸而谁为恸？"注谓：

> 人哭亦哭，人恸亦恸，盖无情者与物化也。

按，《庚桑楚》注中说："无人之情，则自然为天人。"又谓："今槁木死灰，无情之至，则爱恶失得无自而来。"郭象或与何晏同，主"圣人无情"，而与王弼"圣人有情说"不同。

（5）《论语·宪问第十四》："子路问君子。子曰：修己以敬。曰：如斯而已乎？……曰：修己以安百姓。修己以安百姓，尧舜其犹病诸！"注谓：

> 夫君子者不能索足，故修己索己。故修己者仅可以内敬其身，外安同己之人耳。岂足安百姓哉？百姓百品，万国殊风，以不治治之，乃得其极。若欲修己以治之，虽尧舜必病，况君子乎？今尧舜

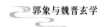

非修之也，万物自无为而治。若天之自高，地之自厚，日月之明，云行雨施而已。故能夷畅条达，曲成不遗而无病也。

按，《齐物论注》中有："夫时之所贤者为君，才不应世者为臣，若天之自高，地之自卑，首自在上，足自居下，岂有递哉！虽无错于当，而必自当也。"这段注是基于"百姓百品"，高下自陈，皆天理自然，故当"以不治治之"，这正是上引之注所发挥之要旨。又《天地注》中说："此乃圣王之道，非夫人道也。子贡闻其假修之说而服之，未知纯白者之同乎世也。"人之所能与所不能者非假修可得到的，全由其所具有之"自性"，故《外物注》说："性之所能，不得不为也；性所不能，不得强为；故圣人唯莫之制，则同焉皆得而不知所以得也。"

（6）《论语·卫灵公第十五》："子曰：吾之于人也，谁毁谁誉？如有所誉者，其有所试矣。斯民也，三代之所以直道而行也。"郭象注曰：

> 无心而付之天下者，直道也。有心而使天下从己者，曲法。故直道而行者，毁誉不出于区区之身，善与不善，信之百姓，故曰：吾之于人，谁毁谁誉，如有所誉，必试之斯民也。

（7）《论语·卫灵公第十五》："子曰：吾尝终日不食，终夜不寝，以思，无益，不如学也。"郭象注曰：

> 圣人无诡教，而云不寝不食以思者何？夫思而后通，习而后能者，百姓皆然也。圣人无事而不与百姓同事，事同则形同。是以见形以为己异，故谓圣人亦必勤思而力学，此百姓之情也。故用其情以教之，则圣人之教因彼以教，彼安容诡哉！

（8）《论语·阳货第十七》："孔子曰：诺，吾将仕矣。"郭象注曰：

> 圣人无心，仕与不仕随世耳。阳虎劝仕，理无不诺。不能用我，则无自用，此直道而应者也。然危逊之理，亦在其中也。

按，此言圣人无心，以百姓之心为心，《天地》注说："圣人之道，即用百姓之心耳。"又《天下》注谓："夫圣人统百姓之大情，而因为之制，故百姓寄情于所统，而自忘其好恶，故与一世而得淡漠焉。乱则反之，人恣其近好，家用典法，故国异政，家殊俗。"盖谓圣人自忘其好恶，因百姓之情而教，则天下治。

以上八条之注释和郭象《庄子注》中的思想完全一致，并有些字句亦相同，且往往用"寄言出意"的方法以释之，而使其解释得以圆通。

郭象尚有《老子注》，文廷式《补晋书·艺文志》著录有郭象《老子注》，并谓："唐张君相《三十家老子注》有郭（象）、刘（仁会）二家"云云。按，《三十家老子注》即《道德真经注疏》，旧题为"齐顾欢述"，此书绝非顾欢述，是否为张君相"注疏"也很可疑，但为唐时人的注疏当无疑问（详见蒙文通《校理老子成玄英疏叙录》）。在《三十家老子注》中有郭象注二条：

> 虚其心，实其腹。郭曰：其恶改尽，诸善自生，怀道抱一，神和内足，实其腹也。
>
> 生而不有。郭曰：氤氲合化，庶物从生，显仁藏用，即有氤迹，功不归己，故曰不有。

又杜光庭《道德真经广圣义序》中亦著录有郭象《老子注》，并谓"河南郭象，字子玄，向秀弟子，魏晋时人"。彭耜《道德真经集注杂说》中说："广川董迪《藏书志》云……唐道士张道相集注《道德经》七卷，凡三十家，其名存者：河上公、节解、严遵、王弼、何晏、郭象……而道相所集郭象、刘仁会……此十四家不著于志。按《志》称道相集注四卷，而董所收乃有七卷，恐后人之所增也。"可见宋时董逌或仍见有郭象注。故宋李霖《道德真经取善集》中尚存郭象的两条注解：

> 湛兮似或存。郭象曰：存，在也。道，湛然安静，古今不变，终始常一，故曰存。存而无物，故曰似也。
>
> 谷得一以盈。郭象曰：谷，川谷也。谷川得一，故能泉源流润，溪壑盈满。

按：郭象《庄子注》中尝引《老子》以证己说，但上录四条是否为郭象的注，当然还应作进一步考证，然目前尚未有足够之资料，故暂录于上，以备查用。

郭象的主要著作自然是《庄子注》，关于《庄子注》的问题将在下一章《郭象与向秀》中讨论，在这里只想讨论《庄子序》的问题。对于《庄子序》向来有两种不同看法：一种观点认为，此序确为郭象所作；另一种观点认为，序文开头一段，批评了庄子的学说，认为游谈乎方外，不能与化为体，此与《庄子注》中对庄子的评论相矛盾。但是，从《庄子注》中可以看出，郭象实际上在不少地方批评了庄子，此将于本书第八章《郭象的〈庄子注〉与庄周的〈庄子〉》中评论。特别是《庄子序》中说明了注《庄子》是为了"明内圣外王之道，上知造物无物，下知有物之自造"，这正是《庄子注》所阐明的主旨。还有学者认为：郭象《庄子序》是《庄子》的序，而不是《庄子注》的序，并认为在古抄卷子本的《庄子注》全文之末"以贻好事也"之后，所有的一大段，才是《庄子注序》。照我看，这个看法也是没有什么根据的。盖魏晋时，有些注解前面也有序，其序就是其注的序，例如张湛的《列子注》前的《序》，就是《列子注》的《序》，但它标为《列子序》。正是这篇《列子序》集中地表达了张湛的哲学思想，此可参见本书第十六章《郭象与张湛》。王叔岷《郭象庄子注校记》认为《庄子注》末所附的一段是《庄子注》的"后记"，或更为合理。现据王叔岷

《郭象庄子注校记》文录于后,并略为解说:

夫学者尚以成性易知为德,不以能政异端为贵也(按:武内义雄云:政乃攻字之讹)。然庄子闵才命世,诚多英文伟词,正言若反,故一曲之士,不能畅其弘旨,而妄窜奇说,若《阏亦》(武内云:《阏亦》,《释文》作《阏弈》,《困学纪闻》所辑《庄子》佚文中,有"阏弈之隶,与殷翼之孙,遏氏之子相谋"一条,《文选》颜延之《车驾幸京口侍从蒜山诗注》引之,当是《阏弈》篇首之语)、《意脩》之首,《尾言》(武内云:《释文》作《危言》。《寓言篇》,寓言、重言、卮言并说。据郭本《寓言篇》,则《危言》及《尾言》皆《卮言》之误)、《游易》(武内云:《游易》,《释文》作《游凫》。《困学纪闻》所辑《庄子》佚文有"游凫问雄黄"一条,《太平御览》引,当是《游凫》篇首之语)、《子胥》之篇,凡诸巧杂,若此之类,十分有三。或牵之令近,或迂之令诞,或似《山海经》,或似《梦书》(王叔岷按:《释文·叙录》似作类,当从之。武内云:《梦书》,《释文》作《占梦书》),或出《淮南》,或辩形名。而参之高韵,龙蛇并御,且辞气鄙背,竟无深澳,而徒难知,以因后蒙(武内云:因乃困之讹),令沉滞失乎流,岂所求庄子之意哉?故皆略而不存。令唯哉取其长达(武内云:令唯哉,乃今唯裁之讹),致全乎大体者,为三十三篇者(武内云:者乃焉字之误)。太史公曰:庄子者,名周,守蒙县人也(武内云:守乃宋字之讹)。曾为漆园史(王叔岷按:《史记》本传,《释文·叙录》,史并作吏),与魏惠、齐王、楚威王同时(狩野直喜云:魏惠下脱王字。武内云:齐王,当作齐宣王)。(以上据王叔岷《郭象庄子注校记》,有所删节)

王叔岷《郭象庄子注校记》有"案语"谓:

> 右"夫学者"以下二百二字，见《古钞卷子本》，他本无之，最为可贵。《释文·叙录》引郭子玄云："一曲之才，妄窜奇说，若《阏弈》、《意脩》之首，《危言》、《游凫》、《子胥》三篇，凡诸巧杂，十分有三。"武内义雄据之以断此文郭象附于书末目录之序。狩野直喜据之以断此文为郭象后语，自述其刊芟《庄子》，辑为三十三篇之意。岷谓此二百二字，措辞草率，不似一完整之序，当是郭象注《庄子》毕，偶记于篇末者。至其注《庄》大旨，则篇首之序，已尽之矣。

王叔岷所论甚当。据《汉书·艺文志》知《庄子》本为五十二篇。《经典释文·叙录》谓，司马彪、孟氏之注本亦为五十二篇，且从今本《庄子》看，其《内篇》与《外篇》《杂篇》所包含之思想也并不一致，许多学者认为《内篇》或为庄子本人之作，而《外篇》《杂篇》或为庄子后学（或庄子一派）所作。郭象删去原本若干篇，存三十三篇，意在把一些"辞气鄙背，竟无深澳"而不类庄子思想的诸篇刊芟，以便更集中地阐释庄子的思想。盖先秦古籍，至汉多散乱，后经刘向整理，作有《叙录》，班固据之以成《汉书·艺文志》，故知先秦古籍多经汉人整理而成，并非尽存旧籍原貌。今本《列子》有些段落与《庄子》同，可证。故此"古钞本"后之文，或正如狩野直喜说，当是郭象"自述其刊芟《庄子》，辑为三十三篇之意"，实为《庄子注》之《后记》。又，王叔岷《郭象庄子注校记》之"附录"，辑有郭象《庄子注》之佚文，可参考，于兹不录。

第六章　郭象与向秀

郭象和向秀都是魏晋玄学家中注《庄子》的名家。向秀字子期，河内怀人（今河南武陟），约生于魏明帝太和初（约227），卒于西晋武帝咸宁末（约280）。郭象字子玄，河南人，生于魏齐王芳嘉平五年（253），卒于西晋怀帝永嘉六年（312）。郭象比向秀约晚三十年，故说向秀为竹林时期的玄学家，郭象为元嘉时期的玄学家。

郭象的生平事迹主要见于《晋书·郭象传》和《世说新语》，其中最可注意的有三：

第一，郭象"少有才理，好老庄，能清言"，他年轻时就喜好老庄之学，为当时名士。所谓"好老庄"，当即指爱好以老庄为骨架的玄学。他能言善辩，所以王衍说："听象语，如悬河泻水，注而不竭。"又尝与裴遐辩论，使"一坐嗟服"。

第二，郭象初不就州郡辟召，这似乎是当时名士的作风，对地方官吏不大卖账。后来东海王越请他到朝中做官，他就出任了，官至太傅主簿。这时东海王越当权，郭象很能得到他的信任。郭象虽"好老庄"，但他并不远离政事，相反还有一些权力欲，所以史书记载都说郭象"操弄天权"，"任职当权，熏灼内外"，"任事用势，倾动一府"云云。所以大家对他颇有议论，"由是素论去之"。可见，郭象比较热衷政事，这点正和他的哲学思想主张"内圣外王之道"完全一致。

第三，郭象的著作有"碑论十二篇"，但均已佚失，而其主要著作当然是《庄子注》了。可是对《庄子注》的著作权向来又有不同的看

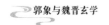

法。而研究郭象的哲学思想,主要是根据这部书,因此对这个问题就不得不首先讨论清楚了。

关于今本郭象《庄子注》向来有两种说法:一种认为,这部注是郭象剽窃向秀的;另一种说法认为,是郭象在向秀注的基础上,加以发展而成的。前一种说法主要是根据《世说新语·文学》中的一段话:

> 初,注《庄子》者数十家,莫能究其旨要。向秀于旧注外为解义,妙析奇致,大畅玄风。唯《秋水》、《至乐》二篇未竟,而秀卒。秀子幼,义遂零落,犹有别本。郭象者,为人薄行,有俊才,见秀义不传于世,遂窃以为己注,乃自注《秋水》、《至乐》二篇,又易《马蹄》一篇,其余众篇,或点定文句而已。后秀义别本出,故今有向、郭二《庄》,其义一也。

《晋书·郭象传》也是这样说的,大概是引自《世说新语》。以后认为郭象的注是抄袭向秀的见于:唐末新罗学士崔致远的《法藏和尚传》、高似孙《子略》、王应麟《困学纪闻》、焦竑《笔乘》、胡应麟《四部正讹》、谢肇淛《文海披沙》、陈继儒《续狂夫之言》、王昶《春融堂集》、袁守定《占毕丛谈》、《四库全书总目提要》、《四库简目》、陆以湉《冷庐杂识》、刘宗周《人谱类记》、顾炎武《日知录》,以及近人杨明照《郭象庄子注是否窃自向秀检讨》、寿普暄《由〈经典释文〉试探〈庄子〉古本》等等。后一种说法主要是根据《晋书·向秀传》:

> 庄周著内外数十篇,历世才士虽有观者,莫适论其旨统也。秀乃为之隐解,发明奇趣,振起玄风,读之者超然心悟,莫不自足一时也。惠帝之世,郭象又述而广之,儒墨之迹见鄙,道家之言遂盛焉!

根据这段材料,对郭象注窃自向秀说疑之者有:钱曾的《读书敏求记》、王先谦的《庄子集解》以及吴承仕《经典释文序录疏证》、刘盼遂《世说新语校笺》等。

上面两段引文,有一致的地方,也有矛盾的地方。一致的地方是:向秀的《庄子注》在当时影响之大是空前的,大大推动了玄学的发展;郭象的《庄子注》对向注,无论是"窃以为己注",还是"述而广之",都说明郭象注曾深受向秀注的影响;又从"易《马蹄》一篇",或"述而广之",又都说明郭注和向注总有不同之处。它们之间矛盾的地方是:据上引《世说》,郭注对向注似没有什么大不同,是"其义一也";据《向秀传》,则可认为郭对向注有较大的发展。那么到底哪一种看法比较符合实际呢?下面让我们从几个方面作一些探讨。

(1)郭象和向秀一样都是魏晋玄学发展中的重要人物

我们能看到的关于郭象的材料虽不是很多,但也不算太少,除《晋书》有关各传外,《世说新语》和注保存有关郭象的材料也可以说是相当丰富的。从这些材料看,郭象注《庄子》一事虽有矛盾,但郭象在魏晋玄学发展中占有重要的地位,这点是毫无疑问的。《世说新语·赏誉》中说:

> 郭子玄有俊才,能言《老》《庄》。庾敳尝称之。每曰:郭子玄何必减庾子嵩。

又说:

> 王太尉(衍)云:郭子玄语议如悬河泻水,注而不竭。

又注引《文士传》说:

> 象字子玄,河南人,少有才理,慕道好学,托志老庄,时人

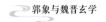

> 咸以为王弼之亚，辟司空掾，太傅主簿。
>
> 象作《庄子注》，最有清辞遒旨。

王衍是元康时代玄学的领袖人物，《世说新语·言语》注引《晋诸公赞》说："夷甫（王衍）好尚谈称，为时人物所宗。"庾敱作《意赋》言"至理归于浑一"，也是当时玄学名家。郭象为王衍、庾敱所称道，当非偶然。《文士传》更说"时人"（指元康时人）咸以郭象为"王弼之亚"，把这和《向秀传》所说"惠帝之世"（即元康之时），郭象又"述而广之"云云联系起来看，郭象在玄学发展中的地位甚为重要。如果王弼是正始时的主要玄学家，向秀是竹林时的主要玄学家，那么说郭象是元康时的主要玄学家，当不过分。

（2）郭象除注《庄子》外，尚有其他著作，可供作为研究其思想之资料，帮助确定他在魏晋玄学中的地位

魏晋玄学家以《易》《老子》《庄子》为他们研究、发挥玄学思想的主要著作，史称三书为"三玄"。除此之外，《论语》由于言简意赅，也是当时玄学家们发挥玄学思想的好材料。据姚振宗《三国艺文志》及吴士鉴《补晋书经籍志》，魏晋时注《论语》今可考者有五十余家，其数量当和"三玄"不相上下。主要玄学家何晏有《论语集解》，王弼有《论语释疑》，后来皇侃又有《义疏》，都是研究魏晋玄学的重要材料。《隋书·经籍志》和两《唐书》都著录郭象有《论语体略》；《隋书》还著录郭象有《论语隐》。江熙《论语集解》叙《论语》十三家则有郭象书，可见《论语体略》是一家之言，在东晋时甚为人所重视。皇侃《义疏》引郭象注九条，同郭象《庄子注》的思想甚为一致，如"子曰禹吾无间然矣"句，郭注说：

> 舜禹相承，虽三圣故一尧耳。天下化成则功美渐去，其所因循，常事而已。故史籍无所称，仲尼不能间，故曰禹吾无间然矣。

这段注和《庄子·天地》中的一段注文字大体相同：

> 夫禹时三圣相承，治成德备，功美渐去，故史籍无所载，仲尼不能间，是以虽有天下而不与焉，斯乃有而无之也。故考其时而禹为最优，计其人则虽三圣故一尧耳。

文廷式《补晋书艺文志》著录郭象《老子注》，并说："唐张君相《三十家老子注》有郭（象）、刘（仁会）二家"云云。按，《三十家老子注》即《道德真经注疏》，旧题为"齐顾欢述"。此书不是顾欢的"注疏"，是可以肯定的，是否为张君相的"注疏"，也很可疑，但为唐时人的"注疏"则无疑问（详见蒙文通：《校理老子成玄英疏叙录》）。在这种"注疏"中引有郭象注两条。宋李霖《道德真经取善集》中亦引郭象注两条，其一注"生而不有"句，郭注说：

> 氤氲合化，庶物从生，显仁藏用，即有为迹，功不归己，故曰不有。

颇似郭象的思想。又唐末杜光庭《道德真经广圣义》中列有注疏笺注《老子》者六十余家，其中第七家即为郭象。郭象《庄子注》中有许多地方都可见其依玄学新说解释《老子》的话，如《知北游》中对"失道而后德"等等的注释就是这样。据此，郭象或者确实注过《老子》。当然这个问题也还要作进一步的考证。

王弼注《周易》《老子》，并作《论语释疑》，郭象注《老子》《庄子》，并作《论语体略》，故时人赞扬他为"王弼之亚"，似甚相当。又据刘孝标《辩命论》说："萧远论其本，而不畅其流；子玄语其流，而未详其本。"李善注说："李萧远作《运命论》，言治乱在天，故曰论其本。郭子玄作《致使由己论》，言吉凶由己，故曰语其流。"郭象此文已佚，然从李善注可知此文也与《庄子注》的思想颇为一致。

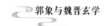

从这些情况看，说郭象的《庄子注》完全是把向注"窃以为己注"，似乎有些过分。

（3）自晋至唐，向秀和郭象的《庄子注》都是两本并存

即使照上引《世说新语·文学》（《晋书·郭象传》同）所说，"其后秀义别本出，故今有向、郭二《庄》，其义一也"，也说明当时两本同时流行。所谓"其义一也"，如果真的一样，或郭注仅仅是"点定文句"，而向、郭二《庄》，自晋至唐，长达三百余年，竟能长期同时并行，大概亦不可能。只有二《庄》内容不尽相同，才得以长期同时并行，才较为合理。

《世说新语》注中关于向、郭《庄子注》的记载还有几条，也可看出一些问题：

第一，"秀将注《庄子》，先以告（嵇）康、（吕）安……及成，以示二子。"云云，这说明向秀注《庄子》是在嵇康被杀（262）之前。故向秀注当属竹林时期。

第二，"秀本传或言，秀游托数贤，萧屑卒岁，都无注述，唯好《庄子》，聊应崔譔所注，以备遗忘。"这说明，向秀注也是在崔譔注基础上发展而成的，只是向秀的"隐解"更带有时代精神，故"妙析奇致，大畅玄风"。这样的意义和《晋书·向秀传》所说郭象在向注基础上"述而广之"致使"儒墨之迹见鄙，道家之言遂盛"，比较相似。盖魏晋人注书，常常都是把前人或同时代人的见解吸收在自己的注释中。

第三，"向子期、郭子玄逍遥义曰……"云云，刘孝标所见之向、郭的"逍遥义"是相同的，而与支遁义异。证明郭象确实吸收了向秀的许多见解。

第四，注引《文士传》（东晋张隐作）"象作《庄子注》，最有清辞遒旨"，又"殷中军问自然无心于禀受"条注引郭象《庄子·齐物论》"天籁者吹万不同"句注。可见张隐、刘孝标等所见《庄子注》就有向、郭两本并存，所谓郭象把向秀注"窃以为己注"，在当时也难成立。

第五，更重要的是，《世说新语注》本身就说明刘孝标所看到的向、郭注为不同的两种本子。《文学篇》"殷中军问自然无心于禀受"条，注引郭象注《庄子》"天籁者吹万不同"句与今本郭注全同。而"《庄子·逍遥篇》旧是难处"条，注中有一大段叙"向子期、郭子玄逍遥义"。可见刘孝标也知道郭象注和向秀注有相同的地方，也有不同的地方。其中不同的地方非常重要，它比较有力地说明郭象注对向秀注有很大的发展。

更能说明问题的则是，东晋张湛《列子注》、梁陶弘景《养性延命录》、唐陆德明《经典释文》以及李善《文选注》等，都分别说明所引用的《庄子注》，哪些是向秀的，哪些是郭象的。又，东晋罗含《更生论》引向秀《庄子注》一条。

张湛《列子注》大约作于东晋中期，距离郭象逝世不过几十年，当时向、郭二注本尚同时流行，其中引向秀注四十余条，郭象注二十余条。《养性延命录》引向注四条，郭注一条。《经典释文》主要根据郭注本，但也引用向秀注六七十条。《文选》李善注引用向注只有几条，却大量引用郭象注。这一情况当可说明，从东晋到唐初，向、郭二本尚同样流行，唐以后郭象注就比向秀注流行更广，再后向注失传。这点还可从唐朝各种音义、音训的书得到证明，比如慧琳《一切经音义》引书甚多，只用郭象《庄子注》，不引向秀《庄子注》。唐末新罗学士崔致远《法藏和尚传》，在说到法藏的《新经音义》（《新翻华严经梵语音义》）时说："《新经音义》不见东流，唯有弟子慧苑《音义》两卷，或者向秀之注《南华》，后传郭象之名乎？"可见至唐末，向秀注本已经失传。

上述各书所引郭象注和今本郭象注对照参阅，除少数例外，大都完全相同。这就说明，现存的郭象注，就是晋到唐时向、郭二《庄》同时并行的郭象注，因此把郭象注《庄》看作郭象著作是没有问题的。问题是郭象注和向秀注究竟有什么关系？

我们用上述各书引用的向秀《庄子注》和现存郭象《庄子注》对

照，确有很多相同的地方，这就说明郭象是大量地利用了向秀的旧注，但也可以看出两者之间有些重大的不同。首先，《经典释文·叙录》明确地说明："向秀注二十卷，二十六篇。"并注说："一作二十七篇，一作二十八篇，亦无《杂篇》。"据此，向秀注本要比郭象注本少五六篇或七篇，故《世说新语》所谓郭象自注仅《秋水》等三则不准确。其次，上述各书引用二家注时，多为分别引用，有时则两注并存。例如，张湛《列子注》引向秀注"鲵旋之潘为渊"句是："夫水流之与止，鲵旋之与龙跃，常渊然自若，未始失其静默也。"接着引郭象注："夫至人用之则行，舍之则止。虽波流九变，治乱纷纭，若居其极者，常澹然自得，泊乎无为也。"（《黄帝》）而今本《庄子》郭象注恰好将这两段合在一起，可见是郭象在抄录向秀注后，又加上了自己的话，使向注得到引申和发挥，丰富其思想。这就不仅仅是"点定文句"而已，而是"述而广之"了。这种情况在其他三种书的引用中也同时存在。再次，有些地方所引向注与今本郭注则很不相同。如《经典释文》所引向秀对《胠箧》篇"圣人已死则大盗不起"句的注，就和今本郭注很不相同。向秀是从"变化日新"来解释，他说："事业日新，新者为生，故者为死，故曰圣人已死也。乘天地之正，御日新之变，得实而损其名，归真而忘其涂，则大盗息矣。"郭象则是用"独化"的思想来解释，他说："竭川非以虚谷而谷虚，夷丘非以实渊而渊实，绝圣非以止盗而盗止，故止盗在去欲，不在彰圣知。"但"独化"这一概念各书所引向注不见，仅《列子注》中引有向秀一句说："唯无心者独运耳。"或者后来郭象把"独运"发展为"独化"。最后，郭象注不仅在许多地方采用了向秀注，而且也采用了崔譔注和司马彪注。《人间世》的解题郭象则全抄自司马彪，在有些地方，郭象注也采用了司马彪注，而不引用向秀注，如对"罔两"的解释。《释文》"罔两"向、郭二注并存，"郭云：景外之微阴也。向云：景之景也"。据《文选》卷十四李善注说："郭象为罔两，司马彪为罔浪。罔浪，景外重阴也。"可见郭象是采用司马彪注。又《释文》"翛然"引向秀注为"自然无心而自尔",又引郭象和崔譔注为"往来不难之貌",此处郭象用崔注,而不用向注。郭象注《庄子》,对前人旧注有所选择,是可以的,也是应该的。

上面所举向、郭二《庄子》的种种不同,虽然不很重要,因为仅仅靠这些材料似乎还难充分说明问题。如果能在今本郭象注中发现和上述诸书所引用的向秀注不同的重要观点,才能比较充分地说明问题。是否有这样的材料呢?经过核查,是有的。下面我们将着重讨论这个问题。

(4)从郭象和向秀思想的两点不同,看《庄子注》的问题

关于今本郭象《庄子注》的基本思想,在《庄子注序》中,郭象作了明确而精确的概括。尽管目前对此序是否为郭象所作尚存争论,但它概括地说出了这部注的基本思想,大概是不会有异议的。序中说这部注包含两个重要思想:一是"明内圣外王之道";另一是论证"上知造物无物,下知有物之自造"。前者代表郭象对社会问题的总看法,或者说是解决"自然"和"名教"关系的总命题;后者代表他对整个宇宙的总看法,或者说是解决"无"和"有"关系的根本思想。通观《庄子注》,它也是围绕着这两个观点而展开的。但各书所引向秀注,则多与上述两个观点不甚相同。如《列子·天瑞》"故生物者不生,化物者不化"句,张湛注说:

> 《庄子》亦有此言。向秀注曰:吾之生也,非吾之所生,则生自生耳。生生者岂有物哉?(无物也,)故不生也。吾之化也,非物之所化,则化自化耳。化化者岂有物哉?无物也,故不化焉。若使生物者亦生,化物者亦化,则与物俱化,亦奚异于物?明夫不生不化者,然后能为生化之本也。

向秀这段话大概是注《庄子·大宗师》"生生者不生,其为物也,无不将也,无不迎也……"的。这里郭象是删去了向秀的注,紧接着他就用"上知造物无物,下知有物之自造"的观点来解释"生生"和"化化"。郭象注说"任其自将,故无不将""任其自迎,故无不迎"等等,就是明证。而且上面说到《世说新语》注所引郭象注《庄子·齐物论》"天籁者吹万不同"句(今本郭注同)中说:

> 郭子玄注曰:无既无矣,则不能生有;有之未生,又不能为生,然则生生者谁哉?块然而自生耳,非我生也。我不生物,物不生我,则自然而已。然谓之天然,天然非为也。故以天言之,所以明其自然故也。

这里用"自生"的观点否认有一"生有"者,显然是郭象的新思想。从上面抄录的《列子注》引用向秀的那段话来看,他并没有摆脱王弼、何晏"贵无"思想的影响,以为仍有一不生不化的"生化之本"。这实际上是认为,在"万有"之上有一作为"万有"存在的根据的"无",或者说有一"造物主"。郭象不仅否认"无"能生"有",而且从原则上也否认有任何东西能产生天地万物,并且批判了有"造物主"的观点,他说:"万物万情,趣舍不同,若有真宰使之然也,起索真宰之朕迹,而亦终不得。则明物皆自然,无使物然也。"(《齐物论》注)又说:"任其自生,而不生生。"

在张湛《列子注》中,还引有向秀对《庄子·达生》"奚足以至乎先是色而已"句的注:

> 同是形色之物耳,未足以相先也。以相先者,唯自然也。

今本郭注删去了"以相先者,唯自然也"句。删去这句和留下这句是大不相同的。因为,"贵无"派的玄学家往往把"自然"和"道"或"无"同等看待,即认为"自然"是先于万物而产生万物的"生物之本",或说是万物存在的根据。和王弼、何晏同时的"贵无"派玄学家夏侯玄说:"天地以自然运,圣人以自然用。自然者道也,道本无名,故老氏曰强为之名。"王弼注《老子》"道法自然"句说:"自然者,无称之言,穷极之辞也。"这里,王弼也和夏侯玄一样,把"自然"解释为先于天地万物的无以名状的存在。向秀的注,以为先于天地万物而存在的是"自然",不管他对"自然"怎样解释,这种承认"相先"的观点,仍然表明他没有摆脱"贵无"思想的影响。而在郭象的注中则找不到"贵无"派"相先"思想影响的痕迹。而且郭象明确否认天地万物之先尚有任何先于天地万物的存在,从而堵塞了通向承认"造物主"的道路,如他说:

> 谁得先物者乎哉?吾以阴阳为先物,而阴阳者即所谓物耳。谁又先阴阳者乎?吾以自然为先之,而自然即物之自尔耳。吾以至道为先之矣,而至道者乃至无也。既以无矣,又奚为先?然则先物者谁乎哉?而犹有物无已,明物之自然,非有使然也。(《知北游》注)

这段注表明,确有以"自然"为一先物存在的实体者,故有"以自然为先"之说。郭象否认有"先物者",并给"自然"下了明确的定义:"非有使然",即"物之自尔",这个观点也是贯穿在他整个的《庄子注》中。如《逍遥游》注说:"自然者,不为而自然者也。"《大宗师》注也说:"人皆自然,则治乱成败,遇与不遇,非人为也,皆自然耳。"像这样的观点,在郭注中不下十余处,就不一一列举了。

郭象和向秀在这个问题上的观点不同,至少说明两点:一是,郭象尽管采用了向秀的注,但他都是按照他自己的思想体系的需要而有所选择,凡是不符合"上知造物无物,下知有物之自造"等思想的都在排除之列。因此,郭象的注只能是对向秀注的"述而广之",不可能是把向注"窃以为己注";二是,郭象和向秀上述观点不同,还说明了一个重要问题，即竹林时期向秀的思想正是正始时期王弼"贵无"向元康时期郭象"崇有"的过渡。如果依照这个发展线索来研究魏晋玄学发展的内在逻辑，将能比较清楚地说明许多问题。

几乎所有魏晋玄学家都在不同程度上讨论了"内圣外王之道"这个问题。但是，郭象《庄子注》对这个问题却有他的特殊看法，即"圣人常游外以弘内"的新思想，向秀不仅没有这种思想而且还有相反的看法。

向秀除注《庄子》外，并著有《儒道论》一文（已佚），还注过《周易》，也已佚失，不过马国翰《玉函山房辑佚书》里还辑有数条，看不出有什么特别重要的思想。而另有《难养生论》一篇则比较重要，因为这篇文章涉及当时人们所注意的"名教"和"自然"的关系问题，也就是前面说的"内圣外王之道"的问题。对于所谓"自然"，魏晋玄学家尽管有不同的解释，但从根本上说都是把"自然"和"名教"看成为一对矛盾，并用种种不同的观点来解释两者之间的关系。

嵇康作《养生论》，以为"神仙禀之自然，非积学所致，至于导养得理，以尽性命，若安期、彭祖之伦，可以善求而得也"（嵇喜：《嵇康传》，《文选》李善注引）因而嵇康认为，"调节嗜欲，全息正气"，即可长生。向秀作《难养生论》，表示不同意嵇康的观点。他认为，人们的"求食""思室"等等是"自然之理"，不应压制；为了求长生而压制这些"自然之理"是"悖情失性""不本天理"，不仅做不到，而且会使生活失去意义。所以在他批判了违反人的自然本性以求长生的种种做法之后，说："长生且犹无欢，况以短生守之耶？"那么如何能既顺应人的自然本性，又使社会不致陷于混乱呢？向秀认为，只须对人们天生的欲望要求"节之以礼"就可以了。向秀这个观点在当时"越名教而任自然"广泛流行的情况下，是一种试图调和"自然"与"名教"的矛盾的观点，谢灵运《辨宗论》中说"向子期以儒道为一"，或者与此不无关系。

从原则上说，嵇康、阮籍和王弼、何晏一样也是把"自然"看成是根本的,"名教"看成是派生的。然而嵇康、阮籍并没有因此得出和王弼、何晏相同的结论。如果说王、何认为"名教"应当而且根本上说必然反映"自然",那么嵇、阮则认为"名教"只是应当而未必必然反映"自然"。王、何在积极为现实社会的合理性作论证,嵇康、阮籍则在为否定现实社会的合理性造舆论。

嵇康、阮籍这种对待现实社会的态度,以及对"名教"和"自然"关系的看法,在当时影响是很大的。向秀作为"竹林七贤"之一,并且和嵇康的关系很密切,他们在思想上自然有许多共同点。然而由于他们所处的具体环境和个人性格的不同,思想也就有着很大的差异,甚至可以说存在着不同的发展方向。嵇康对现实不满,具有强烈的反抗性,所以他当时并不想调和"名教"和"自然"的矛盾;向秀虽也不满现实,但他却有很大的妥协性。据《晋书》本传记载:"康既被诛,秀应本郡计入洛,文帝问曰:闻有箕山之志,何以在此?秀曰:以为巢、许狷介之士,未达尧心,岂足多慕。"这种态度反映了向秀和嵇康在性格上有很大的不同,自然也会影响他们的哲学思想。

向秀也认为"自然"是根本的,而"名教"和其他事物是派生的,"同是形色之物,未足以相先。以相先者,唯自然耳"。甚至有时他也提倡"越名教而任自然",他说:"任自然而覆载,则名利之饰皆为弃物","弃人事之近物也"。(《列子注》引)尽管如此,但向秀的基本态度是要调和"名教"和"自然"的。向秀对"自然"作了新的解释,使之和王、何与嵇、阮都不相同,在《难养生论》中,他说:

> 有生则有情,称情则自然,若绝而外之,则与无生同。何贵于有生哉?且夫嗜欲,好荣恶辱,好逸恶劳,皆生于自然。夫天地之大德曰生,圣人之大宝曰位,崇高莫大于富贵。然富贵,天地之情也。贵则人顺己以行义于下,富则所欲得以有财聚人,此皆先王所重,关之自然,不得相外也。又曰:富与贵,是人之所欲也。但当求之以道义。

又说：

> 夫人含五行而生，口思五味，目思五色，感而思室，饥而求食，自然之理也。但当节之以礼耳。

又说：

> 且生之为乐，以恩爱相接。天理人伦，燕婉娱心，荣华悦志。服飨滋味，以宣五情。纳御声色，以达性气。此天理自然，人之所宜，三王所不易也。

《列子注》引向秀语：

> 夫实由文显，道以事彰。有道而无事，犹有雌无雄耳。

从上引文可知：第一，向秀把人的一些自然本能（"求食""思室"等）和社会生活中的一些要求（"富贵""荣华"等），都看成是"自然之理"。因此，尽管向秀没有否定有一不生不化的"生化之本"，而他对所谓"自然"概念的涵义的了解显然与王弼等把"自然"作为天地万物之本体很不相同。第二，所谓"任自然"就包含着使上述要求得到满足，"称情则自然"，而不应压制这些要求，这点又与嵇康分道。嵇康的《养生论》中说：

> 修性以保神，安心以全身，爱憎不栖于情，忧喜不留于意，泊然无感而体气和平。又呼吸吐纳，服食养身，使形神相亲，表里俱济也。
>
> 善养生者……清虚静泰，少私寡欲。……外物以累心，不存神气，以醇白独著，旷然无忧患，寂然无思虑，又守之以

一，养之以和，和理日济，同乎大顺。然后蒸以灵芝，润以醴泉，晞以朝阳，绥以五弦，无为自得，体妙心玄。忘欢而后乐足，遗生而后身存，若此以往，庶可与羡门比寿，王乔争年，何为其无有哉！

向秀以为，这种养生之谈，是一种营营惜生而背自然之理，所以他说：

夫人受形于造化，与万物并存，有生之最灵者也。异于草木，草木不能避风雨，辞斤斧；殊于鸟兽，鸟兽不能远网罗，而逃寒暑。有动以接物，有智以自辅。此有心之益，有智之功也。若闭而默之，则与无智同，何贵于有智哉！有生则有情，称情则自然。

今若舍圣轨而恃区种，离亲弃欢约己苦心，欲积尘露以望山海，恐此功在身后，实不可冀也。纵令勤求，少有所获，则顾影尸居，与木石为邻，所谓不病而自灸，无忧而自默，无丧而疏食，无罪而自幽。追虚徼幸，功不答劳，以此养生，未闻其宜。故相如曰："必若长生而不死，虽济万世犹不足以喜。"言悖情失性，而不本天理也。长生且犹无欢，况以短生守之耶？

第三，向秀认为，使这些要求得到满足，与"名教"并无矛盾，盖此种种要求为"三王所不易"者，只须"节之以礼""求之以道义"即可。而"名教"之不可废，盖如"实由文显，道以事彰"，如"任自然"而"非名教"，则如"有雌无雄"也。所以向秀这种"任自然"，和王、何鼓吹的"我之所欲为无欲，而民亦无欲而自朴"不同，也和嵇康提倡的"绝五谷，去滋味，寡情欲，抑富贵"大相径庭。魏晋玄学家同讲"任自然"，但讲得如此不同，这也是当时思想大解放的一种表现吧！向秀在魏晋玄学中有着重要的地位，和他在新条件下提出这种对"自然"的新解释，以及他调和"名教""自然"的新方向是分不开的。这个新解释就是把超现实的"自然"逐步拉回到现实的"万有"之中。

这个新方面就是由"贵无"向"崇有"过渡的桥梁。

郭象《庄子注》在调和"名教"与"自然"的矛盾问题上比向秀又大大前进一步，对向秀思想有很大的发展。郭象的《庄子注》不仅认为"名教"和"自然"全无矛盾，而"外王"与"内圣"简直就是一回事。这个观点集中地反映在《逍遥游注》"夫神人即今所谓圣人"和《大宗师注》"圣人常游外以弘内"两段话中。前一段话说的是，圣人是"在庙堂之上"的，是"历山川，同民事"的，他尽管这样仍可"心无异于山林之中"。后一段话说的是，最能"游外"的方可以"冥内"，所以圣人是"常游外以弘内"的，是能够"终日挥形而神气无变"的。这两段话就是郭象对"内圣外王之道"的特定的解释，是他对魏晋玄学的新发展。如果说向秀的"以儒道为一"只是把"名教"和"自然"的矛盾看成是可以协调的，在他那里"自然"仍是"自然"，"名教"仍是"名教"，儒道还是两行。那么郭象就不一样了，从某种意义上说，他认为"名教"就是"自然"，"庙堂"就是"山林"，真正的"外王"必然也是"内圣"，充分的"有为"必是最完美的"无为"，孔教和老、庄是一而二、二而一的。

郭象这种对"名教"和"自然"关系的看法，在今本《庄子注》中是非常之多的，例如在《逍遥游》注中说：

  若独亢然立乎高山之顶，非夫人有情于自守。守一家之偏尚，何得专此！此故俗中之一物，而为尧之外臣耳。若以外臣代乎内主，斯有为君之名，而无任君之实也。

又说：

  然未知至远之（迹）所顺者更近，而至高之所会者反下也。若乃厉然以独高为至，而不夷乎俗累，斯山谷之士，非无待者也。奚足以语至极而游无穷哉？

第六章 郭象与向秀

《大宗师》注说：

> 夫游外者依内，离人者合俗。

《天地》注说：

> 圣人未尝独异于世，必与时消息，故在皇为皇，在王为王，岂有背俗而用我哉！

《秋水》注说：

> 天然在内，而天然之所顺者在外，故《大宗师》云：知天人之所为者至矣。明内外之分，皆非为也。

从至极的境界上说，把"山林"和"庙堂"等同，"游外"和"游内"齐一，这个新思想在上述各书所引的向秀注中是找不到的，而《文选》李善注两次引用了郭象注的这个思想，卷二十二注引郭象《庄子注》说：

> 所谓尘垢之外，非伏于山林而已。

卷二十六注引郭象《庄子注》说：

> 以方内为桎梏，明所贵在方外，夫游外者依内。

这一情况难道能说是偶然的吗？何况"游外弘内"的理论和向秀《难养生论》中的观点又是那么不同呢！

　　郭象和向秀在这个问题上观点不同，至少又说明两点：一是，郭象尽管是沿着向秀"以儒道为一"的路线在发展，但他确实在这个问题上提出了与向秀颇不相同的新理论，甚至可以说用"述而广之"已经不能概括郭象对向秀思想的发展了；二是，又进一步说明，向秀思想具有正始王、何"贵无"向元康郭象"崇有"的过渡性。魏晋玄学从王、何"贵无"的重"自然"，经向秀的任"自然之理"与"节之以礼"的调和儒道二家的过渡性理论，发展到郭象的"庙堂"即"山林""名教"即"自然"的合一论，这可以说是魏晋玄学发展的必然趋势，也就是说郭象哲学是魏晋玄学发展的高峰。其之所以如此，就是因为郭象的思想体系能更好地适应魏晋时期当权的门阀世族的根本要求。

从正始到永嘉，从王弼到郭象，不过六七十年，魏晋玄学在这短短的几十年中发展着并较充分地实现了它的历史使命。虽东晋尚有注《列子》的张湛，但其思维水平并未超过郭象，而且多沿袭王、何旧说，用于养生，而配合着佛、道二教的流行。王、何于正始发其端，提倡"任自然无为之道"；竹林嵇、阮"有疾"而发，鼓吹"越名教而任自然"；泰始、元康之际"放荡形骸""诽毁六经"之风尤盛，王澄、胡毋辅之之徒"或至裸体"。乐广虽为玄学名匠，也看不惯这种风气，曾批评说："名教内自有乐地，何必乃尔。"元康以后，"放达之风更盛"，戴逵指出："古之人未始害名教之体……若元康之人，可谓求迹而忘体者。"看来，解决"名教"和"自然"的矛盾，实是贯穿玄学中的一大难题。

向秀对当时"放荡形骸""诽毁六经"的现象也很不满意，故有"节之以礼""以儒道为一"的主张。他注释《庄子》当亦欲在老庄思想的基础上解决上述难题，不过向秀并没有完成这个任务，"名教"与"自然"仍是二行。裴𫖮在其《崇有论》中取消了"贵无"的所谓"自然"，根本改变了"名教"和"自然"两者之间的关系，以"有"为根本，以"无"为"有"消失的状态，提出"居以仁顺，守以恭俭，率以忠信，行以敬让"的主张。到郭象，他既是沿着向秀"以儒道为一"的新方向，把"名教"与"自然"合二为一，把老、庄化为孔丘，给孔圣人穿上玄学道袍；又是把裴頠的唯物主义"崇有"，改造成唯心主义的"崇有"，从而在魏晋玄学范围内完成了王弼没能完成的任务。

"自生""自化"这一类概念，当然并非魏晋玄学家所创造，在老、庄哲学中固已有之，然而把它作为一个重要的哲学问题，而给予普遍的重视，则是魏晋玄学所特有的。向秀使用"自生""自化"等概念虽是和生生化化的"生化之本"相联系，但其"自生"的理论却对裴頠的"崇有"理论产生了很大作用。郭象的《庄子注》处处都可以看到，他极力否定在"万有"之上还有一个支配者，不管它是"无"也好，是"道"也好，是"自然"也好，而宇宙间只有"有"是唯一的存在。郭象在论证这个问题时，借助的就是"自生""自化"等概念。从这点看，郭象的"崇有"也和裴頠的"崇有"有一定的联系。但是郭象没有就此止步，他对"自生""自化"作了和裴頠很不相同的解释，这可概括为以下三点：

第一，裴頠认为，"有"是"自生"而非"无"所生，只是说"始生者，自生"，并非认为一切事物在任何情况下都是"自生"的，而认为"有"亦可生"有"，"有"亦可济"有"。郭象和裴頠不同，他不但否认"无"能生"有"，甚至也否认"有"能生"有"。他用了一个极端的例子来说明他的观点，他认为"罔两"和"影""形"一样都是"自生"的，非有所待，"造物者无主，而物各自造；物各自造，而无所待焉"，所以"罔两非景之所制"，"景非形之所使"。一切事物都是"自有"，所以他说："有之不能为有，而自有耳。"这种过分强调"自有"的观点从理论上说也有一定的困难，笔者后面将在分析郭象哲学的矛盾时讨论。

第二，裴頠虽未对"有"作比较明确地说明，然从其《崇有论》的倾向看，他大体认为"有"既包括自然界的一切事物（物），又包括人类社会中的一切活动（事），也就是说，他认为客观存在着的一切都叫作"有"。表面上看，郭象似乎也承认客观存在着的一切都叫作"有"，问题是他所谓的"有"是如何存在着。郭象认为，"有"是"自生"的，而此"自生"都是"突然""掘然""忽然"而生的，和其他任何事物都没有关系,他把这种现象叫作"无待"。"有"既然都是"忽尔自生",那么在"万有"之间就没有什么共同性,而是各有各自的"性",各又根据各自的"性"存在着,"物各有性,性各有极"。郭象还把事物这种绝对地独立自足地存在着、变化着的状态名之为"独化"。在此,郭象虽然取消了作为"万有"的本体之"无"或"造物主",却又赋予了"有"以神秘性,使所谓"有"和客观存在着的事物的真实情况相脱离了。

第三,裴頠承认事物之间的相互联系和相互影响,他把每个事物都看成是整个宇宙的一部分,因此是"所禀者偏",而"偏无自足,故凭乎外资","有之所须,所谓资也"。从表面上看,郭象似乎也不否认事物之间的相互联系和相互影响,比如他认为大鹏"非冥海不足以运其身,非九万里不足以负其翼",似乎事物有所待,有所资。其实郭象并非真的认为大鹏之飞需这些"外资",因为大鹏飞也好,不飞也好,都是"自足其性"的。其不飞,并不失其有"大力"的本性;其飞九万里,也正是它有"大力"的本性的表现,其性自足,无待外资。至于"冥海"之大,"九万里"之远,也和大鹏的存在一样,并不因为有大鹏才大才远,其存在同样是"自足其性"的。所以郭象进一步提出,每个事物只要照其本性的要求去做,那就是绝对的"自由"。从这点看,郭象的"自足其性"和裴頠的"偏无自足"又是很不相同的。

从以上几点,我们大体可以看出,郭象的思想既是对裴頠的"崇有"作了根本改造,又是排除了向秀思想体系中"贵无"派"以无为本"的残余。这使他的"崇有""独化"的哲学体系更加精致了。

郭象"无心而任自然"的思想,也是从向秀那里吸收来的。向秀说:"得全于天者,自然无心,委顺至理也。"[1] 不过郭象又把这一思想

---

[1] 郭象"无心而任自然"的思想,也是受司马彪的影响。司马彪《庄子·人间世》解题中有:"唯无心而不自用者,为能随变所适而不荷其累,郭象全抄此解题。"无心"这一概念常为魏晋玄学家所使用,如嵇康的《家诫》说:"故以无心守之,安而体之,若自然也。"孙绰《论语集解》:"圣人无心,故即以物畏为畏也。"

向前发展了,他认为"无心而任自然"就可以"独化于玄冥之境"。"独化于玄冥之境"是郭象哲学欲引出之最后命题。所谓"独化",就是说独立自足地存在着,变化着,"外不资于道,内不由于己,掘然自得而独化";所谓"玄冥之境",并非是在现实世界之外的超现实的彼岸世界,而是指的在现实世界中的一种精神境界。如果人能把自己看成是绝对的独立存在,就可以在任何时候、任何地方随遇而安,有了这种认识和生活态度就是"独化于玄冥之境";如果用此种认识和态度进行统治,那就是行了"内圣外王之道";如果以此治天下,而使所有的人都能依其本性随遇而安,那么此社会就是最理想的社会,即行了"内圣外王之道"的社会。魏晋玄学于此完成了它的历史使命。说它完成了它的历史使命,即指它比较充分而完满地满足了当权的门阀世族的要求。郭象的哲学的现实意义即在于此。

郭象改造了庄周,把庄周所虚构的超现实的彼岸世界拉回到现实的此岸世界,而他并不在形式上否定"无何有之乡"的"玄冥之境",认为这全在人的看法,如果能身居"庙堂之上,然其心无异于山林之中",那就是即世间而出世间,在此岸而到彼岸。所以郭象认为,把"名教"和"自然"、"游外"和"弘内"、"神人"和"圣人"等等分开来只是一种看法,而如果改变了这种看法,那就会看到"外王"就是"内圣","游外"即是"弘内","神人即今所谓圣人也"。这样一来,"名教"和"自然"就合二而一了。郭象甚至认为,能超越现实的必然能在"名教"之中,能远离人群的,必然能顺应世俗,"遗物"恰恰是为了更好的"入群","坐忘"恰恰是为了更好的"应务","是以遗物而后能入群,坐忘而后能应务,愈遗之愈得之"。郭象既然否定了庄周以"方内"与"方外"为两行的观点,从而大大发展了向秀"以儒道为一"的新思想。

郭象的哲学,不仅保存了玄学思辨性的特点,用老庄思想改造了儒家礼教,给封建统治披上了玄虚的超现实的外衣,而且用儒家的重世事的精神充实了老庄哲学的崇玄虚,把超现实的"玄冥之境"拉回到现实的人间，因而更适合门阀世族的性格和口味。郭象注《庄子》，正是要适合他们的要求：既可"宅心玄远"，又可不废"名教"；既可得到清高的虚名，又可过着淫佚侈糜的生活；既可得到压迫剥削最大的实惠，又可泰然处之而心安理得。

郭象的哲学要取消对立，调和矛盾，这当然是他的主观妄想，它只不过是当时门阀世族一厢情愿的主观要求，全然不能解决现实中存在的种种矛盾。农民并没有因此而安于"皂隶"的地位而不起来造反；地主阶级内部也并没有因为"自足其性"而不争权夺利。郭象的哲学要证明"一切现实都是合理的"，恰恰说明现实的一切是那么的不合理；郭象试图要肯定现存的一切方面，恰恰说明现实的一切方面都应当被否定。这难道不正是历史的辩证法吗？

第七章　郭象与裴頠

郭象和裴頠一样，他们的哲学都被称为"崇有"，并且都把何晏、王弼的"贵无"作为他们批判的对象。因此，郭象和裴頠在思想上无疑有许多共同点，但有没有什么差异呢？从他们的差异是否可以看到魏晋玄学发展的轨迹呢？这是本章打算讨论的问题。

裴頠生于西晋武帝泰始三年（267），卒于惠帝永康元年（300），约比郭象晚生十四年，早死十二年，他们可以说是生活于同时代。据袁宏《名士传》说，魏晋学术发展可以分为三个时期，即正始时期、竹林时期和中朝时期。在"中朝"时期中所列举的名士乐广、王衍等多为西晋元康、永嘉时期的人，而裴頠和郭象大体上也都是这个时期的名士。有学者认为，"竹林时期"和"正始时期"的玄学一样都是"贵无"派，因此是玄学发展的同一个时期，属于玄学发展的第一阶段；而裴頠的"崇有论"为玄学发展的第二阶段；郭象"无无论"则是玄学发展的第三阶段，也是玄学发展的最高峰。这种对魏晋玄学发展阶段的划分，当然不能说全无道理，但也存在可以商榷之处。首先，何晏、王弼"贵无"并不要求"越名教"（"废名教"），而竹林时期的嵇康、阮籍则提出"越名教而任自然"，因此和何、王有着明显的不同。其次，如果说郭象是"无无论"，那么裴頠也可以说是"无无论"，在"有"和"无"的问题上他们没有多大区别（如据《资治通鉴》卷八十二引《崇有论》又当别论）。第三，从魏晋玄学的发展上看，王、何"贵无"可以引出两个方向：一是嵇康、阮籍的"越名教而任自然"；另一是向秀的"以儒道为一"。而向秀思想中的"当节之以礼"可以发展成为裴頠的"崇名教而抑自然"；其中的"任自然之理"可以发展为郭象的"不废名教而任自然"。所以看来袁宏把魏晋思想分为三期的分法更合乎实际。

《世说新语·文学》注引《晋诸公赞》说："頠疾世俗尚虚无之理，故著《崇有》二论以析之，才博喻广，学者不能究。"《晋书·裴頠传》亦谓：頠作"《崇有》之论"。然《三国志·魏书·裴潜传》注引《惠帝起居注》则说：裴頠"著《崇有》《贵无》二论，以矫虚诞之弊，文辞精富，为世名论"。现《晋书》本传载有《崇有论》全文，司马光《资治通鉴》卷八十二亦节录有《崇有论》，而文字有所不同，而《贵无论》则不见，故有学者认为，裴頠既然反对"贵无"，如何能著《贵无论》呢？因此认为，《世说新语·文学注》所说"《崇有》二论"的"二"字是"之"字之误，《惠帝起居注》中之"贵无"二字为后人妄加。我认为这个看法也是可以商榷的。如果仅《惠帝起居注》一处如此，或可推论说"贵无"二字为"妄加"，但在孙盛《老聃非大贤论》还有如下一段："昔裴逸民作《崇有》《贵无》二论，时谈者，或以为不达虚胜之道者，或以为矫时流遁者。余以为尚无既失之矣，崇有亦未为得也。……而伯阳以执古之道，以御今之有；逸民欲执今之有，以绝古之风，吾故以为彼二子者，不达圆化之道，各矜其一方者耳。"（《广弘明集》卷五）孙盛，东晋人，距裴頠去时未远，而且从他的论述看，他当是看过此《崇有》《贵无》二论的，因为裴頠主张"崇有"，所以他作的《贵无论》当然是"不达虚胜之道"的；而其《崇有论》自是"以为矫时流遁者"。因此，说裴注引《惠帝起居注》中的"贵无"二字为后人妄加，似根据不足。不过由于裴頠的《贵无论》已佚，这里我们也就只能根据《崇有论》来讨论他的思想了。这里还必须说明，以下只是根据《晋书》所载《崇有论》来讨论裴頠思想，若据《资治通鉴》卷八十二所节录之《崇有论》，则有更多问题须讨论，因此非与本章有关，故不详论[1]。

裴頠著《崇有论》的目的，无疑是要"疾世俗尚虚无之理"，"矫虚诞之弊"的。但是，裴頠对"贵无"思想也不是简单的否定，他不仅指出老子的"贵无"学说有其有意义的一面，而且论及产生这种思想的原因。裴頠认为，"欲衍情佚""擅恣专利"，过分追求物欲，不仅对自己有害，还会引起社会的争夺与混乱。《崇有论》说：

> 老子既著五千之文，表摭秽杂之弊，甄举静一之义，有以令人释然自夷，合于《易》之损、谦、艮、节之旨。[2]

但是，裴頠认为，这只是看到问题的一个方面，即"无为"的好处，可它却不能算是根本道理，"损、艮之属，盖君子之一道，非《易》之所以为体守本无也"。而"贵无"论者不仅没有看到这种理论的片面性，反而把它加以夸大，把它说成是根本道理。于是"贵无"论者由提倡"贵无"，而导致"贱有"，"贱有则必外形，外形则必遗制，遗制则必忽防，忽防则必忘礼。礼制弗存，则无以为政矣"。这就是说，提倡"贵无"的人，从主张"无为"而导致反对"有为"；从崇尚"自然"发展到反对"名教"，以至于使社会风气败坏，"故砥砺之风，弥以陵迟，放者因斯，或悖吉凶之礼，而忽容止之表；渎弃长幼之序，混漫贵贱之级。其甚者至于裸裎，言笑忘宜"。为了维护社会的稳定、上下安宁，裴頠提出，应"居以仁顺，守以恭俭，率以忠信，行以敬让"，即认为必须维护"名教"，这是"圣人为政之由"。由上引《崇有论》看，裴頠反对"贵无"，大概针对"越名教而任自然"所造成的不良社会风气所发，是出于一种

---

[1] 关于裴頠《资治通鉴》中《崇有论》问题可参见拙作《裴頠是否著〈贵无论〉》，《学人》第十辑，第345—350页。
[2] 《群书治要》二十九《晋书·百官志》中载，裴頠上疏中谓："人知厌务，各守其所，下无越分之臣，然后治道可隆，颂声能举。故称尧舜劳于求贤，逸于使能。分业既辨，居任得人，无为而治，岂不宜哉？"

维护"名教"的社会责任感。郭象的思想显然并不像裴𬱟那样只是为了维护"名教",而是要为"名教"找一合理的根据,他的主张是"任自然"就是"崇名教",提倡的是"虽在庙堂之上,然其心无异于山林之中",自与裴𬱟所论不同,兹不详论。

如果裴𬱟的《崇有论》只如上述所论,那么它本身并没有什么哲学上的意义,他也就不能算是"善言名理"而能与王弼相匹敌的玄学家了。据《世说新语·文学》载谓:"裴成公(𬱟)作《崇有论》,时人攻难之,莫能折,唯王夷甫(王衍)来,如小屈。时人即以王理难裴,理还复申。"这就是说,由于裴𬱟的《崇有论》和当时流行的"贵无论"大不相同,因此受到很多人的批评,但又无法驳倒他,只有王衍或者可以稍稍使之退让。又《世说新语·文学》注引《晋诸公赞》:"乐广与𬱟清闲欲说理,而𬱟辞喻丰博,广自以体虚无,笑而不复言。"可见裴𬱟于辩名析理上颇有辩才。那么裴𬱟在哲学上有什么贡献呢?我们能不能认为他是一位玄学家?他的"崇有"思想与郭象的"崇有"有什么异同?

我们知道,魏晋玄学讨论的主要问题是"有"与"无"的问题,《老子》中论及"有""无"关系的主要是第四十章"天下万物生于有,有生于无",裴𬱟在《崇有论》中针对这点说:

> 观老子之书,虽博有所经,而云"有生于无",以虚为主,偏立一家之辞,岂有以而然哉!

这表明,从哲学的观点上看,裴𬱟主要批评的是老子思想中的"有生于无"的观点,而"有生于无"正是王弼的"贵无"思想不能自圆其说的方面。王弼要建立"以无为本"的本体论,并且提出"无不可以无明,必因于有",按照其理论体系本身的要求应抛弃"有生于无"这种宇宙构成论的观点,但王弼体系并没有解决这个问题,如他的《老子注》第三十四章中说:"万物皆由道而生。"裴𬱟恰能抓住这点,对

"贵无论"进行了批评,可谓甚有洞见。《崇有论》的最后一段说:

> 夫至无者,无以能生,故始生者,自生也。自生而必体有,则有遗而生亏矣;生以有为己分,则虚无是有之所谓遗者也。故养既化之有,非无用之所能全也。理既有之众,非无为之所能循也。

这一段是裴頠对他的"崇有"思想的哲学阐述,其基本思路和郭象的"崇有"思想是一致的。他们都把"无"解释为"虚无"(即不存在),既然是什么都没有,那自然不能产生什么,所以"存在的"只能是"自生"的。"自生"这个概念并非裴頠或郭象首先提出,早在王充的《论衡》中已多次使用,如说"天地合气,物偶自生","夫天地合气,人偶自生"。把"自生"这一概念引入玄学,当然是针对"贵无论"的"有之为有,恃无以生"的"有生于无"的观点。但是如果仅仅批评"有生于无"的观点,那还不能说是完全针对"贵无论"的问题,故裴頠进一步说:"自生而必体有。""自生而必体有"这个命题非常重要,从某种意义上说它正是针对"以无为体"("以无为本")而提出的,意谓"万有"的"自生"是以其自身的存在为根据(本体)。"有"即是其自身存在的根据,在"有"的背后(之外、之上)不再有什么"无"作为其本体。在《崇有论》开头已经表明了他的基本观点,他说:"总混群本,宗极之道也。"整个无分别的"群有"本身就是最根本的"道",或者说"道"最根本的意思就是指整个无分别的"群有"本身,并非在"群有"之上还有什么超越"群有"的"道"。"贵无论"常以"无"说"道",如谓:"道,无之称。无不通也,无不由也,况之曰道,寂然无体,不可为象。"(《论语释疑》)所以"道"乃是超越"万有"的。不过王弼的哲学其创新方面不是对"有生于无"的论证,而是对"以无为本"的论证,他说:"天下之物,皆以有为生,有之所始,以无为本。将欲全有,必反于无也。"(《老子注》第四十章)"万有"之所以存在,是因为有"无"作为它存在的根据(本体),如果要成全"有",就必须了解"有"存在之根据"无"。盖因只有无规定性之"无"才可以成全一切有规定性之"有"。因此,针对"以无为本","自生而必体有"这一命题,既否定"无"的实体意义,又否定"无"的本体意义,可以说包含着"以有为体"的意义。这里可以说,裴頠这个命题表明"自生"的主体是"有",也就是说"有"就是物之性,这样裴頠的"自生而必体有"就和郭象的"物各有性"相近了。王弼的"以无为本",把"无"看成是"有"存在的根据,因此他认为,根据本体之"无"而存在的天地万物都是有道理(有规律)的,所以他说:"物无妄然,必由其理。统之有宗,会之有元,故繁而不乱,众而不惑。"(《周易略例·明象》)事物的"理"的必然性正在于"统一性"之"无",离开统一性之"本体"(无),则无从把握事物之必然性(理)。裴頠很可能是针对王弼上述观点提出:"理之所体,所谓有也。""理"只是物之理,只能以"有"为其"本体"(体),也就是说"理"不能离开"有"而存在。郭象同样认为"理"只是物之理,是物自然而然具有的,不是外在于事物的,如他说:"夫我之生也,非我之所生也,……凡所有者,凡所无者,凡所为者,凡所遇者,皆非我也,理自尔耳。"(《德充符》注)人的一生所作所为,都是由其所具之"理"规定的,不是自己可以自由选择的,这个"理"是自然而然的,不得不然的,所以郭象又称"理"为"命理",即事物内在必然性的意思。而这种必然之"理"是以事物的存在为根据的,郭象说:"自然之理,有寄物而通也。"(《外物》注)对于"理"的了解,裴頠和郭象也大体相同。

但是,裴頠的"崇有"和郭象的"崇有"是不是也有不同呢?照我看至少有以下四点显著的不同:

(一)"有始"与"无始"

裴頠《崇有论》中说:"夫至无者,无以能生,故始生者,自生也。"其中"夫至无者，无以能生"和郭象的"无则无矣，则不能生有"是一致的。但后面的"故始生者，自生也"，则和郭象思想不同，后面一句可以说包含两层意思：其一是说"始生"只能是"自生"；其二是说"万有"有个"始生"的问题。就后面一点，会令人产生疑问："万有"有没有一个"始生"的问题？当然，就个别事物说是有个"始生"的问题，但就自然界整体说难道也有个"始生"问题？在裴頠的《崇有论》中至少没有分清这两个问题。而在郭象的《庄子注》中则没有"万有"（万物）始生的问题，并且他批评了这种"有始"的观点，《知北游》注中说：

> 谁得先物者乎哉？吾以阴阳为先物，而阴阳者即所谓物耳。谁又先阴阳者乎？吾以自然为先之，而自然即物之自尔耳。吾以至道为先之矣，而至道者乃至无也。既以无矣，又奚为先？然则先物者谁乎哉？而犹有物，无已，明物之自然，非有使然也。

这里郭象的意思是说，由于没有一个先物者，因此推究上去万物的存在没有开始，"犹有物，无已"。与此相关，他还提出"常存"的观点，他说："天地常存，乃无未有之时。"天地没有个开始。这点又和他对"宇""宙"的解释相关联，他说"宇者，有四方上下，而四方上下未有穷处"，"宙者，有古今之长。而古今之长无极"（《庚桑楚》注）。从理论的圆满上说"自生"应该是"无始"的，在这一点上郭象比裴頠似乎更高明一层。为什么裴頠在理论上会发生这样的问题？很可能是由于他没有分清"有"这一概念可能包含的两重意思。如他说"自生而必体有"，这里的"有"不应只是指"个别的物"，而应是指一般意义的"万有"或"物之全体"；但是说"生以有为已分""虚无是有之所谓遗者"，这里的"有"是指个别事物，因为作为一般意义的"有"或"有之全体"是不能变为"无"的。然而郭象对这个问题的论说则比较圆满，他说："非唯无不得化而为有也，有亦不得化而为无矣。是以夫有之为物,虽千变万化,而不得一为无也。不得一为无,故自古无未有之时而常存也。"(《知北游》注)郭象这里的"有"就是"常有",它是"万物之总名",所以郭象不用"始生"这样的概念。但是,由于郭象有时也没有分清"有"或"物"的两层意思,故在理论上仍有不周全处,这点将在第十三章中讨论。

(二)"外资"与"独化"

《崇有论》首段中说:"夫品而为族,则所禀者偏;偏无自足,故凭乎外资。"意思是说,万物互相区别,而成为不同的类别,因此它们各自所禀受的都有所偏;既然任何一物都各有所偏,因此不能是自足的,这样就要对其他的事物有所依靠。裴頠的这个观点也和郭象的理论很不相同。郭象的"独化论"是以任何事物都是"自足其性"立论的,如他说:"凡得之者,外不资于道,内不由于己,掘然自得而独化也。"(《大宗师》注)事物凡得其自性而存在者,既不靠外在的条件,也不是由自己刻意所能追求的,是没有什么道理和原因得以存在,而能独立自足生生化化的。因为,你要找寻此事物存在的条件,那么就等于说如果没有这样的条件,此事物就不存在了,这样追寻下去是无穷无尽的,当追寻到最后,就会得出"寻责无极,卒至于无待,而独化之理明矣"(《齐物论》注)。他追寻到最后,能得到的只能说事物的存在是没有条件和原因,这样独化的道理是很明白的。《庄子·天运》有云:"云者为雨乎?雨者为云乎?"郭象注谓"二者俱不能相为,各自尔也""自尔故不可知也"。为什么呢?郭象说:"夫物事之近,或知其故,然寻其原以至乎极,则无故而自尔也。自尔则无所稍问其故也,但当顺之。"郭象的这个认为事物的存在是"无故"的观点,对于反对目的论是有意义的,但如果推而极之,认为个体事物的存在是无任何条件的,这就可能导致神秘主义,而使事物成为不可知之自在之物了。

（三）"无为"与"有为"

裴頠的《崇有论》反对"无为"，如他说："理既有之众，非无为之所能循也。"治理社会上的众人，不是"无为"可以办得到的。因此，他主张"君子必慎所教，班其政刑，一切之务，分宅百姓，各授四职，能令禀命之者，不肃而安，忽然忘异，莫有迁志"云云，又说："礼制弗存，则无以为政矣。"这就是说，要以"礼制"治天下，不能以"不治"（无为）治天下。然而郭象主张"以不治治之"，如他说："夫能令天下治，不治天下者也。故尧以不治治之，非治之而治者也。"（《逍遥游》注）郭象和裴頠为什么有这样的不同呢？

盖因郭象的思想是以"任自然"为基础，而裴頠的思想则以"崇名教"为根基。郭象说"物皆自然，无为之者也"（《大宗师》注），"自然者，不为而自然也"（《逍遥游》注）。照郭象看，"无为"就是让每个事物都能任其自然之性，这样社会就能相安无事，所以他说："夫无心而任乎自化者，应为帝王也。"帝王不应有心而为，而应"无心"让万物自己生生化化。郭象虽仍然主张要"治天下"，但应以"无为"来"治天下"，所以他可以"不废名教而任自然"。而裴頠则主张用"礼制"（即"名教"）来"治天下"，因此他要求"为政"必须"绥理群生，训物垂范"，"崇济先典，扶明大业"，"以矫虚诞之弊"。就这点看，裴頠的《崇有论》虽讨论了"有""无"，"有为""无为"等问题，但他只是"善言名理"（《世说新语·言语》），而尚"不达虚胜之道"（孙盛《老聃非大贤论》）。按，章太炎《黄巾道士缘起》谓"虚胜"者"虚无贵胜之道"。这就是说：裴頠谈"玄"虽已"登堂"，但尚未"入室"。

（四）"入世"与"超世"

关于什么样的人是圣人，或者说什么样的人"应为帝王"，裴頠与郭象的观点也不相同。《崇有论》中说："惟夫用天之道，分地之利，躬其力任，劳而后飨；居以仁顺，守以恭俭，率以忠信，行以敬让；志无盈求，事无过用，乃可济乎！故大建厥极，绥理群生，训物垂范，于是乎在，斯则圣人为政之由也。"这就是说，圣人要用"名教"来治理社会，教化老百姓，因此裴頠的"圣人"是"入世"的。而这样的"圣人"只能"游于外"，而不能"冥于内"，故还算不上真正的圣人。郭象在《大宗师》注中说："夫理有至极，外内相冥，未有极游外之致而不冥于内者也，未有能冥于内而不游于外者也。故圣人常游外以冥内，无心以顺有。"照郭象看，道理之中有最高的道理，最高的道理是能"在庙堂之上"（游外）而"心无异于山林之中"（冥内）。裴頠所追求的是"游外"者，郭象所追求的是"常游外以冥内"者。"外内相冥"者可"即世间而出世间"，他的境界是"超世"的。

根据以上的分析，我们可以说，郭象的思想不仅是对向秀思想的修改和发展，而且也是对裴頠思想的改造和发挥。有谓裴頠崇尚名教，故不应算作玄学家。这种看法当然有一定的道理。但如果我们从另一角度看，"玄学"是讨论"本末有无"问题的一种思辨性很强的学问，那么说裴頠是玄学家亦为不可。这是因为：第一，裴頠的《崇有论》也是讨论"本末有无"问题的；第二，此论也表明裴頠确是一运用"辨名析理"之"名理"学家。如果裴頠的《贵无论》不佚，或更可证明他是一玄学家了，而这一点或可说已由《资治通鉴》所载之节录的《崇有论》一段看出。

兹有所附于此者，《资治通鉴》卷八十二所引之《崇有论》有多处与《晋书》所载不同，而大多无关宏旨，唯有一处或甚重要。《晋书》中之《崇有论》有如下一段："自生而必体有，则有遗而生亏矣；生以有为已分，则虚无是有之所谓遗者也。"而在《资治通鉴》中则为："夫万物之有形者，虽生于无，然生以有为已分，则无是有之所遗者也。"在"然生以有为已分"下有注曰："物之未生，则有无未分，既而生有，则与无为已分矣。"《资治通鉴》所据不得而知，然司马光治《资治通鉴》所用之材料当有所据。如果《资治通鉴》所引确为裴頠原文，那么《崇有论》岂不有自相矛盾处？但我想，如果对《资治通鉴》作如下的解释，似亦可以自圆其说：有形之万物虽然生于无形（之气），但存在的事物都是以其具体的存在为其性分（而不是以"无"为其性分），那么"有"（形之物）产生之后，"无"（形）就是为"有"（形）所抛弃的，"无是有之所遗者"句下，注谓："遗，弃也。"就"注"来说，亦可解释为：在有形之物还没有产生时，"有"（形）和"无"（形）还没有分别（既然无形与有形还没有分别，那么就是"无形"），在"有"（形）产生以后，那么"有"（形）就与"无"（形）分开了。有形的东西既已存在，它的存在就是由它的性分决定，"无"（形）再不能对它起什么作用。因此，"夫万物之有形者，虽生于无"的"无"不可作"虚无"解，而当作"无形"解。如果这里的"有"和"无"作"有形""无形"解，那么《晋书》中的《崇有论》"夫有非有于无非无于无非无于有非有"一段亦或可得而解。冯友兰《中国哲学史新编》中说："'夫有，非有于无，非有。于无，非无于有，非无'。意思是说，有是对无而言（'有于无'），无是对有而言（'无于有'），而且都是就具体事物说的。如果有不是对无而言，'有'就没有意义（'非有于无，非有'）。如果无不是对有而言，'无'也没有意义（'非无于有，非无'）。"（第四册，第118页）我认为冯友兰先生的解释是对的，既然这里的"有""无"都是就具体事物说的，那么把"有"和"无"解释为"有形"和"无形"就更合理了。如果《资治通鉴》所引是裴頠原文，那么他著有《贵无论》就更可理解了。

第八章　郭象的《庄子注》与庄周的《庄子》

今本《庄子》是由郭象编定的,分为《内篇》《外篇》和《杂篇》,共三十三篇。看来这三十三篇的思想并不完全一致。因此,这部书是否成于庄周一人之手,向来就有各种不同意见。这个问题不是一下子可以解决的,也不是本书所需要解决的问题,故存而不论了。为了说明郭象的《庄子注》在思想上和《庄子》书有所不同,这里我们暂且把《庄子》书作为庄周(或先秦庄周一派)的著作看待。

古今中外对一种书的注解,或是"六经注我",或是"我注六经"。但作为哲学思想看,往往是"六经注我"更有思想上的价值。《大慧普觉禅师语录》卷二十二中说:"曾见郭象注《庄子》,识者云:却是庄子注郭象。"我们可以说郭象注《庄子》是为了发挥他自己的思想。当然,既然是注《庄子》,而不是注别的什么书,那么注解总和原书有着千丝万缕的联系,在思想上总有某些一致之处和一定的继承关系。郭象的《庄子注》所讨论的问题大都是《庄子》书所讨论的问题,其论证方法多与《庄子》书相同,但这也不是本章我们要讨论的重点。我们要讨论的是,郭象的《庄子注》在哪些方面和庄周的《庄子》不同,又为什么有这样一些差异。研究郭象的《庄子注》和庄周的《庄子》的不同,将使我们能更好地了解郭象哲学的特点及其意义。

郭象和庄周生活在两个不同的时代,他们所处的社会地位不同,所代表的阶级不同。这就决定了郭象对《庄子》中所包含的思想必须加以改造,以适应他所处的时代和阶级地位的需要。如果说庄周是生活在中国封建专制社会正在形成时期的思想家，那么郭象则是生活在封建专制社会得到相当程度发展时期的思想家；庄周是一位对现实社会采取激烈批判态度的思想家，郭象则是为现实社会的合理性作论证的思想家。社会生活是非常复杂的，思想理论的作用同样也是非常复杂的，一种哲学思想在一个时期可以用来否定现实社会，而在另一时期又可用来肯定现实社会，庄周的《庄子》和郭象的《庄子注》大概就起着这样不同的作用。

我们研究郭象的《庄子注》，首先遇到一个问题，那就是郭象如何看待庄周本人。庄周是否是"圣人"？庄周的人格和思想境界能否和尧、舜、周、孔等"圣人"相比？

"圣人"是在中国社会中代表着最高人格的人。而每个时代理想的最高人格标准并不相同，甚至同一时代的不同阶级、不同集团的人对"圣人"的看法也不相同。魏晋时代居于统治地位的世家大族理想的最高人格是怎样的呢？能不能像庄周那样，要求超越现实，否定现实社会，作为一"外内不相及"的"游方之外者"？又能不能像那些把"仁义""礼乐"之类挂在嘴上，仅仅在形式上追求尧、舜、周、孔所作所为的俗儒呢？郭象的回答当然是否定的。照提倡玄学的魏晋时期世家大族思想家看，理想的圣人人格应该是"不废名教而任自然"的"内圣外王"。用我们的话来说，魏晋时代理想的圣人人格应该是生活在现实社会中，享受着荣华富贵，又可以超越现实社会，"无心而任自然"。因此，庄周不能算当时人的最高理想。郭象的《庄子序》中有如下一段话：

> 夫庄子者，可谓知本矣，故未始藏其狂言，言虽无会而独应者也。夫应而非会，则虽当无用；言非物事，则虽高不行；与夫寂然不动，不得已而后起者，固有间矣，斯可谓知无心者也。夫心无为，则随感而应，应随其时，言唯谨尔。故与化为体，流万代而冥物，岂曾设对独遘而游谈乎方外哉！此其所以不经而为百

第八章　郭象的《庄子注》与庄周的《庄子》

家之冠也。

这里郭象一方面对庄子的思想给予充分的肯定，认为庄子对事物的根本道理有深切的认知，因此可以称得上是"百家之冠"；但另一方面又认为庄子思想还没有圆通，没有达到圣人的高度，因为他的思想只是事物根本道理的回应而不能做到融合贯通，所以"虽高不行"；虽然能超世，"游谈乎方外"，但与"寂然不动，不得已而后起"者仍有相当距离，所以他的著作还达不到"经典"的地步。这就是说，庄周还不了解"内圣""外王"本是一回事，"游外"与"游内"完全可以相通，因此他的思想虽然高超，但是对社会生活起不了作用。那么什么样的人才是郭象理想的圣人呢？郭象认为，只有孔子才可以称得上圣人，当然被孔子所推崇的尧、舜等也是圣人了。不过郭象所推崇的孔子已不是春秋末期的孔丘，而是他所塑造的理想的圣人。

从郭象的《庄子注》全书看，他处处把孔子、尧、舜等说成是圣人，《庄子·徐无鬼》中说："（仲尼）曰：丘也闻不言之言矣，未之尝言。"郭象的注说："圣人无言，其所言者，百姓之言耳。"这里直接把孔子称为"圣人"。《渔父》最后一段谓"道之所在，圣人尊之"云云，郭象注说：

> 此篇言无江海而闲者，能下江海之士也。夫孔子之所放任，岂直渔父而已哉！将周流六虚，旁通无外，蠕动之类，咸得尽其所怀，而穷理致命，固所以为至人之道也。

庄子的话本来是孔子赞美渔父之辞，而郭象的注则说正因为孔子能如此说渔父，恰恰说明孔子是"能下江海之士"，能"周流六虚，旁通无外""穷理致命"的"圣人"。在《寓言》中，庄周和惠施都批评孔子，文说：

> 庄子谓惠子曰：孔子行年六十而六十化，始时所是，卒而非之，未知今之所谓是之非五十九非也。

庄周本意谓孔子没有一定的是非标准，是由于他不能"休乎天钧"，不能齐是非，所以总在变来变去，而郭象的注却与原意不同，他认为正是由于孔子能随时变化，无心而任物，故"惠子不及圣人之韵远矣"，谓孔子为"圣人"。又《徐无鬼》中，庄周借啮缺与许由的讨论谓：

> 尧闻舜之贤，举之童土之地，曰：冀得其来之泽，舜举乎童土之地，年齿长矣，聪明衰矣，而不得休归，所谓卷娄者也。

郭象的注说：

> 圣人之形不异凡人，故耳目之用衰也。至于精神则始终常全耳。

这条注把舜称为"圣人"。然而郭象称道之孔子，并非儒家之孔子，而是老庄化了的孔子。说得确切一些，应该是玄学化了的孔子；所称道的尧舜，也并非孔子心目中的尧舜，而是道家化的尧舜。确切地说，应是魏晋时代玄学家的理想帝王的化身，即所谓"虽在庙堂之上，然心无异于山林之中"的"圣王"。

郭象对庄周既然有这样的看法，那么他对《庄子》这部书又如何看呢？在《庄子注》一开头就表明了他的态度，在《逍遥游》第一条注中说：

> 鹏鲲之实，吾所未详也。夫庄子之大意，在乎逍遥游放，无为而自得，故极小大之致以明性分之适。达观之士，宜要其会归，而遗其所寄。不足事事曲与生说，自不害其弘旨皆可略之耳。

这段话说明郭象深深地了解庄子所要讨论的问题是"逍遥游放",但是讨论这个问题不能仅从字面上了解,应是"宜要其会归",就是说应抓住问题的要点。郭象认为哪个问题应是讨论的要点呢?照郭象看,所谓"逍遥游放"所要讨论的应是"无为而自得,故极大小之致以明性分之适"。而这个问题在郭象对《逍遥游》的解题中就说得更为明确了,他说:

> 夫小大虽殊,而放于自得之场,则物任其性,事称其能,各当其分,逍遥一也,岂容胜负于其间哉!

这就是说,讨论"逍遥游放"主要应放在"物任其性,事称其能,各当其分"上。至于什么是"鹏",什么是"鲲",以及它们如何如何,就不必去"曲与生说"地解释了,这就是郭象所谓的应"遗其所寄"和"要其会归"了。

由于《庄子》书中包含了大量的寓言,虚构了许多历史人物故事,用来发挥他自己的思想,特别是庄子往往把自己的思想寄托在对尧、舜、周、孔的否定上,对此郭象是不可能完全同意的,因此他要注《庄子》,顺着庄周所讨论的问题来发挥自己的思想,就只能用"遗其所寄""要其会归"的办法了。这样一来,郭象对《庄子》书中明显诽毁尧、舜、周、孔的地方就好办了,他把这些地方说成是庄周假托之辞,是无关宏旨的,可以置而不论,只要按照郭象的意思来解释其中的道理就可以了。于是郭象在这些地方就可以大作文章,按照他自己的意思来解释庄子的思想。有些实在不好解释的地方,郭象可以丢在一边,而不作讨论。

郭象注《庄子》当然有不少思想是和庄子一致的,特别是他像庄子一样善于用思辨的方法讨论问题,因此有时深得庄周之神韵,可是也正是他在注解《庄子》中,发展、修改甚至批评了庄子的某些思想。对郭象与庄子在思想上的不同,这里不能一一列举,我想除上引《逍遥游》

第一个注中所涉及的两个问题,即"无为"和"自性"的问题外,尚有两个有关的问题,即"游内"与"游外"和"有"与"无"的问题,在这四个问题上或者可以说表现了郭象与庄子思想主要的不同。

(一)关于"自性"的问题

所谓某一事物的"性"(自性)、"本性""性分"等等,在郭象和庄子看来都是指某一事物之所以为某一事物者,也就是某一事物本身所固有的内在素质(天然如此的素质)。《庄子·外物》中说:"人有能游,且得不游乎?人而不能游,且得游乎?"郭象注说:"性之所能,不得不为也;性所不能,不得强为。"这就是说,"性"和"为"是一对相对立的概念。关于什么是"性"和什么是"为",郭象和庄子的看法大体是一致的。但在某一事物什么是其"性",什么是其"为",他们的看法就大不相同了。在《马蹄》中,庄子以马为例说明什么是马之"真性",他说:

> 马,蹄可以践霜雪,毛可以御风寒,龁草饮水,翘足而陆,此马之真性也。

庄子接着说,伯乐对马的种种训练、装饰等,都是强加在马身上的东西,以至于马因是而死,这是由于违反马的真性所致。郭象于此处有一段很长的注解,他说:

> 夫善御者,将以尽其能也。尽能在于自任,而乃走作驰步,求其过能之用,故有不堪而多死焉。若乃任驽骥之力,适迟疾之分,虽则足迹接乎八荒之表,而众马之性全矣。而或者闻任马之性,乃谓放而不乘;闻无为之风,遂云行不如卧,何其往而不返哉!斯失乎庄生之旨远矣。

照郭象看，马的本性不仅仅像庄子所说那样只是"龁草饮水，翘足而陆"，而更在于让人骑乘。善御者只要根据不同的马的能力去驾御它，能日行八百的就让它日行八百，能跑多远的就让它跑多远，这叫"尽其能"；而"尽其能"才是任马之性。如果此马能日行千里，而不让它日行千里，甚至"放而不乘"，那不仅不是"任马之性"，反而正是"伤性"。于是郭象批评"或者"（惑者）说，这种人认为"任马之性"，就是"放而不乘"；就像"闻无为之风"，就认为"行不如卧"一样，是"何其往而不返"，只知其一不知其二了。其实"或者"的看法正是庄子的看法，郭象正是通过批评"或者"而批评了庄周。在《秋水》中庄子借北海若的话说道：

> 牛马四足，是谓天；落马首，穿牛鼻，是谓人。

"天"就是"天性"，天生如此；"人"是指"人为"，谓人力所强加予的。郭象对上段话的注释说：

> 人之生也，可不服牛乘马乎？服牛乘马，可不穿落之乎？牛马不辞穿落者，天命之固当也。苟当乎天命，则虽寄之人事，而本在乎天也。

这里当然可以更加清楚地看到郭象与庄子思想的不同。"天命之谓性"，照郭象看，"穿牛鼻""落马首"都是牛马本性所要求的，它虽然是通过"人为"来实现，但从根本上说仍是牛马本性所要求的。这样一来，郭象就可以把某些由人强加给其他东西的因素说成是其"本性"。由此，郭象当然可以根据他的思想体系的要求来规定人或物之"本性"。

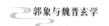

（二）关于"无为"的问题

上面所引用《马蹄》中庄子的思想和郭象注的思想，已见他们对"无为"的看法颇不相同。庄子主张"无为"，认为"有为"会伤害事物之本性；郭象则认为，"无为"并不是什么也不做，根据事物本性的要求有所为也是"无为"。《应帝王》最后一段有个故事说：

> 南海之帝为儵，北海之帝为忽，中央之帝为浑沌。儵与忽时相与遇于浑沌之地，浑沌待之甚善。儵与忽谋报浑沌之德，曰："人皆有七窍以视听食息，此独无有，尝试凿之。"日凿一窍，七日而浑沌死。

郭象注说："为者败之。"表面上看，郭象和庄周一样，似乎同样都主张"无为"，其实不然，因为他们对"无为"的解释不同。《逍遥游》"尧让天下于许由"一段，照庄子的原意，是肯定"无为"，而否定"有为"。而郭象注中说：

> 若谓拱默乎山林之中，而后得称无为者，此庄老之谈所以见弃于当涂。当涂者自必于有为之域而不反者，斯之由也。

又郭象对《大宗师》"芒然彷徨乎尘垢之外，逍遥乎无为之业"注说：

> 所谓无为之业，非拱默而已；所谓尘垢之外，非伏于山林也。

郭象这样解释"无为"，和庄子的思想是不同的，而和裴頠《崇有论》对"无为"的批评颇有相似之处（详见第七章"郭象与裴頠"）。照郭象的意思是说，如果"无为"就是"拱默山林"，那么"当涂者"就没有办法用"无为"，只好用"有为"了。但是"无为"又是发挥老庄思想的玄学思想所不能少的，因此郭象必须给"无为"以新的解释，以适应他的玄学体系的要求。

郭象对"无为"的新解释，可以从两个方面来分析：一是从事物自身方面看，郭象认为，只要是"任性自为"就是"无为"，或者说"率性而动"就是"无为"；另一是从圣人方面说，只要是"无心而任化"就是"无为"，或者说"任物之自为"就是"无为"。在《天道》的注中，郭象给"无为"下了一个定义，他说：

> 夫无为也，则群才万品，各任其事，而自当其责矣。

这就是说，"无为"的意思就是万物都各自做它应当做的事，尽它应该尽的责。同篇的注中又说：

> 夫工人无为于刻木而有为于用斧，主上无为于亲事而有为于用臣。臣能亲事，主能用臣；斧能刻木而工能用斧；各当其能，则天理自然，非有为也。若乃主代臣事，则非主矣；臣秉主用，则非臣矣。故各司其任，则上下咸得而无为之理至矣。

这段话说明，郭象的"无为"实际上是一种特定的"有为"，他把"各司其职"的"为"叫作"无为"。而把"不能止乎本性"的"为"和"不用众之自为，而以己为之"的"为"叫作"有为"。这样解释"无为"自不同于庄周，或近于《老子》和黄老思想。如果和裴頠《崇有论》的一段话相对照，我们或者可以说上引"工人无为于刻木"一段可能是由裴頠的思想引申而来。《崇有论》有如下一段：

> 心非事也，而制事必由于心，然不可以制事以非事，谓心为无也；匠非器也，而制器必须于匠，然不可以制器以非器，谓匠非有也。

裴頠这段话本来是用来反对"无为",而肯定"有为"的,但郭象的"工人无为于刻木"一段不把这种"有为"称为"有为"而称为"无为",且谓"无为位上,有为位下"(《天地》注),这正是郭象的高明之处。

郭象在讨论"无为"问题时,特别着力讨论圣人的"无为"问题。照庄子看来,许由高于帝尧,他真正懂得"无为",因为他能"不治"而使帝尧去"治天下",故"治天下"的帝尧并未真正懂得"无为"的真谛。郭象持不同的看法,他认为帝尧才是真正懂得"无为"的圣王。可是帝尧又确实在"治天下",这又应如何解释呢?照郭象看,帝尧的"治"实是"不治",其"为"实是"无为",故曰:"夫治之由乎不治,为之出乎无为也。"因此,"所贵圣王者,非贵其能治也,贵其无为而任物之自为也。"(《在宥》注)"任物之自为"则圣人必"无心而顺有"。"无心"和"顺有"是一个问题的两个方面:"无心"是就圣人的主观境界说的;"顺有"是就圣人对事物的态度说的。只有"无心"才能"顺有";只要"顺有"就是"无心"。故郭象《应帝王》的解题说:"夫无心而任乎自化者,应为帝王也。"这是就圣王说的;另处又说:"各任其自为则性命安矣。"(《在宥》注)这是就万物自身说的。郭象对"无为"的新解释,相较于庄子对"无为"的旧说法,虽有若干相似之处,但却更加圆通,更加能适应"内圣外王之道"的需要了,就其哲学的思辨性说,与庄子思想相比也毫不逊色。

(三)关于"圣人"的问题

关于最高理想人格的人,在《庄子》书中或名之为"至人""神人""真人"等等,但也用"圣人"作为理想人格的人,例如《逍遥游》中说:"至人无己,神人无功,圣人无名",这里所说的"至人""神人""圣人"都是能超越外在和自我身心限制的理想人格的人。因此,在这里我们就用"圣人"这一名称来代表庄子理想中的具有最高人格的人,也代表郭象理想中的具有最高人格的人。庄子认为,超越现实的"游于方之外"的人是具有最高人格的人。在《大宗师》中记载着一个故事：孔子闻子桑户死，让子贡前去吊唁，子贡到那里一看，子桑户的两个朋友孟子反、子琴张毫不悲戚，又是编曲，又是鼓琴，他们还唱着："嗟来桑户乎！嗟来桑户乎！而已反其真，而我犹为人猗。"子贡感到非常奇怪，就去问这两位神人："临尸而歌，难道合乎礼吗？"（"敢问临尸而歌，礼乎？"）这两位神人相视而笑说："你懂得什么叫礼吗？"子贡回去告诉孔子，说了上述情况，于是孔子说："彼，游方之外者也；而丘，游方之内者也。外内不相及，而丘使女往吊之，丘则陋矣。"这里庄子显然认为"游外"的孟子反和子琴张与"游内"的孔子是两类人。前者是超生死、忘礼乐的超越现实的人，他们是"拱默山林"、把政治人伦视为桎梏的"至人""神人"之类，是所谓"游方之外者也"；后者是执着生死、未忘礼乐的在世俗中的人，他们是"戴黄屋，佩玉玺"、讲仁义说道德的帝王圣贤之类，是所谓"游方之内者也"。庄子显然是以"游外"者为理想人格的人，而且认为"外内不相及"。

在这里郭象有一段很长的注解，他说：

> 夫理有至极，外内相冥，未有极游外之致而不冥于内者也，未有能冥于内而不游于外者也。故圣人常游外以弘内，无心以顺有，故虽终日挥形而神气无变，俯仰万机而淡然自若。夫见形而不及神者，天下之常累也。是故睹其与群物并行，则莫能谓之遗物而离人矣；睹其体化而应务，则莫能谓之坐忘而自得矣。岂直谓圣人不然哉？乃必谓至理之无此。是故庄子将明流统之所宗以释天下之可悟，若直就称仲尼之如此，或者将据所见以排之，故超圣人之内迹，而寄方外于数子。宜忘其所寄以寻述作之大意，则夫游外弘内之道坦然自明，而庄子之书，故是涉俗盖世之谈矣。

这里郭象用"寄言出意"的方法，以庄子注郭象。此段注文可注意者或有三点：

第一，"游外"与"游内"从根本上说是一致的，作为"游外之致"者的圣人必定也是"游内之致"者。

第二，所以圣人是"常游外以弘内"者，故能"终日挥形而神气无变，俯仰万机而淡然自若"，能超越现实而又光大人事。因此，不能看到圣人处理政事，与人群同处，就认为他会被俗人俗事所累；也不能认为顺物之性与之变化，就认为他不能"坐忘而自得"。应该看到，圣人的"神气"（精神境界），并不会因为这些事受到影响，它是能"应物而无累于物"的。

第三，庄子之所以没有说孔圣人是"常游外以弘内"，而把超越方内、游于方外寄托在孟子反和子琴张这样一些人的身上，为的是免得"或者"（惑者）根据一些具体的事来反对把孔圣人说成是"游内以弘外"的。郭象虽说这是庄子的意思，实际上是他在批评庄周把"游内"和"游外"置于对立的地位。

庄周理想的最高人格是属于姑射山上"离人群""超世俗"的"神人""至人"等等；而郭象理想的"圣人"则是可以"历山川""同民事""即世间而出世间"的"圣王"，所以他的理想是"游外者依内，离人者合俗"。郭象在《逍遥游注》中批评把"离人群""超世俗"看成是高超、理想境界的观点，他说：

> 若独亢然立乎高山之顶，非夫人有情于自守。守一家之偏尚，何得专此？此故俗中之一物，而为尧之外臣耳。

要求"离人群""超世俗"本身就是"俗中之一物"，因为这是把事物看得有分别了，不能顺自然，不能"无心而不自用"。因此，郭象关于"外内相冥"的新理论，又是对庄子思想的一重要修正，其"新"就"新"在他把庄周的"外内不相及"解释为"外内相冥"了。

庄子认为，"神人""至人"等超现实的人和现实中的"圣人""圣王"(帝王)是两类人(虽然在《庄子》书中有时也把他所谓的"圣人"看成是超现实的人,这里不必详作区别)。而郭象却把"神人""至人"和"圣人"都看成是他的理想人格的人,所以他说:"夫神人,即今所谓圣人也。"(《逍遥游》注)"神人即圣人也。圣言其外,神言其内"(《外物》注),而"外内相冥";"无心而任乎自化者应为帝王","神人者,无心而顺物者也","无己故顺物,顺物则王矣"。这样郭象就把超现实与现实、"方外"与"方内"沟通起来了,"即世间"就是"出世间",而两者之间之所以能沟通就在于圣人"无心而顺物","圣人虽在庙堂之上,而心无异于山林之中"。圣人只要是"无心",那么并不因其做方内之事而对他作为圣人的人格有损害;只要是"顺物",那么圣人的所作所为就是"天理自然"。因此,圣人应该应时而变,出入无间,郭象在《天地》注中说:

> 圣人未尝独异于世,必与时消息,故在皇为皇,在王为王,岂有背俗而用我哉!

这样一来,圣王可以是现实生活中的帝王,当然郭象的理想的"帝王"必须是能做到"外内相冥""无心顺物"者。这一做"圣人"的理论就是"内圣外王之道"。

(四)关于"无"的问题

如果说前面关于"圣人"的讨论是"内圣外王之道"的问题,那么关于"无"的讨论则是"上知造物无物"的讨论。

《庄子》书中关于有无"造物主"或有无一作为现实存在的超现实的根据这个问题,常常表达着不同看法。《齐物论》中有一段说到"天籁",其文谓:"夫吹万不同,而使其自己也,咸其自取,怒者其谁邪!"这一段话似乎并没有肯定造物主的意思。但是仅就这一句,我们也不能把这段话看作庄子否定造物主的存在，因为这句话只是提出问题，并没有作出明确回答。因此，在这里我们也可以采取庄子"存而不论"的方法，暂不去讨论它。但郭象的注则是相当明确地否定造物主的存在，他说：

> 夫天籁者，岂复别有一物哉？即众窍比竹之属，接乎有生之类，会而共成一天耳。无既无矣，则不能生有；有之未生，又不能为生。然则生生者谁哉？块然而自生耳。

这段话可以说是郭象讨论"无"和"有"关系的总纲。他认为"天籁"并不是一个什么别的东西，它是自然界的一切所共同组成的，因此它不是超于自然界的造物主，除了自然界再没有什么别的了。"无"就是"不存在"，"不存在"的东西怎么能产生"存在"（有）的东西呢？"有"就是"万有"，或者说就是一切存在物。"无"既然是无，就不能生"有"；至于"有"，如果它还没有存在，那它也不能产生什么东西。这就是说，如果把一超越的抽象的"有"作为生生者，同样会导致肯定造物主的结果。"然则生生者谁哉？"郭象认为，没有什么"生生者"，天下的事物（有）都是无意识地自然而然生成的。成玄英疏"块然，无情之貌"（见《应帝王》疏）。郭象把"无"看成是"虚无"，是真正的"零"，这就从根本上取消了"无"作为造物主和作为"有"存在的超越性的根据的地位。郭象只承认"有"，"有"是唯一的存在。"有"之所以为"有"，只是"自有"。在郭象的哲学体系中"自有"一概念非常重要，它和郭象思想中的"自生""自尔""自然"等等的意思是相通的。这些概念虽然过去有些哲学家也使用过，但在郭象的哲学体系里往往都是具有否定"造物主"、否定本体之"无"的意义。

如果说上面引用的关于庄子对"天籁"说明的话，还不能说明他否定"造物主"，那么在《庄子》书中确实有"有生于无"之类的论点。例如在《庚桑楚》中有这样一段话：

> 天门者，无有也，万物出乎无有。有不能以有为有，必出乎无有。

"天门"与"万有"性质不同，它不是什么具体的事物，所以它是无形、无象、无名的"无有"（即"无"），而"万有"正是从这"天门"所生出的，因为"万有"不能以其同性质的"有"作为存在的根据或创造者，因此"万有"只能生出于其不同性质的（即超乎"万有"之上的）"无有"。而郭象注却说：

> 天门者，万物之都名也。
> 夫有之未生，以何为生乎？故必自有耳，岂有之所能有乎？
> 此所以明有之不能为有而自有耳，非谓无能为有也。若无能为有，何谓无乎？

上引郭象的注改变了庄子的原意：首先，他认为"天门"不是什么不同于"万有"的东西，而是万物之总名；其次，所谓"有不能以有为有"者，是说"有"尚且不能作成"有"，即"万有"都还不存在的时期（当然郭象并不认为有这种时期），怎能说它生出"有"呢？因此，"有"只能是"自有"，并不是另外的与"有"不同的"无"所能产生的。因为照郭象看，"无"就是"无物"，如果"无"能生"有"，那么"无"就不是"无"，而必定也不是什么"有"，所以"有必出乎无有"只能理解为"万有不是什么别的东西产生的"，而只能是"自生""自有"的。

在《庄子·天下》中说到庄子的思想有这样一句话："上与造物者游，而下与外死生无终始者为友"云云，这当然是和庄子的"天地与我并生，万物与我为一"的思想相联系，但此处"造物者"一词也多少透露出《庄子》书中仍有某种先于万物而产生的某种"造物者"的思想因素。而同篇中说到"建之以常无有，主之以太一"，郭象的注也表现出与庄子思想的某种不同，他说：

> 夫无有何所能建？建之以常无有，则明有物之自建也。
>
> 自天地以及群物，皆各自得而已，不兼他饰，斯非主之以太一耶！

"自建"者，即"自生""自有"之义，天地万物之所以得为天地万物是各自得其"自性"，并非其他什么东西所给予的。《庄子·天地》中说："泰初有无，无有无名。"《老子》书中只说"道"无名、无形、无象等等，而没有说到"道"也是"无有"。看来《庄子》书比《老子》书前进了一步，"无"不仅"无名"，而且"无有"。照庄子看，泰初之时只有"无"，而"无"的规定性是"无有""无名"。"无"的规定性是"无有"，就是说"无"不能是任何有规定性的"有"，这点则和王弼的"贵无"思想颇有相似之处。因此，郭象也不得不给"无"以新的解释，在《在宥》的注中说：

> 夫庄老之所以屡称无者，何哉？明生物者无物，而物自生耳。自生耳，非为生也，又何有为于已生乎？

郭象说，庄老为什么常常讲到"无"，就在于要说明"生物者无物，而物自生"。所谓"物自生"的意思是，既不是为什么而生，又怎么能对其他已存之物有什么作为呢？这当然又是对老庄的"无"的一种新解释。盖郭象只承认"有"，认为只有"有"是惟一的真实的存在，在"有"之外、之上再没有什么别的东西了。他认为，"无"除了"不存在"这个意义之外，什么意义也没有了！"无有"就是"什么都没有"。因此，他这样看待"无有"：它什么也不是，只是和"有"相对的一个名词，只是说明"万有之自有"，离开了"有"，它就没有意义了。所以"无"既不是"造物主"，也不是时间在先或逻辑在先的天地万物之本体。郭象在《人间世》的注中说：

言必有其具，乃能其事。今无，至虚之宅，无由有化物之实也。

"无"是"至虚之宅"，是根本不存在的，哪里能有使万物生生化化的实际作用呢？存在的东西必定是某种具体的东西，具体存在着的东西才能成就其实际的作用。郭象这样注解《庄子》，当然是以"六经注我"了，从而发展了庄子的思想，也丰富了中国哲学。

郭象和庄子思想的不同当然绝不止以上四个问题，此外如对生死、是非、美丑等的看法都有所不同，这里不能一一作详细讨论。但以上四个问题的不同看法，大概已足以说明这两位杰出的哲学家在不同的历史时期所创造的哲学体系的不同特点了。

哲学史的研究当然要注意哲学思想的前后继承关系，要认真研究一个哲学家的哲学思想是如何继承和利用他以前的哲学家的思想资源，但更重要的是应该研究一个哲学家在新的历史条件下如何修正和发展了前人的哲学思想，和以前的哲学家有哪些思想上的不同，提出了哪些新问题，从这中间探讨哲学思想发展的某种轨迹。现实生活固然是丰富多彩的，而历史也并非是"苍白"的，"居今之世，志古之道，所以自镜也，未必尽同"，过去哲人的智慧，对我们今人来说无疑都是宝贵的精神资源。

郭象和庄子的哲学思想有上述种种不同，这无疑和他们所处的时代以及他们思想总的倾向不同有关，庄子对现实社会采取否定的态度，而郭象则要论证现实社会存在的"合理性"。虽然郭象在若干重要问题上修改和发展了庄子的思想，但他的思维模式仍然和庄子一样具有非常明显的思辨性。庄子为了反对"人为"而主张"无为"，郭象把某种特定的"为"解释为"无为"，是为了给"无为"找到一更能发挥作用的根据，可见他仍以"无为"为上，这就是说他的思想仍然是沿着庄子的思路发展的，只是试图把某种"有为"与"无为"统一起来。庄子把天生的"自然之性"规定为事物的"自性"（如马之真性为"龁草饮水，翘足而陆"），而郭象则把某些社会（人类）所给予的成分称为"自然之性"（如"穿牛鼻""落马首"）而提出"无心而顺物"之命题，以便为人类利用自然留有余地，并认为这不是人为加给某物上而是牛马自性本具有的，因此，这也可以说是老庄"任自然"的一种特殊表现形式。庄子认为，"游外"高于"游内"，"外内不相及"，最高理想人格的人应是属于姑射山上的神人，郭象却认为"外内相冥"，圣人"常游外以弘内"，"虽在庙堂之上，然其心无异于山林之中"，现实社会生活可以为超现实的精神世界所容纳，但郭象所看重的仍是"游外"，即更看重的是"心无异于山林之中"的超越境界，因为虽"外内相冥"，而"游外"乃是"游内"的基础，这无疑是庄子思想在特定历史条件下的新发展，而与传统儒家非同一理路。庄子言"无有"（"泰初有无，无有无名"），郭象阐"崇有"，虽然思想有很大差别，但郭象的"有无之辨"，正是鉴于如果"无"是"无有"，则"无"将无意义，从而必然会导致否定"无"的"造物主"地位（或否定把"无"作为无规定性之本体）；所以我们说郭象的思想是"崇有"，其实或者也可以称其思想为"无无"。把"无"说成是"无有"，正是把"无"看成是"有"；说成是"无无"，正是把"无"看成是"无"（虚无），故不能认为郭象与庄子在这一思想上无关，两者正是相辅相成的。从这方面看，郭象与庄子思想虽有差别，并对庄子思想有所修正和发展，但他的思路仍是老庄一系在新的历史时期的新发展，故世称魏晋玄学家为"新道家"不是没有道理的。

第九章　郭象的《庄子注》与《庄子》的旧说

《庄子》一书在汉朝远不如《老子》的影响大,据今日所存史料,可知两汉治《老子》者计六十余家;而除《史记》的《老庄申韩列传》载庄子事迹、《汉书·艺文志》著录有《庄子》外,见于前后《汉书》者只有两家。《汉书·王贡两龚鲍传》云:

> 蜀有严君平……卜筮于成都市……裁日阅数人,得百钱,足自养,则闭肆下帘而授《老子》。……依老子、严(庄)周之指著书十余万言。

《后汉书·叙传》云:

> (班)嗣虽修儒学,然贵老、严(庄)之术。

按:汉明帝刘庄,故汉人讳"庄"为"严"。到三国始重《庄子》,据史料可查者,有何晏、裴徽、阮籍、嵇康等等。《三国志·魏书·曹爽传》附《何晏传》谓:

> (何)晏……好老庄,作《道德论》。

《魏书·王粲传》附《阮籍传》:

瑀子籍，才藻艳逸，而倜傥放荡，行己寡欲，以庄周为模。……时又有谯郡嵇康，文辞壮丽，好言老庄，而尚奇任侠。

阮籍著有《达庄论》，而嵇康有"老子、庄周是吾师"之言。《魏书·管辂传》注引《辂别传》：

> 冀州裴使君（裴徽）才理清明，能释玄虚，每论《易》及老庄之道，未尝不注精于严瞿之徒也。
> ……裴使君曰：诚如来论，吾数与平叔（何晏）共说老庄及《易》，常觉其辞妙于理，不能折之。

汉时往往"黄老"并称，至魏晋则多"老庄"并言。魏晋之际或始有注《庄子》者，《世说新语·文学》中说：

> 初，注《庄子》者数十家，莫能究其旨要，向秀于旧注外为解义，妙析奇致，大畅玄风。

在向秀之前注《庄子》者竟有数十家，而今可知者仅有司马彪（或晚于向秀）、崔譔、孟氏等三家。这三家在陆明德《经典释文》中都提到，然书早已散失。《晋书·司马彪传》说：

> 司马彪字绍统，高阳王睦之长子也……注《庄子》。（按：高阳王睦为司马懿弟之子）

《隋书·经籍志》著录有"司马彪《庄子注》二十一卷"，今已佚失，但有孙冯翼及茆泮林两种辑本，近人王叔岷有《茆泮林庄子司马彪注考逸补正》一篇，载《历史语言研究所集刊》第十六本。《世说新语·文学》"初，注《庄子》者数十家"条，注引《向秀本传》说：

第九章　郭象的《庄子注》与《庄子》的旧说

> 秀游托数贤，萧屑卒岁，都无注述，唯好《庄子》，聊应崔譔所注，以备遗忘云。

崔譔注在向秀注前，且今本郭象注并有所采，或即向秀所录者。《经典释文·序录》谓：

> 崔譔注十卷，二十七篇。（……内篇七，外篇二十。）

按：向秀注亦或为二十七篇，并无杂篇，或与崔本同。《经典释文》中引有崔注多条。《经典释文·序录》又说：

> 《汉书·艺文志》"《庄子》五十二篇"，即司马彪、孟氏所注是也。

孟氏注本在《隋书·经籍志》中已不见著录，在《经典释文》中亦不见称引。郭象的《庄子注》是在向秀注的基础上成书的，查阅郭注中批评前人对《庄子》的注（或对《庄子》的解释）约有八处，此中或有向秀"解义"对前人的批评，现无从分别，兹录于下，并略加分析，以明郭象思想之用意。

（1）《逍遥游》"尧让天下于许由"条，郭象注说：

> 夫能令天下治，不治天下者也。故尧以不治治之，非治之而治者也。今许由方明既治，则无所代之，而治实由尧，故有子治之言，宜忘言以寻其所况。而或者遂云："治之而治者尧也，不治而尧得以治者，许由也。"斯失之远矣。夫治之由乎不治，为之出乎无为也。取于尧而足，岂借之许由哉！若谓拱默乎山林之中，而后得称无为者，此庄老之谈所以见弃于当涂。（当涂）者自必于

有为之域而不反者，斯之由也。

郭象所批评的旧注（或旧义）八处，有五处批评的对象为"或者"（即"惑者"），一处为"论者"，二处为"旧说"，这些是郭象以前的人对《庄子》的解释，所以都属于"旧说"。由于在郭象以前的《庄子》旧注多佚，因此要说明郭象所批评的对象具体所指，是不大可能的。但可以肯定的是，郭象所批评的确有所指，而不是出自假托，这点从下面第二条和第七条可以得到证明。

郭象这条批评"或者"认为"治之而治者尧也，不治而尧得以治者许由也"，其实"或者"的观点正是庄周的意思，也可以说是郭象以前的注解《庄子》者对庄子思想的正确了解。照庄子的原意，他认为许由高于帝尧，因为许由真正懂得"无为"的意义。而郭象注则不同，认为帝尧高于许由，因为能"以不治治之"的正是帝尧而不是许由。郭象的注显然与庄子原意有别，然而既是注《庄子》，就不便直接批评庄子，因而他说"宜忘言以寻其所况"，意思是说，注《庄子》应该抛开其字面的意义，从它的比喻（或隐喻）中领会其精神实质，以得其"言外之意"。这种"寄言出意"的方法是郭象用来注解《庄子》的重要方法，以便发挥他不同于庄子的思想观点，本章八条批评旧注多采用这种方法。

郭象的这段注，虽言"尧以不治治之"，而并不是要否定"治天下"，恰恰是要肯定"治天下"的必要，因为"以不治治之"，仍然是一种"治天下"的方法，只不过认为应以"不治"来"治天下"罢了。故此"以不治"来"治天下"的理论，正是郭象所主张的"不废名教而任自然"的体现。盖郭象认为"拱默乎山林之中"之所以不可取，因为这样那就无所谓"治天下"了，然而统治者不能不"治天下"，最好的办法是"以不治治之"，这样才可以做到"虽在庙堂之上，然其心无异于山林之中"，从而把"内圣"和"外王"统一起来。

（2）《齐物论》"子綦曰：夫吹万不同，而使其自己也"下，郭象注说：

> 此天籁也。夫天籁者，岂复别有一物哉？即众窍比竹之属，接乎有生之类，会而共成一天耳。无既无矣，则不能生有；有之未生，又不能为生。然则生生者谁哉？块然而自生耳。自生耳，非我生也。我既不能生物，物亦不能生我，则我自然矣。自己而然，则谓之天然。天然耳，非为也，故以天言之。以天言之所以明其自然也，岂苍苍之谓哉！而或者谓天籁役物使从己也。夫天且不能自有，况能有物哉！故天者，万物之总名也，莫适为天，谁主役物乎？故物各自生而无所出焉，此天道也。

郭象这里批评的"或者"是谁，但查司马彪于此处之注，即是主张"天籁役物使从己"的。《文选》中谢灵运《九日从宋公戏马台集送孔令诗》注引司马彪《庄子注》云：吹万，"言天气吹煦，生养万物，形气不同。已，止也。使各得其性而止"。司马彪此处肯定"吹万不同"有一"主使者"，此"主使者""使各得其性"。郭象注中的"或者"如果不是直接批评司马彪，大概也是批评与司马彪相类似的思想。照郭象看，"天"不是"造物主"，它只不过是"万物之总名"，既然没有一个单独存在的"天"，谁又能说它可以役物呢？而"无"更非"主使者"，"无既无矣，则不能生有"，这当然是直接批评"贵无论"的。而所谓"天籁"亦不过"即众窍比竹之属，接乎有生之类，会而共成一天耳"，自不能"使各得其性而止"。任何事物之性均为"自得"的，"物皆自得之耳，谁主怒之使然哉"（郭象《庄子注》）。据此可知郭象所批评的"或者"当有具体所指。

那么，郭象这段注是不是也像上一条注那样，实际上是批评庄子本人的呢？单从《庄子》说的"吹万不同，而使其自己也，咸其自取，怒者其谁邪"，是得不出这样的结论的。甚至应说庄子并不肯定"造物主"或者有一作为万物存在根据的超越性的本体。但从《庄子》全书的内容看,其中确有认为在"有"之上还有一"无"作为其生生者,如《庚桑楚》中说:"有不能以有为有,必出乎无有。"郭象的"物各自生,而无所出焉",恰恰是对上引庄子话的批评。

这段注中,郭象在论证"无"不能生"有"时,引进了"自生"这一概念;在解释"天"时,用了"自然""天然"等概念,这表明他的这段注在其思想体系中的重要性。盖郭象"崇有"思想的确立,正是靠了"自生""自然"等概念的。如果要论证"有"是唯一的存在,在"有"之上和之外再没有"主使者","有"必是"自生"的,"自然而然"存在着的,这样"上知造物无物,下知有物之自造"的命题才有意义。

(3)《马蹄》伯乐治马,"而马之死者已过半"一段,郭象注说:

> 夫善御者,将以尽其能也。尽能在于自任,而乃走作驰步,求其过能之用,故有不堪而多死焉。若乃任驽骥之力,适迟疾之分,虽则足迹接乎八荒之表,而众马之性全矣。而或者闻任马之性,乃谓放而不乘;闻无为之风,遂云行不如卧,何其往而不返哉!斯失乎庄生之旨远矣。

郭象这里批评"惑者"的观点,实际上是某"旧注"对庄子思想的正确解释(已见前章)。《庄子·马蹄》认为,"马之真性"就是"龁草饮水,翘足而陆",故应"放而不乘",而伯乐治马,"烧之剔之,刻之雒之,连之以羁馽,编之以皂栈","饥之渴之,驰之骤之,整之齐之,前有橛饰之患,而后有鞭策之威",这些都是有害于"马之真性"的。郭象注则不同,他认为"马之性"主要就在于"走作驰步",只要能根据不同的马的能力来使用它,使之尽其所能,而不超过它性分的能力,这就是"善御者"。故谓之曰:"御其真知,乘其自陆,则万里之路可致，而群马之性不失。"郭象又曰："马之真性，非辞鞍而恶乘，但无羡于荣华"，所以"任马之性"，并非"放而不乘"；"无为之风"更非"行不如卧"。在《秋水》中，庄子认为"穿牛鼻""落马首"是"有为"，而有违牛马之本性。郭象却认为，人们之所以要"穿牛鼻""落马首"，正是"任牛马之性""尽其所能"，这是"天命之固当""虽寄之人事，而本在乎天"。郭象批评"旧说"，又正是批评庄子。

如果说前面讲的郭象第一条注，提出了以"不治"来"治天下"的观点；那么这一条是从另一角度来表明，以"无为"来"治天下"的实际意义是"顺物之性"而"为"，"顺物之性而为"即是"无为"。这个对"无为"的新解释，又是郭象思想体系的一个重要方面。

(4)《秋水》"北海若"论"观大以明小"一段，郭象注说：

> 穷百川之量而县于河，河县于海，海县于天地，则各有量也。此发辞气者，有似乎观大可以明小，寻其意则不然。夫世之所患者，不夷也，故体大者快然谓小者为无余，质小者块然谓大者为至足，是以上下夸跂，俯仰自失，此乃生民之所惑也。惑者求正，正之者莫若先极其差，而因其所谓。所谓大者至足也，故秋毫无以累乎天地矣；所谓小者无余也，故天地无以过乎秋毫矣；然后惑者有由而反，各知其极，物安其分，逍遥者用其本步，而游乎自得之场矣。此庄子之所以发德音也。若如惑者之说，转以小大相倾，则相倾者无穷矣。若夫睹大而不安其小，视少而自以为多，将奔驰于胜负之境，而助天民之矜夸，岂达乎庄生之旨哉！

郭象批评"惑者"，认为只是从事物的大小比较上来说明一切都是相对的，是不能解决问题的，这不能真正取消差别，因为这种大小的比较可以无穷无尽地比较下去，反而会造成"睹大而不安其小，视少而自以为多"的结果。虽然郭象说，庄子的原意不是要从大小的相对性来取消差别，而是"惑者"没有正确了解《庄子》书的原意，实际上庄子的相对主义正是以这种"小大之辨"作为取消差别的立论基础。郭象认为，任何事物从根本上说都是一样的，无所谓大小，因为每个事物都有每个事物的本性，而其本性都有其极限，"物各有性，性各有极"，从"自足其性"方面看，都是一样的大，如大鹏之飞九万里，学鸠之飞抢榆枋。从满足其性分的要求来看，它们又都能一样的"至足"。无论是大鹏还是学鸠，它们所能的最大限度都是"自足其性"，也都是"无余"，也可以说是一样的"小"。故同篇另一条注中说："以小求大，理终不得；各安其分，则大小俱足矣。若毫末不求天地之功，则周身之余皆为弃物；天地不见大于秋毫，则顾其形象裁自足耳，将何以知细之定细，大之定大也。"可见，郭象的相对主义不是建立在"小大之辨"上，而是建立在所谓"自足其性"的基础上，这或者可以称之为绝对的相对主义。而所谓"小大之辨"这种相对主义的"辨"，本来就不必去"辨"，这种"辨"本身就是无意义的，故郭象说："物有定域，虽至知不能出焉，故起大小之差，将以申明至理之无辩也。"

因此，如果我们说，在本章第二条注中，郭象给"万物"（万有）规定的一个特性是"自生"，那么在这条注中他又提出"自性"这一概念来说明"万物"存在之本，而"自足其性"即是"逍遥"，他说："苟足于其性，则虽大鹏无以自贵于小鸟，小鸟无羡于天池，而荣愿有余矣。故小大虽殊，逍遥一也。"（《逍遥游》注）

(5)《至乐》"庄子与髑髅论生死"一段，郭象注说：

> 旧说云：庄子乐死恶生，斯说谬矣！若然何谓齐乎？所谓齐者，生时安生，死时安死，生死之情既齐，则无为当生而忧死耳。此庄子之旨也。

第九章 郭象的《庄子注》与《庄子》的旧说

这里的"旧说"究竟具体指的是谁的观点，当然不可得而详考。但照《至乐》这段庄子与髑髅论生死的内容看，庄子思想中或本来有"乐死恶生"之意的，如谓"死，无君于上，无臣于下，亦无四时之事，从然以天地为春秋，虽南面王乐，不能过也"。且同篇有庄子丧妻鼓盆而歌一段也可以作为旁证。这种"乐死恶生"的观点，在魏晋时期颇为流行。除佛教持这种说法外，《列子》及张湛的《列子注》亦持类似之观点。照张湛《列子注》的《序》说，《列子》一书所要解决的最大问题就是生死问题，他说：

> 其书大略，明群有以至虚为宗，万品以终灭为验，神惠以凝寂常全，想念以著物自丧，生觉与化梦等情，巨细不限一域……然所明往往与佛经相参，大归同于老庄。

"生觉与化梦等情"者，即谓齐一生死、梦醒无别也。生死齐一而能逍遥任远，凝寂常全，这正是当时佛教徒们需要解决的问题，故张湛谓其书"往往与佛经相参"。按，《弘明集》卷一有"未详作者"的《正诬论》一篇，当为西晋时的作品，其中有这样的话：

> 又诬云：事佛之家，乐死恶生，属纩待绝之日，皆以为福禄之来，无复哀戚之容云云。

可见当时佛教确有"乐死恶生"的说法。《列子》八篇其注虽不免有相矛盾之处，但其中心思想常在讨论"生死问题"，在《杨朱》中有一条注说：

> 此书大旨，自以为存亡往复，形气转续，生死变化未始绝灭也。

在《列子·天瑞》中就有"以死为乐""以死为息"的观点（《庄子·大宗师》中也说"息我以死"）。郭象批评这种观点，以为若"以生死为齐"，那就不应"乐死恶生"；"乐死恶生"乃以生死不齐也。所以他认为，对生死应持的态度是"生时安生，死时安死"。持这种"生时安生，死时安死"的态度者即是"安命"，"死生变化唯命之从也"。这种"安命"思想也是郭象认为事物所具有的特性，故郭象说："命非己制，故无所用其心也。夫安于命者，无往而非逍遥矣，故虽匡陈羑里无异于紫极闲堂也。"（《秋水》注）

（6）《让王》"务光负石而自沉于庐水"一段，郭象注说：

> 旧说曰：如卞随、务光者，其视天下也若六合之外，人所不能察也。斯则谬矣。夫轻天下者，不得有所重也，苟无所重，则无死地矣。以天下为六合之外，故当付之尧、舜、汤、武耳。淡然无系，故泛然从众，得失无概于怀，何自投之为哉！若二子者，可以为殉名慕高矣，未可谓外天下也。

郭象于此批评"旧说"，又表明他"治天下"的观点，即"外天下而天下治"者为尧、舜、汤、武等圣王，而非"自沉于庐水"的卞随、务光。照郭象看，卞随、务光并非真能是"外天下"的人，因为他们仍有所追求，即追求"殉名慕高"；而尧、舜、汤、武则是"淡然无系"，所以他们能"泛然从众"。这就是说，尧、舜等根本不追求什么，因而可以做到"无心而不自用"，让每一事物都按其本性生生化化，"无心而任乎自化者应为帝王"。就这个观点表面上看，郭象似乎并非肯定"名教"，而是主张"任自然"。其实不然，尽管他说尧、舜等是"外天下"者，而此"外天下"仍实是"治天下"的根本方法；尽管他说尧、舜等对天下"淡然无系"，而此"淡然无系"仍是"泛然从众"，必"即世间而出世间"。就其"即世间而出世间"说，其所强调者乃"不离世间"也,这点郭象或与庄子也有所不同,郭象所提倡的还是"不废名教而任自然"。

(7)《让王》"伯夷叔齐饿死于首阳之山"一段,郭象注说:

《论语》曰:伯夷、叔齐饿于首阳之下,不言其死也。而此云死焉,亦欲明其守饿以终,未必饿死也。此篇大意,以起高让远退之风。故被其风者,虽贪冒之人,乘天衢,入紫庭,犹时慨然中路而叹,况其凡乎!故夷、许之徒,足以当稷、契,对伊、吕矣。夫居山谷而弘天下者,虽不俱为圣佐,不犹高于蒙埃尘者乎!其事虽难为,然其风少弊,故可遗也。曰:夷、许之弊安在?曰:许由之弊,使人饰让以求进,遂至乎之、哙也;伯夷之风,使暴虐之君得肆其毒而莫之敢亢也;伊、吕之弊,使天下贪冒之雄敢行篡逆;唯圣人无迹,故无弊也。若以伊、吕为圣人之迹,则伯夷、叔齐亦圣人之迹也;若以伯夷、叔齐非圣人之迹邪,则伊、吕之事亦非圣矣。夫圣人因物之自行,故无迹。然则所谓圣者,我本无迹,故物得其迹,迹得而强名圣,则圣者乃无迹之名也。

郭象这段注,并没有直接标出"惑者"或"旧说",但从他回答问题看,显然也是批评一种"旧说"。《经典释文》中保存了一段话,是对《让王》的一种解释,上引郭象的注或许是对它的批评。《经典释文》中说:

唐云,或曰《让王》之篇,其章多重生,而务光二三子自投于水,何也?答曰:庄书之兴,存乎反本;反本之由,先于去荣。是以明《让王》之一篇,标傲世之逸志,旨在不降以厉俗,无厚身以全生,所以时有重生之辞者,亦归弃荣之意耳,深于尘

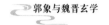

务之为弊也。其次者，虽复被褐啜粥，保身而已。其全道（按：道，当作身）尚高，而超俗自逸，宁投身于清泠，终不屈于世累也。此旧集音有，聊复录之，于义无当也。

此"旧集音（义）"是谁的作品，今当无所从考，但总是一种"旧说"，而上引郭象的那段注，又是和此"旧集音（义）"大不相同。"旧集音"以为瞀光二三子投水是由于要"去荣"，并认为"去荣"是庄子"反本"所要求的。郭象恰恰批评的是这种观点，他认为"去荣"实际上是"饰让以求进"。照郭象看，许由、伯夷、叔齐等人虽然比那些在尘土中打滚的人要高超得多，弊病比较少，但仍然是有弊病的，他们的弊病就在于所追求的有害于天下，若让人效法他们的"迹"，不管是"圣迹"或"非圣迹"都是不可取的。而圣人则无求于世，只是"因物之自行"而已！故没有任何弊病可言。圣人本身既无所求，不去有意地做什么事，这样每个事物就都可以按照它们自己的本性生生化化，所以圣人是无迹可寻的，"无迹可寻"则无从效法，则无弊病。而人们之所以称"圣人"为"圣人"，就因为圣人和伯夷、叔齐不一样，"圣人"是"无饰于外"（《天下》注）的，本"无迹"。可是一般人总是要效法"圣人"，似乎找到了什么圣人的什么"形式"（迹），就把这些"形式"命之为"圣"，实不知"圣人乃无迹之名也"。

郭象的这条注是否直接批评上引的"旧集音"者，不可得而知，但至少可以说是批评这类思想的。这条注中所包含的思想，在郭象哲学思想中也是很重要的，可以说它总括了前六条的主要意思。郭象的思想总的倾向虽然是要齐一儒道，调和"自然"与"名教"，但他的思想的根子仍在老庄。前六条注中，有三条是讲"物之性"的，即是说"物之性"是"自生""自足""安命"的；另三条是讲"治天下"的，"治天下"应"以不治治""任物之性为""外天下而治"。合此六条，正是他的"不废名教而任自然"。能做到"不废名教而任自然"，而得为"圣人"。"圣人"是"从众"的，是"因物"的，是不必"拱默山林"，而可"历山川，同民事"的，故不须废"名教"；"圣人"又是"淡然无系""因物之自行"的，不"殉名慕高"，"无心而任自然"，故"无名""无迹"。故《庄子序》中说："明内圣外王之道，上知造物无物，下知有物之自造"，正是郭象上述七注所要发明者。

（8）郭象在《庄子》的最后一篇《天下》之末有一条关于方法论的注，他说：

> 昔吾未览《庄子》，尝闻论者争夫尺棰、连环之意，而皆云庄生之言，遂以庄生为辩者之流。案此篇较评诸子，至于此章则曰："其道舛驳，其言不中。"乃知道听涂说之伤实也。吾意亦谓无经国体致，真所谓无用之谈也。然膏粱之子，均之戏豫，或倦于典言，而能辩名析理，以宣其气，以系其思，流于后世，使性不邪淫，不犹贤于博奕者乎！故存而不论，以贻好事也。

郭象这段注批评"论者"对庄子思想的不正确了解，他认为庄子并非是那种"争夫尺棰、连环之意"之类的辩者，这无疑是正确的。而且他在此条注中提出哲学的意义在于"经国体致"，即谓哲学应能有利于"治天下"和体察事物之真实；如果不能如此，那就是"无用之谈"，这正是他注《庄子》之旨所要求的"明内圣外王之道，上知造物无物，下知有物之自造"。就这一点看，郭象的这最后的一条《庄子注》正是和他的《庄子序》前后呼应的。

在这条注里，郭象提出了"辩名析理"的哲学方法，并认为这种方法虽然不一定能直接"经国体致"，但也可以被用来表达哲学家的思想和情趣。"辩名析理"是魏晋玄学的一重要方法，据史料或谓"玄学"为"名理之学"，如何劭《荀粲别传》谓："（傅）嘏善名理，而粲尚玄远，宗致虽同，仓卒时或有格，而不相得意，裴徽通彼我之怀，为二家骑驿。"可见"名理"与"玄远"虽非尽同，但两者确有密切之联系，或者可以说"名理"为玄学的一种方法，而"玄远"为玄学的一种境界。王弼《老子指略》中说：

> 夫不能辩名，则不可与言理；不能定名，则不可与论实也。

这句话说明"辩名析理"作为一种方法，在郭象之前王弼已提出，并非郭象首倡。上述王弼的话，后面一句讨论"名"与"实"的关系，在此王弼的观点颇有似西方中世纪之"唯实论"，认为个别据一般而有。前面一句讨论"名"与"理"的关系，"名"就是概念，"理"即是由概念之间的相互关系而形成的命题或某种理论。照王弼看，必须把概念搞清，才能讨论一种理论或一个命题是否正确。嵇康《琴赋》中说："非夫至精者，不能与之析理。"从嵇康的《声无哀乐论》，我们就可以看出他正是用"辩名析理"的方法来讨论问题的。嵇康首先分析"音乐"这一概念的涵义，然后据此概念的涵义来讨论"声音"有无哀乐以及"音乐"与"感情"的关系等问题，以确立"声无哀乐"这一命题之意义。其他许多魏晋玄学家的文章也多用这种"辩名析理"的方法，如王弼的《老子指略》、裴𬱟的《崇有论》、欧阳建的《言尽意论》等等。作为一种玄学方法说，"辩名析理"有其重要的哲学意义，它比两汉常用的"微言大义"的方法对于分析哲学理论或更有思辨意义。本来中国哲学，特别是儒家哲学重在"体会"，而于"概念"之分析和"命题"之论证相当忽视，而"辩名析理"多少可以补中国哲学之不足，但这种"辩名析理"的方法在魏晋之后，除了在中国佛教的一些派别（如华严宗）得到发挥，很少受到应有的重视。"辩名析理"的方法只是魏晋玄学的一种方法，另外"言意之辩"（"得意忘言""寄言出意"）或者可以说是魏晋玄学的更为重要的方法（详见第十章"郭象的哲学方法"）。照郭象看，"辩名析理"作为一种哲学方法虽对"经国体致"没有什么意义，但比起那些"博奕"之类或于后世有某些启示。我认为这大概是郭象太过执着于"士"的心态了。照我看，这种"无用之谈"的"辩名析理"的方法从一个方面看，它正表现了哲学这一"无用之学"的"大用"吧！

总以上郭象的八条注释，我们大体可以得出以下三点看法：

第一，郭象批评"旧说"，实际上是既发挥又改造了《庄子》，以建立适应魏晋社会统治者生活之需要。盖当时的世家大族，既要"逍遥放达"，又要维护礼教，故必须找出一统一"自然"与"名教"的办法。因此，如果不改造庄子的某些思想，就不能"不废名教"；如果不是发挥庄子的思想，就不能保持"任自然"的风格。

第二，此八条对"旧说"的批评，或可说概括了郭象思想体系的基本内容，郭象从"无不能生有"而"有自有"出发，提出"物之自性"为"自生""自足""自为"而"安命"；"治天下"应是"无心而顺物""以不治治之""外天下而治"，"夫无心而任乎化者应为帝王"。

第三，郭象对"辩名析理"的肯定，说明他有一方法论上的自觉。盖新哲学体系之建立或可使用某种新的哲学方法，如仅仅使用而没有自觉到所使用方法的普遍意义，那只能说是"用而未觉"。如果能觉悟到所使用的方法为一有普遍意义的方法，那么这种方法论上的自觉也就成为一种创造性的哲学理论了。因此，郭象能把"辩名析理"作为一种方法论提出，其于中国哲学史上之功实不可没。

第十章　郭象的哲学方法

历史上的重要哲学家或哲学派别都有其建立哲学体系的方法，如果能了解其方法并用此方法来解剖其哲学体系，则有如锋利的解剖刀用于解剖对象一样，能使我们对此体系的内在意蕴和它的特点有深刻的把握。一种新的哲学思想的产生，虽有其社会历史的动因，但一种新的哲学方法往往是使这种因社会历史动因产生的某种哲学思想成为系统的新哲学，并影响及于其他学科的重要条件。因此，我们也许可以说，没有建立新哲学体系的新方法，则难以建立有深远影响的新哲学思想体系。从哲学史上看，往往是在有了新的哲学方法之后，新的哲学思想才能较为广泛流行。

（一）寄言出意

魏晋玄学有没有其特殊的新的哲学方法？汤用彤先生提出"言意之辩"是魏晋玄学的新的特殊的哲学方法（见《汤用彤学术论文集》第214—232页）。"言意之辩"与魏晋之际的"名理之学"有着密切的关系。我们知道，汉朝人鉴识人物往往由外貌的差别，而推知其体内才性之不同，故有所谓"骨相"之法。王充《论衡·骨相》中说：

> 人命禀于天，则有表候见于体，察表候以知命，犹察斗斛以知容矣。表候者，骨法之谓也。……非徒富贵贫贱有骨体也，而

操行清浊亦有法理。贵贱贫富,命也;操行清浊,性也。非徒命有骨法,性亦有骨法。(按:据黄晖《论衡校释》)

王符《潜夫论·相列》中说:

> 人身体形貌,皆有象类;骨法角肉,各有分部,以著性命之期,显贵贱之表。

照他们的看法,不仅仅人的富贵贫贱可以由骨相推知,而且人的内在性情也可以由骨相推知,因为人的内在性情必然表现在外貌上,所谓"诚于中而形于外"也。汉末的"月旦评"仍然是多由外貌评论人物之优劣。评论人物才性的高下,他们往往用形象来说明。例如,郭林宗评黄宪,形容他"汪汪如万顷之波,澄之不清,扰之不浊";而评袁闳,则说他"譬诸泛滥,虽清易挹",这样黄宪与袁闳的才性高下自见。刘劭《人物志》也继承了这种风气,他认为人物的高下优劣是由其性情决定的,内在的性情虽然难以认识,但由于人"禀阴阳以立性""体五行而著形",人既有形质,就可以通过外形而察知其内在的精神,所以他说:

> 故其刚柔、明畅、贞固之征,著乎形容,见乎声色,发乎情味,各如其象。(《人物志·九征》)

从人的形容、声色、情味可以认识其才性,但说到情味,就不像"形容""声色"那样是外在的东西,而是人的内在精神的表现,这是比较难以认识的,所以刘劭说:"能知精神,则穷理尽性。"(《九征》)因此,到汉魏之际,鉴识人伦逐渐重视神气,而人的神气往往由眼神表现出来,刘劭说:"征神见貌,则情发于目。"(《九征》)故有蒋济之论眸子,认为观人之眼睛就可以认识其内在的神气(神味);顾恺之有

"凡画，人最难"之叹，《世说新语·巧艺》中载："顾长康画人，或数年不点目精。人问其故，顾曰：四体妍蚩，本无关于妙处，传神写照，正在阿堵中。"《世说新语·言语》载嵇康谓赵景真（至）"卿瞳子白黑分明，有白起之风，恨量小狭"，此亦为观眸子以知人之性情之例。鉴识人伦由外形而认识其内在精神，发展到对人物神气的体察，这反映在品评人物上由可知到难言之域的发展。形象可知，而神气难言，因而到魏晋之后，"言不尽意"的思想大为流行，欧阳建《言尽意论》中说：

> 世之论者以为言不尽意，由来尚矣。至乎通才达识，咸以为然。若夫蒋公之论眸子，钟、傅之言才性，莫不引此为谈证。

照欧阳建看，蒋济之论眸子，钟会、傅嘏之言才性，均以"言不尽意"立论。魏晋时人以为观察人物必须体察其全体，观察其神气，而一般人看人往往只依据形貌，唯知人善使的圣人（圣王），则注重人的神气，而神气只能意会，难以言传。"天不言而四时行焉，圣人不言而鉴识存焉"（《言尽意论》）。可见当时人讲"言不尽意"多就鉴识人伦方面说的。"言"与"意"的关系问题早在先秦已提出，《论语》《周易》《老子》《庄子》等书均有论述，如《庄子·秋水》中说：

> 可以言论者，物之粗也；可以意致者，物之精也；言之所不能论，意之所不能察致者，不期精粗焉。

汉时对此问题也有所讨论，如桓谭说：

> 盖天道性命，圣人所难言也，自子贡以下，不得而闻。(《新论》)

汉末有任彦昇谓：

> 性与天道，事绝称言。

又有《头陀寺碑文》说：

> 杜口毗邪，以通得意之路。

"言不尽意"的学说至魏晋而风行，如傅玄《相风赋》："昔之造相风者……其达变通之理乎？"庾阐《蓍龟论》谓："是以象以求妙，妙得则象志；蓍以求神，神穷则蓍废。"

王应麟《玉海》卷三十六，于"晋易象论"条中载："嵇康作《言不尽意论》，殷融作《象不尽意论》，何襄城为六象之论……"并言及殷浩和刘惔等也倡导"言不尽意"之说（刘惔事并见《晋书·刘惔传》）。而在《三国志·荀粲传》中说：

> 粲诸兄并以儒术论议，而粲独好言道，常以为子贡称夫子之言性与天道不可得闻，然则六籍虽存，固圣人之糠秕。粲兄俣难曰：《易》亦云，圣人立象以尽意，系辞焉以尽言。则微言胡为不可得而闻见哉？……粲答曰：……今称立象以尽意，此非通于意外者也。……斯则象外之意，系表之言，固蕴而不出矣。

又有张韩作《不用舌论》，语谓：

> 论者以为心气相驱，因舌而言，卷舌翕气，安得畅理。余以留意于言，不如留意于不言。徒知无舌之通心，未尽有舌之必通心也。

盖倘若一种方法只停留在"鉴识人伦"上，则仍是有限的，必须使之成为普遍的方法、哲学的方法，始能及于各个领域。因此，有荀粲用"言不尽意"的方法讨论"性与天道"的问题，张韩则以此讨论"言"

与"不言"和人生际遇之关系。但荀粲与张韩的"言不尽意"思想偏于消极,则言象几乎等于无用。王弼为建立其本体论哲学体系,提出"得意忘言"这一玄学方法,始开一代新风。《周易·系辞》中说:

> 子曰:书不尽言,言不尽意。然则圣人之意,其不可见乎?

王弼引《庄子·外物》筌蹄之言作《周易略例·明象》,对"言不尽意"作了一种新的解释,《庄子·外物》中说:

> 筌者所以在鱼,得鱼而忘筌;蹄者所以在兔,得兔而忘蹄;言者所以在意,得意而忘言。

王弼《周易略例·明象》说:

> 夫象者,出意者也;言者,明象者也。尽意莫若象,尽象莫若言。言生于象,故可寻言以观象;象生于意,故可寻象以观意。意以象尽,象以言著,故言者所以明象,得象而忘言;象者所以存意,得意而忘象。犹蹄者所以在兔,得兔而忘蹄;筌者所以在鱼,得鱼而忘筌也。……是故,存言者非得象者也;存象者非得意者也。象生于意而存象焉,则所存者乃非其象也;言生于象而存言焉,则所存者乃非其言也。然则,忘象者乃得意者也;忘言者乃得象者也。得意在忘象,得象在忘言。故立象以尽意,而象可忘也;重画以尽情,而画可忘也。

王弼这段话,分析可得要点有三:
1) "言"生于"意",故可寻"言"以观"意";
2) "言"为"意"之代表,但非"意"之本身,故不可以"言"为"意";

3) 如果执着"言",以"言"为"意",则"非得意者也",故"得意在忘言"。这意思是说,"得意"在"忘言""忘象"以求言外之意。

王弼这一"得意忘言"的新思想,起于"言不尽意"流行之后,然二者实互有异同。"言不尽意"所注重在"会意"(可以意会,不可以言传);"得意忘言"所注重在"得意",这两种说法都是"重意"而"轻言"。但"言不尽意",则"言"几乎无用,故荀粲有"六籍糠秕"之言,张韩有"不用舌"之论;而王弼的"得意忘言",则认为言象乃尽意之具,"尽意莫若象""尽象莫若言",肯定言象的意义,因此和"言不尽意"又有所不同。

王弼把"得意忘言"作为他建立其哲学体系的根本方法,而于中国哲学实有深远影响。王弼认为,宇宙之本体"道",无形无象,超言绝象,因此不能用名言去说;如果用名言去说它,那么它就不是"常道",它就不是超言绝象的,不是无规定性的,而成为与认识主体相对的东西,而有某种规定性了,而不可谓之为宇宙本体。但另一方面,存在着的形形色色,它们毕竟是本体之表现,"用"不能离"体"以为"用","万物虽贵以无为用,不能舍无以为体也";"言"虽非"意"之本身,而"言"终究生于"意",为"意"之代表。问题是,如果能不执着形形色色的现象,就能据"用"以得"体",所以王弼说:

> 夫无不可以无明,必因于有,故常于有物之极,而必明其所由之宗也。

"无"(本体)不能由"无"来说明,因为作为本体之"无"是无法用名言来说的,只能通过表现它的形形色色的"有"来说明,因此必须在"有物之极"(天下万物之全体)上去了解形形色色的"有"之存在的根据("所由之宗"),故王弼在其《周易·复卦》注中说:"天地虽大,富有万物,雷动风行,运化万变,寂然至无,是其本矣。"

第十章　郭象的哲学方法

自王弼以后，许多玄学家多用"得意忘言"作为方法，以论证其思想，例如嵇康在《声无哀乐论》中说："吾谓能反三隅者，得意而忘言。"稍后有嵇叔良作《阮嗣宗碑》云："先生承命世之美，希达节之度，得意忘言，寻妙于万物之始；穷理尽性，研几于幽明之极。"王弼用"得意忘言"的方法注《老子》、注《周易》以及释《论语》，建立"以无为本"的"贵无"思想体系；郭象用什么方法注《庄子》以建立其"造物无主"的"崇有""独化"的思想体系呢？我们可以看到，在郭象的《庄子注》中充分吸收了王弼"得意忘言"的思想，如在《则阳注》中说："不能忘言而存意，则不足。"《天道》注中说："得彼情，唯忘言遗书者耳。"但是，郭象没有用"得意忘言"来概括他注《庄子》的方法，而是用"寄言出意"来说明他注《庄子》的方法，在《山木》的注中说：

　　夫庄子推平于天下，故每寄言以出意，乃毁仲尼，贱老聃，上掊击乎三皇，下痛病其一身也。

郭象说庄子论事，用"寄言出意"的方法，其实是说他自己注《庄子》所采用的方法。"寄言出意"和"得意忘言"，就它们作为哲学方法说，其意义是很接近的。《说文》谓："寄，托也"，即寄托的意思。如嵇康《琴赋》："吟咏之不足，则寄言以广意。"王敦《上疏言王导》："何尝不寄言及此。"孙绰有"庄子多寄言"之语（见《文选》，沈约《宋书·谢灵运传论》注）。"寄言出意"是说：寄旨于言，而在出意，它和"得意忘言"同样注重在"得意"。但郭象与王弼的思路则有所不同。王弼"得意忘言"贵在"得意"，而以"用不离体"立论；郭象"寄言出意"，则重在"出意"，而以"即用是体"为言。王弼用"得意忘言"论证"以无为本"；郭象用"寄言出意"论证"造物无主"。郭象要论证"造物无主"，就要说明在"有"之外再无"本体之无"（造物主）作为其生生化化者或作为其存在之根据，但在《庄子》中却讲了那么多"无",而且许多地方明显地肯定"无"("道")的超越性和根源性,并认为"有"是由"无"所产生,如《庚桑楚》中说"天门者,无有也。万物出乎无有,有不能以有为有,必出乎无有";《在宥》中说"至道之精,窈窈冥冥;至道之极,昏昏默默";《天下》中说"建之以常无有,主之以太一";等等。这些都说明,《庄子》的某些观点和王弼的"贵无"思想大同小异。因此,郭象要建立起与"贵无"思想相对的"崇有"思想就必须改造甚至否定上引《庄子》的观点。故而他采用了"寄言出意"的方法来注《庄子》,如上引《在宥》那段,郭象注谓:

> 窈冥昏默,皆了无也。夫庄老之所以屡称无者何哉?明生物者无物,而物自生耳。自生耳非为生也,又何有为于已生乎!

郭象用这种"寄言出意"的方法,寄旨于庄老有"无"之言,而出其无"无"之意也,故《齐物论》注中说:"有无而未知无无也。"知道有"无"是不够的,必须知道无"无"才可以。为什么郭象要说明无"无"?盖因王弼"贵无论"中的"崇本息末"其发展极易导致嵇康、阮籍的"越名教而任自然"。然而魏晋玄学所要解决的问题之一是在老庄思想的基础上调和"名教"与"自然",即是要达到"不废名教而任自然"的目的。为走出"越名教而任自然"的"误区",必从"贵无"而走向"崇有"之"无无"。

《逍遥游》是《庄子》的第一篇,郭象在这篇的第一个注就提出了他注《庄子》的基本方法,注谓:

> 鹏鲲之实,吾所未详也。夫庄子之大意,在乎逍遥游放,无为而自得,故极小大之致,以明性分之适。达观之士,宜要其会归而遗其所寄,不足事事曲与生说,自不害其弘旨,皆可略之耳。

郭象注《庄子》常用这种方法，并以此批评旧说。郭象提出，读《庄子》应该融会贯通，以了解其精神所在和根本道理，至于细微末节和未可详论者，均可以存而不论。然而要做到这一点，就必须撇开庄子那些寄托之辞，不必要每字每句、每事每物都详尽生硬地解释，只要是不妨害对其基本意思的把握，都可以略去。"生说"即"生解"，《高僧传·竺法雅传》中说："以经中事数，拟配外书，为生解之例，谓之格义。"因此，"寄言出意"的意思是说："言"是为了"出意"，但不能执着"言"，而以"言"为"意"，是要通过言以达其"意"，所以郭象说："不能忘言而存意者，则不足。"

这里我们看到郭象注《庄子》的两个特点：

第一，对于一些名物、寓言等等，他往往不多作解释，甚至存而不论，例如对"鹏""鲲"究竟为何物，他就没有详加考证，而汉人注解则必对"鹏""鲲"多方考证，甚至牵强附会，此为汉人章句之学的特点。

第二，不是郭象注《庄子》，而是庄周注郭象。《庄子》中有《渔父》一篇，本是借渔父之口批评孔子不闻"大道"，不知"法天贵真"，郭象于此通篇只有一注于篇末，注谓：

> 此篇言无江海而闲者，能下江海之士也。夫孔子之所放任，岂直渔父而已哉！将周流六虚，旁通无外，蠕动之类，咸得尽其所怀，而穷理致命，固所以为至人之道也。

郭象这条注的意思是说：能游于外的人才能下问游于外的人。可是孔子之所以能游于外，难道只是像渔父那样的游于外吗？孔子不仅能游外，而且可以"游外以弘内"，因此普天之下以至蠕动之类，都受其惠，而得以照其自性的要求生生化化；这正因为孔子能"无心而顺物"，所以他的"道"是"至人之道"。庄子以渔父为理想之圣人，盖因渔父为游于外者也；而郭象的圣人必为"游外以弘内"者，此所以为郭象尊孔子故也。郭象的注，显然是借注《庄子》来发挥他自己的思想。

对魏晋玄学家来说最重要的问题之一是如何把"自然"与"名教"统一起来，而通过注《庄子》来解决这一问题尤为困难。然而郭象用他创造的"寄言出意"的方法，分三个步骤，以证成"不废名教而任自然"这一中心命题。

1）用"寄言出意"的方法撇开庄子的原意，肯定周孔之名教不可废。

《逍遥游》"藐姑射之山，有神人居焉"一段，庄子的本意是要肯定游于方外的"神人"，而否定游于方内的所谓"圣人"。照庄子看，"方外"高于"方内"。但郭象注，采用"寄言出意"的方法，撇开庄周的原意，而阐发他"名教之不可废"之旨，在上引《庄子》的一段后，郭象有一条长注：

> 此皆寄言耳。夫神人即今所谓圣人也。夫圣人虽在庙堂之上，然其心无异于山林之中，世岂识之哉！徒见其戴黄屋，佩玉玺，便谓足以缨绂其心矣；见其历山川，同民事，便谓足以憔悴其神矣；岂知至至者之不亏哉！……故乃托之于绝垠之外而推之于视听之表耳。处子者，不以外伤内。

这段注一开头就说明庄子用的是"寄言"，这样便于郭象利用《庄子》中的话来说出他自己的"意"。接着，郭象把"神人"拉回到人间，以"圣人"为当今的理想人格的人。"圣人"并不需要"离人群"，他可以"在庙堂之上"，而"心无异于山林之中"就可以了。可是人们对这种名为"神人"的"圣人"无法理解，往往只看到他"戴黄屋，佩玉玺"，就认为这些东西足以扰乱其心灵；看到他"历山川，同民事"，又认为这些活动会影响他们的精神。可是哪里知道，"至至者"（即"圣人"）并不受这些影响！郭象说：庄子之所以要把"虽在庙堂之上，然其心无异于山林之中"的"王德之人"假托说成是姑射山的神人，正是为了说明世俗的人对这样的"圣人"无法理解，而不得不把他说成是在"绝垠之外""视听之表"的方外之士，以便使人们了解"圣人"是不会"以外伤内"的。

在《庄子·天地》中有段故事，说"尧治天下，伯成子高立为诸侯，尧授舜，舜授禹，伯成子高辞为诸侯而耕"，禹于是去见子高问其故，"子高曰：昔尧治天下，不赏而民劝，不罚而民畏。今子赏罚而民且不仁，德自此衰，刑自此立，后世之乱自此始矣"。这里庄子显然是对禹"有为"的批评，并且以为尧舜治天下高于禹。但郭象的注则从另一角度为之解。他认为禹和舜一样虽有天下而实"有而无之"，对此孔子也没有把他们三圣分高下。至于禹传启，也并不是禹要"有为"，而是那个时代再没有"圣人"了，所以是"天下之心俄然归启"。对此不了解的廉节之士批评禹。因此，郭象认为对庄子之言"不可以一途诘"，不能只作片面的了解，就像不能用黄帝所作所为（迹）来批评尧舜一样，而去"贵尧而贱禹"。"故当遗其所寄，而录其绝圣弃智之意"。盖因"圣"不可学、"智"不可求，学只是学圣人之迹。禹为三圣之一，"其人则虽三圣，故一尧耳"。他的所作所为"至公而居当"，不是故意为之，他的"有为"实是"无为"，不因其"有为"而影响他为如尧一样的"圣人"。从这里我们可以看出，郭象把"治天下"的"圣人"往往都解释为"不以外伤内"者。

2）用"寄言出意"的方法，形式上容纳周孔之"名教"，实质上发挥老庄之"自然"。

魏晋玄学本来是老庄思想在新的历史条件下的继承与发展，尽管它企图齐一孔老、调和"自然"与"名教"，甚至在言辞上把孔子抬高到老庄之上，但它毕竟是以老庄思想为基础的一种思潮。因此，郭象注《庄子》不仅要隐去某些庄子的原意，以便容纳周孔之"名教"，更主要的是必须给儒家"名教"以新的内容，来适应玄学思想体系的需要。所谓"新内容"，并非全新，实为老庄"自然无为"思想之变种。

在《骈拇》注中，郭象说："夫仁义自是人之情性，但当任之耳。"就这点看，郭象虽与儒家的传统思想不完全相同，但亦与老庄思想并不一致。因此，我们必须进一步看看郭象对"仁义"如何解释。《庄子·天道》中有一段孔子和老子关于"仁义"问题的讨论，庄子的本意是想借此来否定儒家的"仁义"，文中说："孔子曰：中心物恺，兼爱无私，此仁义之情也。"接着老子批评孔子说："兼爱不亦迂乎！无私焉乃私也。"并指出孔子所说的"仁义"是"乱人之性"的。郭象对孔老这段讨论，有好几条注解，首先他把孔子说的"仁义"说成是一般人的看法，注谓："此常人之所谓仁义者也，故寄孔老以正之。"既然孔子讲的"仁义"是一般人的看法，因此庄子在这里乃是寄托于孔老的讨论以纠正一般人的看法，以便使人们对"仁义"有正确的认识。于是郭象对老子批评孔子的话加以注解说："夫至仁者，无爱而直前也。世所谓无私者，释己而爱人；夫爱人者，欲人之爱己，此乃甚私，非忘公而公也。"又于"乱人之性"句后注曰："事至而爱，当义而止，斯忘仁义者也，常念之则乱真矣。"表面上看，郭象是维护孔子，也没有否定"仁义"，但他把孔子所谓的"仁义"说成是常人对"仁义"的了解，并加以批评，谓"夫爱人者……非忘公而公也"云云，实际上正是批评儒家的"仁义"观点。那么照郭象看，对"仁义"正确的了解又应该是怎样的呢？他说："夫至仁者，无爱而直前。"并把这说成是孔老共同的看法。实际上这正是道家的语言，而非儒家的思想。照老庄道家的观点看，所谓"爱"，如果是有目的地去做，那就是"私"，是"欲人之爱己"，这样就会破坏人与人之间的自然关系，所以老子说："绝仁弃义，民复孝慈。"只有绝弃"仁义"这些人为的东西，老百姓才会恢复自然本性。所谓"直前"，意谓任自然无为而保性命之真。这样一来，郭象用"寄言出意"的方法，利用儒家"仁义"之名言，实之以道家"自然无为"之内容，然后加以肯定，于是儒家思想道家化了。

《庄子·天地》中有一段讲到尧治天下时，立伯成子高为诸侯，而至禹时，子高辞为诸侯，禹问子高其故，"子高曰：昔尧治天下，不赏而民劝，不罚而民畏。今子赏罚而民且不仁，德自此衰，刑自此立，后世之乱自此始矣。夫子阖行邪？无落吾"。庄子这里显然是对禹"有为"的批评，郭象对此有一长段的注解，他说：

> 夫禹时三圣相承，治成德备，功美渐去，故史籍无所载，仲尼不能间（按：意谓此三圣在孔子看来也没有办法区别）……故考其时而禹为最优，计其人则虽三圣，故一尧耳。时无圣人，故天下之心俄然归启（按：意谓在禹之后，天下无圣人，因此老百姓的心都归向于启了）。夫至公而居当者付天下于百姓，取与之非己，故失之不求，得之不辞，忽然而往，侗然而来，是以受非毁于廉节之士，而名列于三王，未足怪也（按：意谓禹虽受毁于伯成子高这样的廉节之士，然名仍列于三王，是没有什么奇怪的）。庄子因斯以明尧之弊，弊起于尧，而衅成于禹，况后世之无圣乎（按：此意谓庄子根据尧传舜，舜传禹，似成定规，而这种定规实是一种"迹"，把"迹"当成定规，所以是弊病，这种弊病是由尧时开始的，但还未成为事实，到禹以后，由于没有圣人，仍然追求已成之陈迹，这样弊病就显露出来了）。寄远迹于子高，便弃而不治，将以绝圣而反一，遗知而宁极耳，其实则未闻也（按：意谓这里寄旨于子高之远迹，便以为可以对天下弃之不治，这并不合于"绝圣弃智"的意思）。夫庄子之言，不可以一途诘，或以黄帝之迹秃尧舜之胫，岂独贵尧而贱禹哉！故当遗其所寄，而录其绝圣弃智之意焉。

这段话最重要的是最后几句，郭象的意思是说：庄子的言论，不能从一个方面去理解；如果只从一个方面去理解，那就不能透过其所寄于言而明"言外之意"。例如，如果根据黄帝的所作所为（迹）去要求尧舜，那就是执着于"迹"，而不知"所以迹"，因此也就不能抓住尧舜时代的"迹"来要求于禹。这是由于时代不同，我们应该撇开其所寄托的表面言辞，而把握其"绝圣弃智"的意义。

郭象的《庄子注》中不少地方运用这种方法，在形式上不否定周孔的思想，但在实质上即在发挥着老庄的思想。然而儒家和道家毕竟是不同的两种思想体系，很难在传统的儒家或传统的道家任一模子里把两种不同的思想都包容而无矛盾，但郭象却要求调和儒道这两种不同的思想，这样就不能不创造一种方法，在高一层次上超出传统的儒道，而提出一种新的理论。

3）用"寄言出意"的方法，齐一儒道，调和"自然"与"名教"，发明其玄学新旨。

上述一、二两点，虽都是用"寄言出意"的方法，但它们只是达到第三点之阶梯，还谈不上是郭象主要论证的问题，也就是说还不能全面把握郭象玄学的新思想。那么郭象的玄学新思想是什么？他又如何用"寄言出意"来发挥他的玄学新思想呢？

郭象的玄学新思想用《庄子序》的话说，就是他申明的"明内圣外王之道"。"内圣外王之道"，就现在所知，最早见于《庄子·天下》，照《庄子·天下》的意思，先秦各家都是要"明内圣外王之道"的，但所要发明的却各不相同。那么郭象要发明的"内圣外王之道"是如何呢？我认为，郭象所要说明的"内圣外王之道"就是"游外以弘内"，"无心以顺有"。"游外以弘内"，意谓"即世间而出世间"，则可不废"名教"而徒合"自然"。"无心以顺有"，即谓"无心而任乎自化"，则"不自用心"（不以自己之心为心，而任物之心）而应物合俗。如果说，"游外以弘内"是郭象心目中的最高境界，那么"无心以顺有"则是达到圣人这一最高境界的手段。故"无心以顺有"就成为"名教"通向"自然"，或"自然"寓于"名教"之间的桥梁。从这里我们可以看到，郭象所提出的"内圣外王之道"，无疑是中国哲学史上的一种新思想。郭象的这一新思想在当时条件下，可以说解决了时代所要解决的难题。它既可继承和发挥老庄"自然无为"的思想，又可不废周孔

"道德教化"之事功；这实为当时统治者和士大夫所欢迎。郭象论证这种新思想的方法就是"寄言出意"。在《大宗师》中记载着一段孔子向子贡说他自己与方外之士子桑户、孟子反、子琴张的不同的话，孔子说"彼，游方之外者也；而丘，游方之内者也。外内不相及，而丘使女往吊之，丘则陋矣"云云。照庄子看，"游方之内者"与"游方之外者"是两类不同的人，故"外内不相及"，但郭象的注说：

夫理有至极，外内相冥，未有极游外之致而不冥于内者也，未有能冥于内而不游于外者也。故圣人常游外以弘内，无心以顺有，故虽终日挥形而神气无变，俯仰万机而淡然自若。夫见形而不及神者，天下之常累也。是故睹其与群物并行，则莫能谓之遗物而离人矣；睹其体化而应务，则莫能谓之坐忘而自得矣。岂直谓圣人不然哉？乃必谓至理之无此。是故庄子将明流统之所宗以释天下之可悟，若直就称仲尼之如此，或者将据所见以排之，故超圣人之内迹，而寄方外于数子。宜忘其所寄以寻述作之大意，则夫游外弘内之道坦然自明，而庄子之书，故是涉俗盖世之谈矣。

照郭象看，最根本、最高的道理（至理）是"游内"与"游外"的合一，没有能最佳"游外"的而不是最佳"游内"的，也就是说"极高明"必能"道中庸"，圣人正是这样"常游外以弘内"。圣人可以"终日挥形而神气无变"，"俯仰万机而淡然自若"。可是一般人往往只是从形式上看圣人，而不能了解圣人的内在精神，看到圣人和老百姓在一起，随顺百姓之心以应务，就认为圣人和一般人一样了，这岂不是说无所谓圣人了吗？这哪里是"外内相冥"的道理呢？可是庄子为什么不直接说孔子是"外内相冥"的圣人呢？这是因为如果直接说孔子就是"外内相冥"的圣人，那些不能透过外在形式来了解事物内在本质的人就会根据一些表面现象提出疑问，因此庄子为了说明根本的道理，开导天下迷惑的人，就寄托孔子于方内，而把子桑户等说成是方外的，但读《庄子》应忘掉那些假托之辞，而寻求其根本的道理，这样才能了解"游外以弘内"之道，而不至于囿于世上的俗说。

这里郭象用"寄言出意"的方法，既论证了"名教"之不可废，又说明了孔子所作所为均能"德合自然"，并且通过这些步骤而得出"游外以弘内"的结论，以明"名教"与"自然"之统一。所以我们说，郭象的"寄言出意"，意欲寄托《庄子》之言，以出其玄学之新义也。如果不借《庄子》言之，则无以出郭象之新思想；如果执着《庄子》之辞句，同样不可能出郭象的玄学新义。

如果说用"寄言出意"的方法隐去庄子的原意，而存周孔之"名教"为正命题；"寄言出意"的方法在形式上容纳周孔之"名教"，而实际上是要发挥老庄之"自然"为反命题；那么用"寄言出意"的方法齐一儒道，调和"自然"与"名教"以发明其玄学新旨就是合命题了。此一"正—反—合"辩证的方法论，或是了解郭象注《庄子》的意义所在。郭象生活之时，正是当权统治集团面临"越名教而任自然""非汤武而薄周孔"的玄风流行之后，此玄风既有适合这个集团生活所需要的一面，也有损害他们集团统治利益的一面，因此如何保存其所需要的一面而又能克服其损害统治的一面，这是当时玄学思想家必须解决的问题。可以看到，要解决这个问题，首先需要为"名教"在玄学中争得一席之地，否则将不利于统治集团的统治，因此郭象对"名教"作了某种肯定；然而这种肯定又必须是在玄学范围之内的肯定，否则郭象的哲学也就不成其为在老庄思想基础上的玄学了，因此不得不在某种程度上把周孔老庄化，把"名教"容于"自然"之中，以达到既可不废"名教"，又能顺应"自然"，而创造出"游外以弘内""无心以顺有"这样颇有新意的玄学命题，这就是郭象的"内圣外王之道"。

郭象的"寄言出意"，从思维方式上看，可以说是一种调和矛盾的方法，而且是一种通过否定而达到肯定的方法。这种注意到事物之间的矛盾性和"否定"的意义，从方法学上说无疑是非常重要的。郭象和庄子一样，对事物之间的矛盾有深刻的认识。对待矛盾，庄子往往是用相对主义来取消矛盾，而郭象则是用异中求同的方法和通过否定达到肯定的方法来消解矛盾。

（二）辩名析理

"辩名析理"是魏晋玄学的一种方法，但这种方法并非是魏晋玄学家首创的，而是由先秦名家所首创，如公孙龙之论"白马非马"，墨辩之论名实。在《郭象的〈庄子注〉与〈庄子〉的旧说》一章中已对郭象"辩名析理"的方法有所论述。照我看，魏晋玄学虽是一种"名理之学"，但"名理之学"并非即是魏晋玄学，例如《世说新语》中说裴頠善言名理，但"不达虚胜之道"，所以"善言名理"者，并不一定善于通达"虚无贵胜之道"的玄学问题。因此郭象也并不认为"辩名析理"为玄学的最重要的方法，故他说：这种方法"无经国体致，真所谓无用之谈也"。从这里看，郭象虽为一高明的玄学家，他仍如中国的许多士大夫一样有着"经国治世"的抱负。因此，他向往的玄学是要既玄远又能实行的，这点可于其《庄子序》中看出，他说："夫庄子者，可谓知本矣。故未始藏其狂言，言虽无会，而独应者也。夫应而非会，则虽当无用；言非物事，则虽高不行。"郭象注《庄子》就是企图使这种高超的玄学思想成为"既高又能行"的理论。那么用什么方法可以把庄子的思想（即郭象所注的庄子的思想）变成为其"不治之治"的"内圣外王之道"呢？这就是上面讨论的"寄言出意"的方法。但"寄言"，就要对"言"（名词）作分析，故要"辩名"；"出意"就要对"意"有所指示，于是也就要"析理"了。所以"辩名析理"虽不能"经国体致"，但对建立玄学体系仍有重要意义。

所谓"辩名析理"，"辩名"，因为"名"是指"实"的，把指"实"之"名"搞清楚了，那么就知道"名"之所指，故有此"名"，就有此"名"所指之"实"，王弼说："不能定名，则不可与论实也。"如果不能给所指之"实"以固定的名称，那么就无法讨论"实"的各种意义。郭象也说："名当其实，故由名而实不滥。"名实相当，那么就可以由"名"了解"实"的意义。故郭象又说："名者，天下之共同也。""名"定下来就成为所有人共同用的了。由于据"实"之"名"立，那么此类之"实"之为此类"实"应符合此类"实"之"名"之标准。所以"辩名"就是要对一个名词下定义，例如刘劭《人物志》对"英雄"所下的定义为："聪明秀出谓之英"，"胆力过人谓之雄"，"英雄"则是兼二者而有之。张良符合"英"的标准，故为"英"；项羽符合雄的标准，故为"雄"；而刘邦符合"英雄"的标准，故为"英雄"。故"名"是指一个概念，对"名"这个概念下的定义则形成判断（即命题）。"名"往往是指"应然"（应该如此），"实"指"实然"（实际如此），但"应然"并不一定都会在现实中有其实际的例子，所以这样就会发生"名"与"实"脱节的状况。出现"名"与"实"脱节的状况可能有多种原因：一是给"名"下的定义并不反映"实"，"名不当实"；也可能是给"名"下的定义虽然是合理的，但是只是理想中的合理，而并非现实中已有之例；还可能因不同思想家给同一"名"所下的定义不同，而所指的"实"自然也就不同，而从此一思想家看彼一思想家给"名"下的定义是"名实不当"的，反之亦然。例如王弼释"道"为"无"和郭象释"道"为"无"的意思根本不同。所以在汉魏之际，"辩名"是非常重要的。因为对"名"（概念）的涵义搞清了，才有可能对其所建立的理论做出清楚明白（或者合理）的表述或分析，这就是汉魏之际的"名理之学"。

所谓"名理之学"，在汉魏之际开始时大体上是讨论"名分之理"，人君臣民各有其职守，如何使之名实相符，又如何使名实相符而天下治，此为政治理论的问题。后来渐渐进而讨论鉴识人伦的标准问题，于是讨论趋向于"辩名析理"，而向着抽象原理或概念内涵之"应然"方面发展。例如曹魏当政时有所谓"四本才性"问题的讨论，《世说新语·文学》"钟会撰《四本论》"条注引《魏志》曰：

> 四本者，言才性同，才性异，才性合，才性离也。尚书傅嘏论同，中书令李丰论异，侍郎钟会论合，屯骑校尉王广论离。

钟会等四家讨论才性问题的具体内容因无可查之具体史料，故不可得而知，但所讨论的形式已进入抽象的"名理"则是无疑的。晋袁准《才性论》说："性言其质，才名其用。"这或是魏晋之际对"才"与"性"涵义的最一般的看法。例如刘劭《人物志》认为，"才"是"性"的表现，"弘毅"之才是"仁"性的表现；"通微之才"是"智"性的表现；"筋劲"之才是勇性的表现；而"平淡无味"是圣人"中和之质"的表现等等。但刘劭《人物志》中的这些讨论大概还算不上真正的玄学的"名理之学"，或可谓为准玄学之"名理之学"。因为刘劭讨论才性问题，目的还仅仅是为"才"找一内在的根据，而重点还不在讨论难言之域的"性"的问题。到何晏、王弼时，则主要是讨论对"性"的看法了。何晏《论语集解》注"夫子之言性与天道，不可得而闻"谓："性者，人之所受以生也。"这是给"人性"下的定义，但人同样具有此"性"，而为什么又往往表现得很不相同呢？何晏解释说："凡人任情，喜怒违理；颜渊任道，怒不过分。迁者，移也。怒当其理，不移易也。"（《论语集解》卷三）这里又提出"性"与"情"、"性"与"理"的关系等等，这就不仅要"辩名"而且要"析理"了。王弼对这一问题进一步作了理论上的分析。王弼在《答荀融难大衍义》中发挥了何晏的这一观点，提出圣人虽然"明足以寻极幽微"，可是遇到颜渊仍然不能无乐，而颜渊死去也不能无哀，喜怒哀乐乃"自然之性"，圣人也不能去掉，只不过圣人可以做到"以情从理"罢了。在王弼的《周易·乾卦·文言注》中说："不为乾元，何能通物之始？不性其情，何能久行其正？"可见"性"是合"理"的，用"性"来规范"情"，就是"以情从理"。这样一来"人性"问题就和"天理"问题联系起来了。进而王弼提出，事物的存在必有其事物存在的道理，"物无妄然，必由其理"（《周易略例·明象》），这就是由"辩名"而进入"析理"。"辩名析理"于是成为魏晋玄学的重要方法之一。兹以"天""道"二概念为例,以示郭象如何运用"辩名析理"的方法为其建立"崇有独化"之思想体系之用。

"天"在中国哲学中本有多重涵义,有主宰之"天"的意思,有道德之"天"的意思,有自然之"天"的意思,有命运之"天"的意思,有神秘之"天"的意思,等等。而郭象之"崇有"思想意在否定"天"之造物主的地位,故必须给"天"这个概念下一个定义。从他的《庄子注》中可以看出,郭象从两个方面来说明"天"的涵义:"天者,万物之总名也";"天者,自然之谓也"。而这两方面的涵义是相联系的,如他说:"天地者,万物之总名也。天地以万物为体,而万物必以自然为正。自然者,不为而自然者也。"从这段话看,"天"只是一个名称,即万物的总名称,而不是什么外于万物的东西,故《齐物论》注"天籁"谓:"夫天籁者,岂复别有一物哉?即众窍比竹之属,接乎有生之类,会而共成一天耳。"因此,"天"就是万物之全体,或者说总万物为一天,这是就实体方面来说明"天"的意思。说"天者,自然之谓也",意思是说"天"就是万物存在的自然而然的状态,"天"对万物没有什么作用,所以"天"是"不为而自然者也"。《山木》注中说:"凡所谓天,皆明不为而自然。"《在宥》注说:"天,无为也。"这说明,"天"不能做什么,是无目的、无意志的,这是就"天"的功能方面说的。因为"天"只是"万物之总名",只是万物总体的名称,因此它的功能只是"自然无为"。

为什么"天"是"万物之总名"?为什么"天"是"自然无为"的?这必须有论证,有论证才可以叫"析理"。照郭象看,如果"天"不是"万物之总名",那么它就是外于"万物"的另一东西,可是这外于万物的东西怎么能产生千种万般不同的东西。如果"天"不是外于万物的,那么它就只能是"万物之总名"了,郭象说:

> 天且不能自有,况能有物哉!故天者,万物之总名也。(《齐物论》注)

在《德充符》注中说:"天不为覆,故能常覆;地不为载,故能常载。使天地而为覆载,则有时而息矣。"这是说,天地的覆载不是为了什么目的而覆载万物的;如果为了什么目的而覆载,那么就可能有不覆的时候,这怎么可能呢?因此"天地"是"不为而自然"的。正因为"天"是"万物之总名",所以"天"是"无为"的,只是"万物"之"自为",这种"任自然"是万物的正常状态。故在《则阳》注中说:"殊气自有,故能常有。若本无之,而由天赐,则有时而废。"如果万有是由"天"做成的,那么有的时候就可能没有"万有",那怎么可能呢?只能是万物自有,才可以无时不有。这一看法和郭象把宇宙看成是无限的永恒存在的思想是一致的,《庚桑楚》注中说:"宇者有四方上下,而四方上下未有穷处。""宙者有古今之长,而古今之长无极。"

郭象在说明"天道"时谓:"不为此为,而此为自为,乃天道。"(《天地》注)又说:"物各自生,而无所出焉,此天道也。"(《齐物论》注)在说明"天德"时谓:"任自然之运动。"(《天地》注)郭象的《庄子注》中与"天"相连的名词概念有很多,如"天理""天门""天成""天性""天行""天均"等等,都是由"天"的本义,"天者,万物之总名","天者,自然之谓也"引申出来的,与"天"的本义相一致。现择其要者释于下。

《庚桑楚》注中说:"天门者,万物之都名也。谓之天门,犹云众妙之门也。"按,此处"众妙"即万物,"天门"是就总万物说的,并非说万物之外另有一"天门"。故郭象的所谓"天门",就是"以'无'为门,以'无'为门,则无门"(《庚桑楚》注)。盖因"死生出入,皆欻然自尔,未有为之者也。然有聚散隐显,故有出入之名;徒有名耳,竟无出入,门其安在乎?"(《庚桑楚》注)照郭象看,"死生出入"都是没有什么使之者的自然而然的现象。这是由于他认为事物的"死生出入"在自然界之中不过是"聚散隐显"而已。事物虽有"聚散隐显"等等的变化,但"变化相代,原其气则一",一切都是"气"自身的变化,哪里有另外一个超越万物之上的不同于万物的"门"呢?由此可见，郭象的"天门"正是"天者，万物之总名"的延伸也。

《刻意》注中说："天理自然，知故无为乎其间。"这里郭象对《庄子》"去知与故，循天之理"的注，意思是说"天理"是自然而然的，"知"（按：指用心，郭象注"不思虑"为"付之天理"）和"故"（按：指有意）都是无能为力的，只有"无为"才是符合"天理自然"的。故郭象注《天下》"故曰至于若无知之物而已，无用贤圣"句谓："唯圣人然后能去知与故，循天之理，故愚知处宜，贵贱当位，贤不肖袭情，而云无用圣贤，所以为不知道也。"

《刻意》"故曰圣人之生也天行"，郭注谓："任自然而运动。""任自然而运动"即万物自身之运动也，此即"天行"。

《寓言》注"天均"谓："夫均齐者，岂妄哉！皆天然之分。"照郭象看，"物各有性"，虽有大小、长短、美丑之分，然而这些分别都是天然如此的，因而从均可以"自足其性"说，都是一样的，故《齐物论》注中说："夫以形相对，则大山大于秋豪也。若各据其性分，物冥其极，则形大未为有余，形小不为不足。苟各足于其性，则秋豪不独小其小而大山不独大其大矣。若以性足为大，则天下之足未有过于秋豪也；若性足者非大，则虽大山亦可称小矣。……苟足于天然而安其性命，故虽天地未足为寿而与我并生，万物未足为异而与我同得。则天地之生又何不并，万物之得又何不一哉！""天均"并非"天"使之均齐，而是万物之性分从可以"自足其性"方面说都是无分别的。

我看，不须再多举例子了，从上面所引的郭象《庄子注》中与"天"有关的名词概念可以看出，他对如"天门""天理"等的辨析是和他给予"天"的基本涵义是一致的。从这点看，郭象的理论体系相当严谨，说明他在运用"辩名析理"时有着方法论上的自觉。

我们再来看看郭象对"道"是如何解释的。王弼对"道"的解释说："道，无之称也。"郭象则认为："至道者乃至无也。既以无矣，又奚为先？"这显然是对王弼"贵无"学说的批评，"道"是"至无"，又如何能生"有"呢？故郭象说："道不逃物。""道"不能离开"物"

(《知北游》注),又说:"物所由而行,故假名之曰道。"(《则阳》注)"道"是物之所由而行的"道路",离开了"物"就无所谓"道",故"道"既不是实体性的,也不是作为"物"存在根据的本体,更不是造物主,就这个意义上说"道"不是什么,所以它不能先于"物"而有,故"至道"又可名"至无"。所以郭象说:"知道者,知其无能也,无能也则何能生我,我自然而生耳。"(《秋水》注)"道"是什么也不能做的,因此事物都是自然而生成的。《知北游》注说:"言至道之无功,无功乃足称道也。"此说"道"对万物没有什么功用。《天下》注谓:"道无所不在,而云土块,乃不失道,所以为不知。"《应帝王》疏:"块然,无情之貌。"此言"道"无情、无知也。总之,郭象认为"道是物之道",它不能离开物而独存,因此在《庚桑楚》注中说道:"夫春秋生成,皆得自然之道,故不为也。"按此说"春秋生成"指自然界,亦即万物,自然界的万物都是自然而然生成的,这就是"自然之道"。按此"自然之道"是为了否定"道"的"主宰"意义和独立于"物"之外的实体意义。

除了郭象对"道"的上述说法之外,他还有与上述说法相联系的说法,如在他屡称"道无所不在"的《大宗师》注中说:"言道之无所不在也。故在高为无高,在深为无深,在久为无久,在老为无老,无所不在,而所在皆无也。"照郭象看,"道无所不在"的意思是,存在的只有"物",所以对高的物说,高是物本身的高,而不是"道"使之高或不高,也不是"道"有什么高或不高,所以"道"在高为无高。既然"道"对"物"说,它既不能为"高"、为"深"等等,因此"道"虽无所不在,但它对"物"的存在来说是没有什么作用的。故《则阳》注谓:"道故不能使有,而有者常自然也。"这就是说,郭象认为"道"对"物"的性质是没有意义的,而对物的性质有意义的只是它的"自性"。如郭象说:"言物之自然,各有性也。"(《天运》注)"不知其然而自然者,非性如何。"(《则阳》注)

郭象否定"天",并不是要抛弃"天"这个概念,否定"道",也不是要抛弃"道"这个概念，而是给它们不同于王弼或其他玄学家的涵义，并对此作出适合他思想体系要求的论证，这就是他的"辩名析理"的功夫。郭象要建立其"崇有"哲学的思想体系，同样还得给"无"以不同于王弼的解释。郭象说："无，至虚之辞。"他所说的"至虚"就是字面上的"至虚"的意思，意即"无"所表示的就是什么都没有的意思，"无既无矣""无者何？明生物者无物"，"无"就是"无物"（nothing），"无"不是什么，即谓"无"是"不存在"的意思，它等于"零"。所有这些给"无"所作的描述，即"辩名"，都是为否定"无"能生有的。所以我们也可以把郭象的"崇有论"叫作"无无论"。在《齐物论》注中说："有无而未知无无也，则是非好恶犹未离怀。"此虽为讨论境界问题，然亦可见郭象"无无"之意义。为了进一步否定"无"作为造物主的意思，并论证"有"是唯一的存在，郭象在《庄子注》中颇用了一些力气反复加以论证，如他说："夫庄老之所以屡称无者何哉？明生物者无物，而物自生耳"；"无既无矣，则不能生有"；"此所以有之不能为有，而自有耳，非谓无能为有也。若无能为有，何谓无乎？"按："有"也不能是生"有"者，如"有"是生有者，那么此生有者将成为造物主；"夫无有何所能建？建之以常无有，则明有物之自建也"；等等。这里郭象如此之否定"无"，都是为了一个目的，即肯定"有"是唯一的存在，而不承认在"有"之外（之上、之后）还存在一个造物主或者比有更根本的实体。关于郭象所论"有"与"无"的问题将在下章讨论。而"无无论"之境界问题也在以后各章中讨论。

郭象为什么要否定"无"作为造物主，除了是为其"崇有"思想的建立扫清道路外，也还有为调和儒道、为"名教"留下地盘的意义。如果承认"无"是"有"的创造者，或认为"无"比"有"更根本，那么人们只要去追求"无"这个超越的东西，以达到"玄冥之境"就可以了，哪还用管什么"名教"；人们只要"拱默山林""逍遥无为"，出于"六极之外"，游于"无何有之乡"就可以了，哪还能"游外以弘内"呢!"历山川,同民事""戴黄屋,佩玉玺",岂不可以根本否定了吗!圣人岂不将"独异于世""背俗而用我"了吗?然而郭象的玄学新义,虽然崇尚自然,但亦不能废弃"名教",只有否定"无"的造物主地位,才能齐一儒道,调和"自然"与"名教"。

就以上所述,我们可以清楚地看到,郭象对"天""道"以及"有""无"的解释和种种论证,都表现着他为建立"崇有""独化"思想体系运用"辩名析理"这种方法的功力。

中国历史上一直有注释经典的传统,"寄言出意""辩名析理"只不过是多种注释经典方法中的两种。汉朝注释经典多采用章句的方法,一章一句甚至是一字地作详细解释,还有用"纬"证"经"的方法,形成纬书系统。到魏晋则为之一变,玄学家或用"得意忘言""寄言出意",或用"辩名析理"的方法。佛教传入以后,对佛经也有各种不同的注释,有"音义""音训"等等。隋唐以来,由于在我国形成了若干佛教宗派,而对佛经的注释又往往依各宗派思想之不同而为之注,例如对僧肇的《肇论》有依三论宗思想为之注者,有依华严宗思想为之注者。道家和道教对经典的注释亦多有不同。因此,在中国对经典的注释或是"六经注我"或是"我注六经"。根据这些情况,如果我们对中国历史上的对经典的注释方法加以梳理,也许可以总结出一套中国传统的解释学的方法和理论来,这或者可以丰富今日流行于西方之解释学(Hermeneutics)。

(三)否定的方法

在中国哲学中运用"否定"作为一种论证方法,也许可以说老子是最早加以运用和运用得最为出色的。以后中国的许多哲学家都采用"否定"的方法作为他们建立哲学体系的重要方法,由于这种方法不肯定什么,又往往被称之为"负的方法"。我们在《老子》书中可以找到一些他提出的与"否定"的方法相关的命题,如"正言若反""反者道之动"等等。但我认为,他提出的"无为而无不为"这一"通过否定达到肯定"作为一种方法,可以说更有意义,表现了老子对"否定"有了方法论上的自觉。"无为"是对"有为"的否定,而正是由对"有为"的否定恰恰可以成就"有为"。例如《老子》第四十八章中说:"取天下常以无事,及其有事,不可以取天下。"对于"取天下","无事"是否定的意义,而"有事"是肯定的意义,而照老子看不是以"有事"去取天下才可以有天下,而是以"无事"才可以取天下,这正像郭象所说的"以不治治"的意思。因此,就老子说,在这方面他对中国哲学在方法论上的贡献至少有两点:

(1) 他认识到"肯定"与"否定"是一对矛盾,而且"否定"作为方法比"肯定"更有意义,从"否定"方面了解事物比从"肯定"方面了解事物会更为深刻;

(2) "否定"中包含着"肯定",用"否定"来对待"肯定"(事物)是一种十分重要的完成"肯定"(事物)的方法,或者说是完成更高一层次"肯定"(事物)的方法。

在这里我们把老子"无为而无不为"作为一种方法加以模式化,可以这样来表达:"通过否定达到肯定。"在郭象注《庄子》中常常用这种方法来论证或阐述他的理论,例如他提出"相为于无相为""相与于无相与"等等。其意为,在"无相为"中才可以实现"相为";在"无相与"中才可以实现"相与"。《大宗师》注中说:

> 此二人(按:指子舆与子桑)相为于无相为者也。今裹饭而相食者,乃任之天理而自尔耳,非相为而后往者也。

按,《庄子》中说:子舆和子桑是好朋友,子桑生病,"子舆裹饭而往食之"。郭象注了上面那段话。表面上看,子舆好像是因为子桑生病,故带饭送给子桑吃。但其实郭象要说明的是,子舆并不是因子桑生病而带饭去给他吃,他只是"任之天理而自尔",所以是"相为于无相为"。正是"无相为"而实现了"相为"的意义。"无相为"是对有某种目的的"否定",而这种对有目的的"否定"恰恰实现了某种目的("相为")。

在《庄子·大宗师》中还有一段话:"子桑户、孟子反、子张琴三人相与友,曰:孰能相与于无相与,相为于无相为?孰能登天游雾,挠挑无极,相忘以生,无所终穷。"郭象有以下一段注:

> 夫体天地,冥变化者,虽手足异任,五藏殊官,未尝相与而百节同和,斯相与于无相与也;未尝相为而表里俱济,斯相为于无相为也。若乃役其心志以恤手足,运其股肱以营五藏,则相营愈笃而外内愈困矣。故以天下为一体者,无爱为于其间也。

庄子这段话的意思是说:子桑户等三人之间能在并不相互关怀(无心)中而能成为莫逆;能在不为对方做什么(无为)中而成就对方的一切。超然物外,游于无穷,忘掉生死,不受什么限制。郭象对庄子思想的解释,实际上也是对老子"无为而无不为"这种"否定"思维模式之发挥。郭象解释说,能够体证天地之变化而与之为一体者,就像手足、五脏等的功能不同,并非是为互相的关怀而能相和同,并非是要为互相的作为而能相帮助,这就是因为"相与于无相与""相为于无相为"。如果你有意去做什么,得到的结果将是内外交困,"故以天下为一体者,无爱为于其间"。这种思维模式也正是郭象的"独化"思想的具体化,在《大宗师》注中说:"夫相因之功,莫若独化之至也。"这就是说任何事物都应是独立自足的生生化化,不是有意去为别的事物去做什么,这反而对别的事物有最大的功用。所以"神人者,无心而顺物者也"(《人间世》注)。"无心而顺物"不是要肯定什么,而是要不断地排遣一切"用心"。郭象对《庄子·齐物论》"今且有言于此,不知其与是类乎?其与是不类乎?类与不类,相与为类,则与彼无以异矣"的注说:

> 今以言无是非，则不知其与言有者类乎不类乎？欲谓之类，则我以无为是，而彼以无为非，斯不类矣。然此虽是非不同，亦固未免于有是非也，则与彼类矣。故曰类与不类又相与为类，则与彼无以异也。然则将大不类，莫若无心，既遣是非，又遣其遣。遣之又遣之以至于无遣，然后无遣无不遣而是非自去矣。

按：如果说庄子"齐物论"思想是要"遣是非"，那么这里郭象的注则是要"既遣是非，又遣其遣"。因此，在这里表明郭象对"否定"的意义的体认又更有所进了。"否定"作为一种思维方式固然重要，但如果对"否定"加以"肯定"，那么"否定"就会失去作为"否定"的意义。这正如佛教的般若学的"破相"一样，《大智度论》中说：

> 如服药，药能破病，病已得破，药亦应出。若药不出，则复是病。以空灭诸烦恼病，恐空复为患。是故以空舍空，是名空空。

对于"是非"问题的争论，无论同意哪一方面，都会造成有所执着，这就仍然会成为一种"是非之争"，仍不是"无是非"，就像为了消除"无是非"，而执着"无是非"，这就成了病因药已除，还要继续吃药一样，而成为新的病了。因此对于"是非"这样问题的"类与不类"，"莫若无心"。所谓"莫若无心"就是要"遣之又遣之以至于无遣，然后无遣无不遣而是非自去矣"，这就如佛教之"空空"。这里郭象的"遣之又遣之以至于无遣"似乎又比老子前进一步，认为如果要坚持"否定"的方法，那么对"否定"本身也应"否定"，这样才是彻底地否定，这样无异于是主张什么都可以"肯定"，从而郭象要肯定的"一切存在的都是合理的"是可以成立的了。成玄英对郭象的这段注有如下的疏解：

> 类者，辈徒相似之类也。但群生愚迷，滞是滞非。今论乃欲反彼世情，破兹迷执，故假且说无是无非，则用为真道。是故复

> 言相与为类，此则遣于无是无非也。既而遣之又遣，方至重玄也。

成玄英的思想深受佛教三论宗的影响，而又是在佛教的涅槃学在中国兴盛之后，故其学说在否定执着于"无"和执着于"有"之后，而认为仍有所肯定。关于此问题在本书附录"论魏晋玄学到唐初重玄学"有较详之讨论，可参阅之。

第十一章 郭象的哲学体系（上）

哲学家的哲学思想是以理论思维的形式表达的，而理论思维必定是由一系列的概念、范畴（按：范畴是指某一哲学体系的基本概念，如亚里士多德《范畴篇》的十个范畴）构成。因此，通过对某个哲学家的概念、范畴的分析，不仅可以看到某个哲学家与哲学史上的其他哲学家前后之间的联系，而且可以使我们比较深入地了解其理论思维的水平和特点。在哲学家的哲学体系中，必然会存在着由其所使用的概念构成的反映其哲学思想的基本命题，并由若干基本命题经过某种（或某几种）方法而形成其理论体系。本章将由对郭象哲学中的主要概念分析入手，以见其哲学思想的基本命题和哲学理论体系的结构。

我们不可能对郭象著作中的全部哲学概念进行分析，这当然也没有必要，只要对他的哲学体系的基本概念作出分析，找出它们之间的逻辑联系，这样郭象的哲学体系也就可以搞清楚了。所谓一个哲学体系的基本概念就是说用这些概念足以说明这个哲学家哲学体系的构成、特点以及发展的水平。郭象的哲学体系大体如图1所示。

图1

"有"是郭象哲学体系中的最基本概念，是"唯一的存在"，其存在的根据不在自身之外，而即其自身之"自性"。每一事物依其"自性"而存在，必以"自生""无待""自然"为条件。事物的存在虽是"无待"，但如执着"无待"，则为"有待"，故必"无心"（无所执着），方可"无待"。"自然"因物而然，故应"顺物"，"常无其心而付之自然"。要把"物各有性"（自性）以及事物存在的形式"自生""无待""自然"等观点坚持到底，则必有"独化"一概念。下面我们将对郭象哲学体系中的上述基本概念作些具体分析。

"有"：郭象把一切事物都称为"有"，即所谓"存在着的"都是"有"。他的哲学体系从否定"无"作为"造物主"或万有存在的根据出发，来论证"有"是唯一的存在。他说：

> 非唯无不得化而为有也，有亦不得化而为无矣。是以夫有之为物，虽千变万化，而不得一为无也。不得一为无，故自古无未有之时而常存也。（《知北游》注）

这段话郭象说明了三点：第一，"无"不能生"有"，故"无"不是一实体；第二，"有"是唯一的存在；第三，"有"的存在是无始无终的，绝对的。对此三点，郭象又从各方面作了论证。

为什么"无"不能生"有"呢？照郭象看，"无"就是"无"（nonexistence, nothing），不存在的东西怎么能产生存在的东西呢？所以他说："无既无矣，则不能生有。"如果"无"能生"有"，那怎么还能说它是"无"呢？因为能生"有"的必然是什么，而不能什么也不是，"若无能为有，何谓无乎"，"一无有则遂无矣。无者遂无，则有自欻生明矣"（《庚桑楚》注）。《庄子·天下》中说关尹、老聃的学说是"建之以常无有，主之以太一"，即认为"有"生于"无有"而以万物之上的"太一"为宗主，但郭象的注却说：

> 夫无有何所能建？建之以常无有，则明有物之自建也。
>
> 自天地以及群物，皆各自得而已，不兼他饰，斯非主之以太一耶！

显然郭象是否定上述关尹、老聃的观点的，所以郭象认为"无"只是和"有"相对的一个概念，其涵义只是"无物"或"不存在"，即"有"的否定，它既不是精神性实体（如造物主），也不是物质性实体（如元气），在郭象的哲学体系中是一存在形式的概念（"有"消失了的状态），而非实体概念。

那么"有"为什么是唯一的存在呢？郭象对这个问题采用的是反证法，他提出存在的都是物，所以"万有"是唯一的存在，他说：

> 谁得先物者乎哉？吾以阴阳为先物，而阴阳者即所谓物耳。谁又先阴阳者乎？吾以自然为先之，而自然即物之自尔耳。吾以至道为先之矣，而至道者乃至无也。既以无矣，又奚为先？然则先物者谁乎哉？而犹有物，无已，明物之自然，非有使然也。（《知北游》注）

所存在的都是"物"，所以"万物"是唯一存在的。"自然"是万物自然而然存在的状态，它只是说明"万物"自己存在着、变化着，没有一个东西使它如此存在着、变化着。"道"也并非一实体，而是"至无"，既然是"无"，它就不可能在"有"之先存在，它仅仅是"物"所以如此运动变化的状态，"物所由而行，故假名之曰道"。由此可见，在郭象的体系中，"有"是最普遍、最一般的实体概念。

"有"既然是唯一存在着的，那么它的存在就是无始无终的、永恒的存在。郭象说："言天地常存，乃无未有之时"（《知北游》注）"殊气自有，故能常有，若本无之，而由天赐，则有时而废"（《则阳》注）。照郭象看，不仅宇宙是"常存""常有"，而且每一个具体的存在物也是"常存""常有"的，如他说："夫有不得变而为无，故一受成形，则化尽无期也"，"恒化新也"，"不以死为死。"（《田子方》注。按：《庄子》原文为"吾一受其成形，而不化以待尽……日夜无隙，而不知其所终"）这样，郭象就从原来否定"无生有"的正确观点走到错误的方面。即把具体的事物亦视为永远存在的了。

"自性"：郭象称"性"为"自性"，或为"性命"，这都是说"此事物之所以为此事物者"。就事物的"自性"说，每一事物都各自有各自的"性"，而且各自的"性"都有其所能达到的一定限度，他说："物各有性，性各有极，皆如年知，岂跂尚之所及哉？"（《逍遥游》注）"小年"如"朝菌不知晦朔""蟪蛄不知春秋"，"大年"如"大椿者，以八千岁为春，八千岁为秋"，这都是他们"自性"所规定的，不是能希求可以得到的。郭象说：

> 凡所谓天，皆明不为而自然。
> 言自然则自然矣，人安能故有此自然哉？自然耳，故曰性。
> （《山木》注）

这就是说所谓"性"是"自然而然"的，即天然的，天生如此的，"不知其然而自然者，非性如何"（《则阳》注）。就这点看，郭象对"性"的看法是有合理因素的，因为任何事物之成为这样或那样不是自己可以选择的，而是"自然而然"如此的。那么每个事物的"性"又是如何呢？

郭象认为，每个事物的"性"都有其具体的内容，比如说马，它的"真性"不仅如庄周所说"龁草饮水，翘足而陆"，而且是要求为人们所骑乘的，"马之真性，非辞鞍而恶乘，但无羡于荣华"（《马蹄》注）。对一般老百姓的"性"，郭象说其"性之不可去者，衣食也；事之不可废者，耕织也"（《马蹄》注）。由于每个事物的"性"是天生如此的，不得不然的，因此是不能改变的，所以郭象说：

> 天性所受，各有本分，不可逃，亦不可加。（《养生主》注）
>
> 言性各有分，故知者守知以待终，而愚者抱愚以至死。岂有能中易其性者也。（《齐物论》注）
>
> 性之所能，不得不为也；性所不能，不得强为，故圣人唯莫之制则同焉皆得，而不知所以得也。（《外物》注）

"性"是不可改变的，这在一定意义上说也是不错的，动物生成为动物就不能改变其"性"而成为植物，人生成为人也不能改变其"自然本性"而成为其他种类的动物。但问题在于，马的"真性"是否是"非辞鞍而恶乘"，一般老百姓的"自性"就是"衣食""耕织"，而"智者"就是天生的智者，"愚者"就应一辈子处于奴隶的地位？看来，郭象说"物各有性"并不全错，问题在于每个事物的"性"的内容是由郭象规定的，这就是他的所谓"自性"的秘密所在。

郭象不仅认为"性"是不能改变的，而且主张每个事物都应安于其"自性"所要求；如果能安于性命，那就是"逍遥"（自由的了），他说：

> 夫以形相对，则大山大于秋豪也。若各据其性分，物冥其极，则形大未为有余，形小不为不足。苟各足于其性，则秋豪不独小其小而大山不独大其大矣。若以性足为大，则天下之足未有过于秋豪也……苟足于天然而安其性命，故虽天地未足为寿而与我并生，万物未足为异而与我同得。则天地之生又何不并，万物之得又何不一哉！（《齐物论》注）
>
> 物各顺性则足，足则无求。（《列御寇》注）

郭象提出"自性"这一概念，是为从"物"自身找其存在的根据，但是每一事物的"自性"的内容如何，则由郭象来规定，他把他为事物所规定的"自性"说成是"天然"的，"自然而然"的，因此是不能改变的。如果能"自足其性",不以"形大为有余,形小为不足","物任其性,事称其能,各当其分,逍遥一也,岂容胜负于其间哉。"(《逍遥游》篇目注)如果每个事物都能按照其本性的要求,在它性分允许的范围内活动,都是一样的"自由","逍遥一也"。

郭象为建立其"崇有"的思想体系,为把"物各有性"的思想坚持并发挥下去,他提出"自生""无待""自然"三个概念,这三个概念从不同的方面表明事物存在的形式,"自生"表明事物发生的形式,"无待"表明事物存在的无条件性,"自然"表明事物的存在是必然性和偶然性的统一。

"自生":事物根据其"自性"而存在,而其"自性"只能是"自生"的;如其"自性"不是"自生"的,则是其他事物所给与的,推求下去势必又得承认有造物主或本体之无。所以"自生"这一概念在郭象的哲学体系中非常重要,他在《庄子注》中反复说明这一点。从我们上面所构造的图表中看,"自生"这一概念可以说是郭象哲学体系的中心环节,它把"自性"和"独化"两概念联系起来。在《庄子序》中提出的郭象注《庄子》的基本思想"上知造物无物,下知有物之自造"也正好说明这一点。"自生"这一概念在郭象的《庄子注》中大体有三个相互联系的涵义:"自生"意谓"非他生","自生"意谓"非有故","自生"意谓"非有因"。

郭象说:"欻然自生非有本"(《庚桑楚》注),这里的"本"是指"根本",即有"根据"的意思,"欻然"是说忽然发生。万物都是忽然自生的,没有什么使之发生,作为其存在的根据,所以说:

> 无既无矣,则不能生有;有之未生,又不能为生,然则生生者谁哉?块然而自生耳。(《齐物论》注)(按,《列子·黄帝》注:"向秀曰:块然若地。"成玄英疏:"块然,无情之貌。")
>
> 夫有之未生,以何为生乎?故必自有耳,岂有之所能有乎?
>
> 此所以明有之不能为有,而自有耳,非谓无能为有也。若无

> 能为有，何谓无乎？（《庚桑楚》注）

照郭象看，不仅"无"不能生"有"，而且"有"也不能生"有"，如果此"有"能生彼"有"，此"有"则为彼"有"之根本，这样一来，此"有"则具有造物主的地位了。所以任何事物都只能是"自生"的，而非"他生"的。所以郭象说："上不资于无，下不待于知，突然而自得此生矣。"（《天地》注）"独生而无所资借。"（《知北游》注）"死生出入，皆欻然自尔。"（《庚桑楚》注）事物既不是靠着"无"而存在的，也不是根据其自己主观的要求而生成的，而是不知其所以然而然地自然如此生的。

"自生"必"无故"，这点在郭象思想中同反目的论有关系。郭象说：

> 天不为覆，故能常覆；地不为载，故能常载。使天地而为覆载，则有时而息矣；使舟能沉而为人浮，则有时而没矣。故物为焉，则未足以终其生也。（《德充符》注）

故意做什么就会违背自然之性，而往往行不通，所以他说："无故而自合者天属也。"（《山木》注）郭象在《庄子注》中常用"自尔"这一概念，而"自尔"这一概念往往和"自生"的涵义是相同的，如他说"欻然自生""欻然自尔"，又如他说"万物皆造于自尔""物各自生，而无所出焉"，都是"有物之自造"的意思。郭象说：

> 自尔，故不可知也。
> 设问所以自尔之故。
> 夫物事之近，或知其故，然寻其原以至乎极，则无故而自尔也。自尔则无所稍问其故也，但当顺之。（《天运》注）

一事物的生生化化似乎可以找到一些近因，可是对这事物生生化化的原因不断地追问下去，就会发现它的存在和变化是根本没有什么原因的。如果人们硬要去追求，只会陷于困惑之中。所以郭象对《齐物论》"若有真宰"一节注说：

> 凡此上事，皆不知其所以然而然，故曰芒也。今夫知者，皆不知所以知而自知矣。

对万物的"自生"是不能去追问它为什么如此的。甚至，郭象更进一步论证说，万物"自生"是"无故"的，不仅是指没有其自身以外的目的，而且也没有其自身内在的目的，"岂有之所能有乎"，所以"自生耳，非我生也"，也不是"有"有目的生的。就这一点看，郭象反对目的论在中国哲学史上有其一定的意义。

万物"自生"既然是"无故"的，因而也是"无因"的。在郭象的体系中，"因"有两种涵义：一是"顺应"的意思，如说"达者，因而不作""因其性而任之则治"；另一则是"原因"的意思，如说"不知所以因而自因"，前面的"所以因"的"因"就是"原因"的意思，是说事物的存在是没有"所以因"的。郭象说：

> 言天机自尔，坐起无待。无待而独得者，孰知其故，而责其所以哉？（《齐物论》注）

这里的"故"也是"原因"的意思，对事物的存在是不能追求其原因的，它的微妙的变化都是其自身如此的，自然而然的，不需要外在的条件的。为此郭象强调"因"是"自因"，如《齐物论》注："夫达者之因是，岂知因为善而因之哉？不知所以因而自因耳，故谓之道也。"

"无待"："无待"是说事物的存在是无条件的，它的生生化化不需要任何外在的力量，不必等待任何条件而自己存在着、变化着。

第十一章　郭象的哲学体系（上）

郭象说：

> 造物者无主，而物各自造；物各自造，而无所待焉。此天地之正也。(《齐物论》注)

事物存在的正常状态是"无待"的，因为既然没有造物主，而它的存在也就不需要其他任何条件了。然而"无待"是不是否定了其他事物的存在呢？照郭象看，那也不一定。列子御风而行，虽"非风则不得行"，但列子"非数数然求之也"，即并非有意去追求它，因此他可以"顺万物之性"，"游变化之途"，而能无不成，这就是"无待"。郭象认为，此事物的存在并不是为了另一事物而存在，它的存在就是如此的存在了，所以它不能作为别的事物存在的条件。郭象说：

> 故乘天地之正者，即是顺万物之性也；御六气之辩者，即是游变化之途也；如斯以往，则何往而有穷哉！所遇斯乘，又将恶乎待哉！此乃至德之人玄同彼我者之逍遥也。苟有待焉，则虽列子之轻妙，犹不能以无风而行，故必得其所待，然后逍遥耳，而况大鹏乎！夫唯与物冥而循大变者，为能无待而常通，岂自通而已哉！又顺有待者，使不失其所待，所待不失，则同于大通矣。故有待无待，吾所不能齐也；至于各安其性，天机自张，受而不知，则吾所不能殊也。夫无待犹不足以殊有待，况有待者之巨细乎！(《逍遥游》注)

这段话看起来似乎和上面的一段话有些矛盾，其实不然。这里郭象的意思是：第一，本来每一事物都是各有各的"自性"的，其"自性"是"自生"的，没有一个给予者。列子能御风而行，这是列子的本性，无论有风或无风都不影响他的御风而行的本性。因此，列子能御风而行的"本性"并不以"有风"为条件。第二，从列子必待风而行方面看，那么任何事不能"无待"，而都是"有待"的了。第三，因此从"有待"和"无待"去分别它们，只是一种看法。从事物都能"各安其性"，不去追求什么，"不为而自然"，"顺万物之性"，"游变化之途"，这难道不就是"无待而常通"吗？第四，如果去追求"无待"，这实际上正是"有待"，因为你追求的东西就成为你所期待的东西了。你把某种东西作为你期待着的去追求，那你的存在正是有条件的。第五，不去分别"有待""无待"，而"自足其性"者，才是真正的"无待"。盖任何事物使其性自足是不必求之于外的。郭象在《齐物论》注中有一段论"形""景""罔两"之间的关系很能说明他的观点，兹录于下：

> 世或谓罔两待景，景待形，形待造物者。请问：夫造物者，有耶无耶？无也，则胡能造物哉？有也，则不足以物众形。故明众形之自物而后始可与言造物耳。是以涉有物之域，虽复罔两，未有不独化于玄冥者也。故造物者无主，而物各自造，物各自造而无所待焉，此天地之正也。故彼我相因，形景俱生，虽复玄合，而非待也。明斯理也，将使万物各反所宗于体中而不待乎外，外无所谢而内无所矜，是以诱然皆生而不知所以生，同焉皆得而不知所以得也。今罔两之因景，犹云俱生而非待也，则万物虽聚而共成乎天，而皆历然莫不独见矣。故罔两非景之所制，而景非形之所使，形非无之所化也，则化与不化，然与不然，从人之与由己，莫不自尔，吾安识其所以哉？故任而不助，则本末内外，畅然俱得，泯然无迹。若乃责此近因而忘其自尔，宗物于外，丧主于内，而爱尚生矣。虽欲推而齐之，然其所尚已存乎胸中，何夷之得有哉？

事物的存在本来都是自然而然的，并不是此事物由彼事物的存在而存在，所以无论"罔两""景"或是"形"都是独自存在的。如果要求追问此事物存在的"近因"，而可以无止境地追问下去，这就会忘掉事物是"自尔"的("自尔故不可知"),这样就会失掉"自性",而无所适从了。所以说事物的存在本来是无条件的,如有条件则有造物主,故只有承认事物的存在是无条件的,才可以真正坚持事物的"自性"是"自生"的,它的存在是"无故""无因"的,而"造物者无主"的观点才能站得住脚。

"自然":在魏晋玄学中,"自然"这一概念是有种种不同的涵义的,就郭象来说,由于他针对的问题不同而有不同的说法,因此"自然"在他的著作中的涵义至少有五点,而又相互联系。

第一,天人之所为皆"自然"。在《庄子》书中"自然"往往是"天然"的意思,如说"常因自然而不益生"。晋王廙《洛都赋》:"不劳煮沃,成之自然",这里"自然"也是"天然"的意思。在郭象的著作中,"自然",固然有"天然"的意思,但在某种意义上他认为"人为"也是"自然"。《庄子·大宗师》中说:"知人之所为者,至矣。"庄周是主张要区分天和人之所为的,所以他"蔽于天而不知人"。郭象在这里注说:"知天、人之所为者,皆自然也。"这就是说,郭象不仅把"天然"看成"自然",而且从某种意义上说"人为"也是"自然"。那么在什么意义上说"人为"也是"自然"呢?

第二,"自为"是"自然"的表现。王弼认为"道"(无)是"自然",所谓"道"是"自然",是就"无为"意义上说的,"天地任自然,无为无造"。郭象也认为应该"无为",但他所谓的"无为"并不是什么都不做,而认为"自为"也是一种"无为",他说:

> 天下莫不相与为彼我,而彼我皆欲自为,斯东西之相反也。然彼我相与为唇齿,唇齿者未尝相为,而唇亡则齿寒。故彼之自为,济我之功弘矣,斯相反而不可以相无者也。(《秋水》注)

郭象把这种"自为"称为"自然",即是说自己为自己,不是为别的东西,所以他又说:"故所贵圣王者,非贵其能治也,贵其无为而任物之自为也。"(《在宥》注)"自为"是"无为"的一种表现形式,是和"有为"不同的,"有为……不能止乎本性,而求外无已"。那么"自为"是根据什么呢?

第三,"任性"即"自然"。王弼说:"道不违自然,乃得其性,法自然也。法自然者,在方而法方,在圆而法圆,于自然无所违。"(《老子》第二十五章注)方的东西是根据方的原则(方的标准)而成为方,圆的东西是根据圆的标准而成为圆,方得方之性,圆得圆之性,这就叫"法自然"或叫"法性"。但在王弼哲学中这里"自然"概念指的是抽象的标准,具体事物应该根据抽象标准而成为具体事物,这就叫"自然"。郭象既然认为"自为"也是"自然",但"自为"是根据什么,是不是任意而为呢,是不是故意而为呢?不是的。照郭象看:所谓"自为"就是根据事物各自的"自性"而"为",这也是"无为",他说:

> 率性而动,故谓之无为也。(《天道》注)
>
> 无为者,非拱默之谓也,直各任其自为,则性命安矣。(《在宥》注)
>
> 不因其自为而故为之者,命其安在乎?(《秋水》注)

"自然"就是"自然",没有什么使事物这样或那样。任何事物都只能"率性而动",而不能"故为之",不要使人从己,也不要舍己从人,"各任其自为,则性命安矣"。

第四,"必然"即"自然"。王弼认为,事物的存在都是有根据的,其根据就在于有其存在之理,所以他说:"物无妄然,必由其理。"这是说事物存在都有其必然性,"无妄"者"不是没有根据"之谓也,其根据即在"必然之理"。郭象则认为,事物的存在是根据各自的"自性",而"自性"是不可改变的,"天性所受,各有本分,不可逃,亦不可加","岂有能中易其性者"。所以,此事物成为此事物为其"自性"规定的,这种为"自性"所规定的情形叫"命",即"必然性",他说:

> 命之所有者，非为也，皆自然耳。（《天运》注）
>
> 达命之情者，不务命之所无奈何也，全其自然而已。（《养生主》注）

"知命"者不作"无奈何"的事，这就叫作"自然"。

第五，"偶然"即"自然"。王充在反对天人感应目的论中，接触到偶然性的问题，他说："夫天地合气，人偶自生也，犹夫妇合气，子则自生也"，"天地合气，物偶自生矣"（《论衡·物势》），"天动不欲以生物，而物自生，此则自然也"（《论衡·自然》）。这里的"偶自生"是说自然巧合而生，是没有什么目的和原因的，因此王充的"自然"含有偶然性的意思。郭象在这个问题上继承了王充的思想而又有所发展。他认为，事物据其"自性"而必然如此地存在着，这是自然而然的，必然如此的。但是，这种"自然而然"的、"必然如此"的存在着又是没有任何原因、没有任何道理的。或者说，你根本不可能去问它如此存在的原因，因此他讲的"自然"又有偶然性的意思，他说：

> 物各自然，不知所以然而然。（《齐物论》注）

就其"不知所以然"说，"自然"就有偶然性的意思。所以郭象在说明事物的"自生"时，往往用"突然""掘然""欻然"等等，都是为了说明事物的存在是没有目的的，说不出原因的。

郭象关于"自然"概念的涵义有以上相互联系的五点，其中最重要的是后面两点，即"自然"既有"必然"又有"偶然"的意思。必然和偶然本是相对立的概念，但从辩证的观点看必然和偶然又是相互联系的，是能互相转化的，必然性又往往通过偶然性而表现。郭象用"自然"一词，既说明"必然"，又说明"偶然"，正是他认识到"必然"和"偶然"的相互联系：此一事物作为此一事物而如此地存在着，从一方面说是必然的，"物各有性"；从另一方面说又是"偶然"的，

"忽尔自生"。在郭象的体系中，事物的存在必须兼有这两方面，缺一方面则非郭象哲学。黑格尔认为，必然的东西是这样的而不会是那样的，因为它是有原因的，偶然的东西则相反，它是没有原因的。郭象大概是了解这一点的。甚至可以说，郭象认识到事物的存在是由于"自性"，而此事物之所以有此"性"，则是"欻然而自生""忽尔自生"，所以必然性是通过偶然性表现出来的。

郭象在这个问题上还有一点很有辩证意味的看法，即在他的思想体系中包含着"认识了必然就是自由"的意思。当然郭象的著作中没有"自由"一词，他用的是"逍遥"一词。郭象认为，事物虽有不同，但是都能"放于自得之场"，只要做到"物任其性""事称其能""各当其分，逍遥一也"。自己根据自己的性分所及，充分地、无限地去实现其"自性"，就是最大的逍遥，就是最自由的。如何才能充分地、无限地实现其"自性"呢？郭象认为，这就要求不把自己限于"一身"去分别自己是"大"还是"小"，因为"大"和"小"只有相对的意义。如果对于那些只具有相对意义的东西能不以为意，不要求一定这样或一定那样，就是"无待"，所以他说：

> 故游于无小无大者，无穷者也；冥乎不死不生者，无极者也。若夫逍遥而系于有方，则虽放之使游而有所穷矣，未能无待也。（《逍遥游》注）

所以"逍遥"（自由）是一种精神境界，有这种"无大无小""无生无死"的认识，就是"无待而逍遥"。"无待而逍遥"，则是"无方"（无方所），或叫"大方"，"蹈乎大方，不知所以然"。认识了自己，又不执着自己，可以这样，也可以那样，那就是说它有无限的可能性，这就是"蹈乎大方"（即无方），无所限制。这样"蹈乎大方"的境界，既可以这样，也可以那样，有无限的可能性，因此含有偶然性的意思。所以郭象的"认识了必然就是自由"，其必然性是在无限的可能性中实现的，因此也就是说它是纯偶然的、碰上的。而其所谓"逍遥"当然也只能是一种主观的精神境界。

郭象关于"自然"的观念，在南北朝有很大影响，不少反对佛教因果报应说的都利用这种关于"自然"的观念。例如，范缜说：

> 人生如树花同发，随风而堕，自有拂帘幌坠于茵席之上，自有关篱墙落于粪溷之中。坠茵席者，殿下是也。落粪溷者，下官是也。贵贱虽复殊途，因果竟在何处？（据《南史·范缜传》）

他认为，为什么有的人富贵、有的人贫贱，并没有什么必然性可循。你萧子良碰巧落在茵席上，就富贵了，而我范缜落在粪坑里，就贫贱了。但范缜关于"自然"的全面了解，似乎也含有必然性和偶然性相联系的观点，如他说：

> 陶甄禀于自然，森罗均于独化，忽焉自有，恍尔而无；来也不御，去也不追，乘夫天理，各安其性。（《神灭论》）

就"自然"说，一方面是"不可知其然"的，"忽焉自有，恍尔而无"；但另一方面是根据"天理"的，各有其性。所以"自然"也是必然和偶然的统一。

后来朱世卿著《性法自然论》，也是继承着郭象、范缜发展的，他一方面说：

> 荣落死生，自然定分。（《广弘明集》卷二十二）

另一方面又说：

> 动静者莫有识其主，生灭者不自晓其根，盖自然之理著矣。

> 所谓非自然者，乃大自然也。(《广弘明集》卷二十二)
>
> 譬如温风转华，寒飙扬雪，有委溲粪之下，有累玉阶之上。风飙无心于厚薄，而华霰有秽净之殊途；天道无心于爱憎，而性命有穷通之异术。(《广弘明集》卷二十二)

这些都有必然性寄寓于偶然性之中的意思。

"无心"和"顺物"（顺有）：郭象的"无待"概念中包含着一个问题，从任何事物的"自性"都是"自生"的方面看，它的存在的根据只在其自身，因此是"无待"的；但从任何事物的"自性"所表现出的情况方面看，似乎又是"有待"的。如何解决这个矛盾呢？郭象认为，这种矛盾的出现全是由于自己主观的因素引起的，如果任其自性，随遇而安，而能无所不成，则是"无待"。因此，对任何事物说，达到"无待"必须以"无心"为条件。郭象的"自然"这一概念也包含着一个问题，它既有"无为"又有"自为"（特定的为）的意思，那么这两方面如何统一呢？郭象认为，这本来是事物自身的矛盾，只能从事物自身方面去解决，因此必须"顺物"（顺有）。这样一来，本来是讨论事物存在的问题，却成了人们如何对待事物存在的问题。郭象说："至人无心而应物，唯变所适。"（《外物》注）又说："神人者，无心而顺物者也。"（《人间世》注）"夫无心而任化乃群圣之所游处。"（《知北游》注）这都是说，圣人或至人对待事物应有的态度。采取这样的态度对待事物，虽属主观方面，但是因为任何事物都是依其"自性"而生生化化，对它们只能"因"，只能"顺"，而不能有所作为，"无心于物，故不夺物宜"，"无心而任乎自化者应为帝王"。

"独化"：如果说"有"是郭象哲学体系中最普遍的概念，那么"独化"则是他的哲学体系中的最高范畴。上述诸概念最终都是为了证成"独化"这个范畴的。所谓"独化"，从事物存在方面说，是说任何事物都是独立自足的生生化化，而且此独立自足的生生化化是绝对的，无条件的。郭象的这个观点是由"自生""无待""自然"三个方面引申出来的。

从"自生"方面说，郭象说：

> 凡得之者，外不资于道，内不由于己，掘然自得而独化也。夫生之难也，犹独化而自得之矣。既得其生，又何患于生之不得而为之哉？故夫为生果不足以全生，以其生之不由于己为也，而为之则伤其真生也。（《大宗师》注）

"凡得之者"云云是说凡得自性而为生者，从外面说不是由于"道"所给予的，从自身说也不是自己所能求得的，而且没有什么原因突然自己得以如此地独立自足地存在着。"自得"是说"道"不能使之得而自得为生（"自生"）。既然是"自得为生"，那就根本用不着自己去考虑自身的存在而去追求之。"自得为生"，则任何事物都应是独立自足的，如果不是独立自足的，那或是"外资于道"，或是"内由于己"之为，这样就要否定"自生"了。

从"无待"方面说，郭象说：

> 若责其所待，而寻其所由，则寻责无极，卒至于无待，而独化之理明矣。（《齐物论》注）

又说：

> 推而极之，则今之所谓有待者，卒至于无待，而独化之理彰矣。（《寓言》注）

事物就其表面上看似乎是"有待"，因为它们各有各的"自性"，都是相对的；但从能"自足其性"说，则都可以是"无待"的。而"性"既不是由外面所给予，也不是由自己主观求得，而是其自身所具有的。因此，对于事物存在的原因表面上看可以一层一层地追求下去，但追求到最后就可以看到"似有待而实无待"。如果人们要求追问事物存在的原因和根据，那你尽管无穷地追问下去，最后得到的结果只能是"无待"。由于刨根问到底，到最后所得的结果只能是"无待"，所以"无待"就是绝对的，任何事物的存在都是独立自足的。

事物的存在从一个方面说是必然的，从另一方面说又是偶然的，这两方面统一起来就是"自然"。郭象说：

> 卓者，独化之谓也。夫相因之功，莫若独化之至也。故人之所因者天也，天之所生者独化也。人皆以天为父，故昼夜之变，寒暑之节，犹不敢恶，随天安之，况乎卓尔独化至于玄冥之境，又安得而不任之哉？既任之，则死生变化，惟命之从也。（《大宗师》注）

这里的所谓"天"是"天然"的意思，即"自然"，郭象说："天者，自然之谓也。"人的存在和活动都是顺乎自然的，而这种顺乎自然正表现了人的独立自足的生生化化。人的存在与活动既然是以其自身的生生化化为根据，那么人就可以在昼夜、寒暑等等变化之中，顺乎自然而不受外在的东西所影响，何况能卓尔独化至于玄冥之境的圣人又哪能不任其自化呢？既然是任其自化，这也就是他自己命中之事了。这就是说，表面上看来，任何人，包括独化至于玄冥之境的圣人，其存在与活动都是命定的，必须"安命"，所以郭象说："夫安于命者，无往而非逍遥矣。"（《秋水》注）这就是说，"安命"才可以真正的"逍遥"。盖任何事物只要在其性分允许的范围之内，都可以"放于自得之场"，无往而不逍遥，又是可以绝对自由的，"用得其所，则物皆逍遥也"。

任何事物都是独立自足地存在着、活动着，这样就必须此事物是独立自足地存在着，同时也得让别的事物独立自足地存在着，这样就有一个如何对待别的事物的关系问题。但是，从郭象的思想体系看，他认为每一事物都是一独立自足的存在，没有和其他事物发生关系的问题，这个矛盾如何解决呢？照郭象看，正因为每一事物都是一独立自足的存在，那么如有一事物不能独立自足地存在，别的事物也就不能独立自足地存在，所以在事物之间，此一事物的"独化"必是彼一事物存在的条件，彼一事物的"独化"也必是此一事物存在的条件，"相因之功，莫若独化之至"。因此，事物之间相互为因（条件）的功用，与顺应事物自身的独立自足的生生化化相比是没有意义的，每个事物的"独化"对其他事物才有意义。

如果说"崇有"是郭象哲学的起点，那么"独化"则是他的哲学的终点。他的哲学从反对有一本体之"无"或造物主，而只承认"有"是唯一的存在开始，到把一个个的事物都绝对化为独立自足的神秘的自在之物为止，这中间相当丰富地运用了思辨哲学特有的方法，在分析事物的种种矛盾中建立了他的哲学体系。上面我们分析了他的哲学范畴体系的逻辑结构，揭示其间的内在联系，这样就可以对郭象哲学的特点和发展水平有一系统的了解了。

第十二章　郭象的哲学体系（下）

郭象的哲学体系有两个相互联系的方面，前章所讨论的是其"上知造物无物，下知有物之自造"，本章将讨论他的"明内圣外王之道"的思想。"内圣外王之道"初见于《庄子·天下》，而后儒道两家亦多有论者。郭象欲排除一外在于现实世界的造物主，其目的还在于调和"自然"与"名教"，而合"内圣"与"外王"为一。《外物》注中说："神人即圣人也，圣言其外，神言其内。"《逍遥游》注谓："夫神人即今所谓圣人也。"就此可知，《外物》注中所谓的"圣人"实指"外王"，而"神人"则指"内圣"，且"内圣"即可以是"外王"，并非为二。郭象合"内圣"与"外王"为一，其论证见于《大宗师》注。郭象注《庄子》"孔子曰：彼，游方之外者也；而丘，游方之内者也"一段说：

夫理有至极，外内相冥，未有极游外之致而不冥于内者也，未有能冥于内而不游于外者也。故圣人常游外以弘内，无心以顺有，故虽终日挥形而神气无变，俯仰万机而淡然自若。夫见形而不及神者，天下之常累也。是故睹其与群物并行，则莫能谓之遗物而离人矣；睹其体化而应务，则莫能谓之坐忘而自得矣。岂直谓圣人不然哉？乃必谓至理之无此。是故庄子将明流统之所宗以释天下之可悟，若直就称仲尼之如此，或者将据所见以排之，故超圣人之内迹，而寄方外于数子。宜忘其所寄以寻述作之大意，则夫游外弘内之道,坦然自明,而庄子之书,故是涉俗盖世之谈矣。

郭象的这段注可以说是了解其"内圣外王之道"的关键,分析起来可注意者或有四点:

第一,郭象认为,在所有的道理中有最根本的道理,这就是"内圣"与"外王"是相合一的,因为没有最高明的游于外的而不是最高明的冥于内者,也没有最高明的冥于内的而不是最高明的游于外者。这就是说"极高明"而必能"道中庸","道中庸"亦必能"极高明"。

第二,圣人之所以能"常游外以弘内"关键在于"无心以顺有",故《应帝王》解题谓"夫无心而任乎自化者,应为帝王也"。《逍遥游》注"至人无己"谓:"无己故顺物,顺物而至矣。"《人间世》注中说:"神人者,无心而顺物者也。"据此可知,能"无心而顺物者"是能为"圣人",也是能为"帝王"者。

第三,"无心以顺有",即谓"无措于心"而"顺物自然之性"。圣王生活于现实社会之中必遇到种种事情,如遇事而"有心"(有意去做什么),那么必为"物"累,而不得"逍遥游放",如"无心",那么就可以"虽终日挥形而神气无变""俯仰万机而淡然自若"了。"无心"则能"顺物",《齐物论》注中说:"无心而无不顺。"盖因"物各有性",圣人对"物性"是不能做什么,也不必做什么,只能让每个事物都顺其自然之性,故《达生》注中说:"各任性分之适则至矣。"如果每个事物都能按照其性分的要求生生化化,那是最美妙的,这是因为:"性之所能,不得不为也;性所不能,不得强为。故圣人唯莫之制,则同焉皆得,而不知所以得也。"(《外物》注)所以郭象说:"神人无用于物,而物各得自用,归功名于群才,与物冥而无迹,故免人间之害,处常美之实。"(《人间世》注)

第四,一般人看到圣人"终日挥形""俯仰万机",就认为"圣人"不能"遗物而离人",不能"坐忘而自得",这是因为他们只见其形,而未睹其神,这正是为一般俗人的见解所累,而不了解"外内相冥"

的最高道理。至于郭象用"寄言出意"的方法解释《庄子》，在"郭象的哲学方法"一章中有详论，于此从略。

就以上所论，郭象的目的正是在于合"内圣"与"外王"为一，以消除"自然"与"名教"之分离，以证"出世间即世间"之理。关于这种"合内外"的思想在郭象的《庄子·大宗师》注中尚有多处，如说："夫游外者依内，离人者合俗，故有天下者无以天下为也。是以遗物而后能入群，坐忘而后能应务，愈遗之，愈得之。""夫与内冥者，游于外也。独能游外以冥内，任万物之自然，使天性各足而帝王道成，斯乃畸于人而侔于天也。""夫知礼意者，必游外以经内，守母以存子，称情而直往也。若乃矜乎名声，牵乎形制，则孝不任诚，慈不任实，父子兄弟，怀情相欺，岂礼之大意哉！"以上郭象《大宗师》注所论，就其内容言，其一方面强调"游外"者才可以"冥内"，离人群者才是真正的"合俗"，坐忘者才能"应务"，如果不忘掉世俗的一切，那不过是俗中之一物，而不能应物而无累于物，非"体玄识远"者。另一方面又提出"游外以经内""守母以存子"，而要求"王德之人"照自己本性的要求去做，不要为"名声"和"政事"（形制）所限制，这样才是真正的"礼乐复乎已能，忠信发乎天光"（《庄子序》），而能"畸于人（事）而侔于天（道）也"。在这里郭象无非是反复论证"不废名教而任自然"之意，此乃其"内圣外王之道"的要点。就其方法而论，郭象多运用其"否定的方法"，即用"否定达到肯定"。"离人"为否定，而恰恰可以达到"合俗"的肯定；"遗物"为否定，而恰恰得以"入群"，所以"夫与内冥者，游于外也"。这种"用否定达到肯定"的方法，可以把看起来相对的两个方面调和起来合而为一。"名教"与"自然"是相对的两个方面，然而愈是任万物自然之性，则愈是能成就帝王之道。关于"肯定方法"的意义已见于"郭象的哲学方法"一章。如果说《应帝王》之解题欲说明"内圣外王之道"在于"无心而任乎自化者，应为帝王"，那么上引《大宗师》的注，则在论证内外合一之方，而"大宗师"者，帝王之师也。故《大宗师》的解题说："虽天地之大,万物之富,其所宗而师者,无心也。"

"圣人"是否可学可致为魏晋南北朝时期讨论的一重要问题,王弼首论"圣人"不可学不可致。何晏以为圣人无喜怒哀乐之情,钟会等人又发挥了他的这一思想,而王弼却不赞成何晏的观点,他"以为圣人茂于人者神明也,同于人者五情也。神明茂,故能体冲和以通无;五情同,故不能无哀乐以应物。……今以其无累,便谓不复应物,失之多矣"(何劭《王弼传》)。照王弼看,因"情"乃人之"自然之性","自然之性"怎么能去掉呢?但圣人可以做到"动不违理","应物而无累于物"。为什么圣人可以做到"应物而无累于物",而一般人做不到呢?这是因为圣人"茂于人者神明"的缘故。"圣人茂于人者神明"的意思是说,圣人"智慧自备","自然己足"。所谓"自备",非学所得,非求而致也,故"圣人天成"。而嵇康《养生论》亦谓:"神仙禀之自然,非积学所致。"郭象虽"崇有",而反对"贵无",但在圣人的学致问题上却与王弼同。《徐无鬼》注中说:"圣人之形不异凡人,故耳目之用衰也。至于精神,则始终常全耳。"郭象认为,就人之所以为人,在形体上,圣人和一般人是没有什么不同的,但在"精神"上则和一般人完全不同。所以在《逍遥游》注中说:神人和一般人都一样"食五谷",但神人之所以为神人"非五谷所为,而特禀自然之妙气"。盖因人与人所禀受不同,即其所具有的"性分"不同,"若天之自高,地之自卑,首自在上,足自居下,岂有递哉"(《齐物论》注)。"性分"是不能改变的。故《德充符》注中说:"人之生也,非情(按:此谓故意追求)之所生也……有情于为离旷而弗能也,然离旷以无情而聪明矣;有情于为贤圣而弗能也,然贤圣以无情而贤圣矣。"离娄之明、师旷之聪,是天生的聪明,皆在其性分之内,不待外求,圣贤自为圣贤,故不可学致,"故学者不至,至者不学也"(《庚桑楚》注)。

郭象为进一步论证圣人"特禀自然之妙气",提出学"圣人"只能是"学圣人之迹"。《胠箧》注中说:"法圣人者,法其迹耳。夫迹者,已去之物,非应变之具也,奚足尚而执之哉!执成迹以御乎无方,无方至而迹滞矣。"效法圣人只能是学他所表现出来的有迹可寻的种种形式。而圣人的那些活动的可寻之迹,是已时过境迁的活动,而和效法者所处的已变迁的时事毫不相干了,而成为无用的东西。我们知道,在中国传统哲学中把存在着的东西叫作"事物",但"事"和"物"并不是一回事,"物"往往指存在着的东西本身,而"事"则常指物的活动(主要是指人的活动)。郭象分别"迹"和"所以迹",可以说看到了"事"和"物"的区别,或者说看到了看得见的"活动"(痕迹)和看不见的"本性"(内在本质)的分别。照郭象看,所谓"迹"是指事物(或圣人)活动留下来的痕迹,"诗礼者,先王之陈迹也"(《外物》注)。所谓"所以迹"是指事物(或圣人)自身之"自性","所以迹者,真性也"(《天运》注),"真性"即指此事物之所以为此事物者。此马之真性可日行千里,这是它的"所以迹";此马日行了千里,这是它的"迹"。"迹"和"所以迹"都是此事物的,不过一是此事物活动留下的"痕迹",一是此事物之"自性"。有某种"自性"的事物,如果它活动了,则有其活动留下的"痕迹"。对于一事物说,它存在的根据是它的"自性"即"所以迹",而人们对其"自性"("所以迹")是无法认识的,所能认识到的只能是某事物活动所留下的"迹"。

郭象为什么要提出"迹"和"所以迹"的问题?它有多重意义吗?

第一,郭象看到了事物本身和事物活动所留下的痕迹的区别。如果把"迹"看成是事物本身而不是事物活动留下的痕迹,那么很可能得出有"造物主"或"本体之无"的结论。如果"迹"是事物本身,那么谁使它如此而不如彼呢?而把事物活动留下的"迹"和事物本身看成是有区别的,"所以迹"是事物自身,是一个一个以"自性"为根据的单独存在物,这样造物主或本体之无就成为不必要的了。当然,说事物自身是其自身的造物主亦无不可。可是,郭象认为"物各有性",那无非是说每个事物自己就是自己的造物主,世界上有千千万万个只能造自己的造物主,这样也就否定了有一个唯一的、统一的造物主了。而所谓"自己是自己的造物主"也就是郭象"造物无主""物各自造"的意思。"迹"是事物活动留下的痕迹，不是事物自身，因此它不是"实体"；"所以迹"是事物的自身，它是唯一存在着（或曾经存在着）的"实体"。因此，照郭象看来，区分了"迹"和"所以迹"可以更好地坚持"有"是唯一的存在。如果把"迹"和"所以迹"看成相对的存在，或两种不同的"实体"，这不是郭象的意思。郭象认为，如果把"迹"和"所以迹"看成两种不同的"实体"，不如对"迹"和"所以迹"双忘，《大宗师》注说："既忘其迹，又忘其所以迹者，内不觉其一身，外不识有天地，然后旷然与变化为体，而无不通也。"本来人就不能把自身作为认识的对象，同样如果把外在的世界作为认识的对象而加以执着，那么就是把"迹"当作"所以迹"了，这是毫无意义的，因此不如双忘。《齐物论》注中说："唯大圣无执，故苂然直往，而与变化为一，一变化而常游于独者也。"苂然，无所执而直往之貌。不仅"迹"是过去的东西，是"陈迹"，不应去执着；而且"所以迹"又是无迹可寻的，是"无迹"，也是无法执着的，人们只能随遇而安，无着无执，故可无往而不通了。《让王》注谓："许由之弊使人饰让以求进，遂至乎浍也。伯夷之风使暴虐之君得肆其毒，而莫之敢亢也。伊吕之弊使天下贪冒之雄敢行篡逆。唯圣人无迹，故无弊也。……夫圣人因物之自行，故无迹，然则所谓圣者，我本无迹，故物得其迹，迹得而强名圣，则圣者乃无迹之名也。"圣人无迹，故不可学致也。

第二，相对地说人们只能认识事物之"迹"，即认识其他事物活动的痕迹，而不能认识其他事物的"所以迹"，也就是说不能认识其他事物的"自性"。如果不去区分"迹"和"所以迹"，那么就是说人们可以认识其他事物的"自性"，这样就把别的事物作为认识的对象了。但照郭象看，每一事物都是一独立自足的存在，它不能作为认识的对象，故《齐物论》注中说："今未知者皆不知所以知而自知矣，生者不知所以生而自生矣。万物虽异，至于生不由知，则未有不同者也，故天下莫不芒也。"甚至圣人对其他事物也只能"无心而任乎自化"。人们在认识上发生错误，正是把"迹"当成了"所以迹"。本来"迹"只是某事物过去活动留下来的痕迹，人们去效法，要做圣人，可是所追求和效法的只是圣人之"迹"。而圣人之"迹"只是圣人所在时的所作所为，但它已经变为"陈迹"了，万万不可以用它作为"应变之具"。无圣人之性而去效法、追求圣人之迹，那岂不要失去原有的本性，越追求就越错误吗？所以郭象说："所以迹者，无迹也。"（《应帝王》注）事物的"自性"是无迹可寻的。从这点看，郭象的"所以迹"和康德的"物自体"颇为相似，"所以迹"是不可认识的"自在之物"。

第三，郭象提出"迹"和"所以迹"这个问题的目的是要求人们安于其"自性"。任何事物的存在都是由于其"自性"所规定的，而"自性"又是自身所固有，不是谁给予的，因此就不能怨天尤人。每个事物由其"自性"所决定而只能有某种活动，帝王可以"戴黄屋，佩玉玺"，可以"终日挥形而神气无变"，老百姓只能"耕织""守愚以待终"。老百姓如果去追求"戴黄屋，佩玉玺"，那就是想效法帝王，然而老百姓并不是帝王，无帝王之性而要去做帝王所做的事，这不仅追求不到，反而会丧失自己的本性。照郭象看，社会混乱就是由一些人违背自己本性去追求他不应追求的所造成，所以他说："天性所受，各有本分，不可逃，亦不可加。"（《养生主》注）要使社会安定就是要使各个事物顺其本性发展，"物各顺性则足，足则无求"（《列御寇》注）。

郭象的这一"内圣外王之道"的理论，照我看需要有两个前提：一是他必须论证他所构造的社会蓝图的合理性；二是他必须说明圣王之所以必有之必要性。对后一问题郭象作了说明：《人间世》注中说"千人聚，不以一人为主，不乱则散，故多贤不可以多君，无贤不可以无君，此天人之道，必至之宜"。郭象认为，在社会生活中必须有一统治者（君主），如果没有一个统治者，社会或者解体，或者混乱，而且这是宇宙人生的根本道理。然而他的这一社会必以一人为主的道理，和他的"独化"理论会发生矛盾。照郭象的"独化"理论看，每个事物都是按照其"自性"独立自足的生生化化的，其他事物对它不应发生什么影响，因此以一人为主的统治者是没有必要的。当然，郭象可以说，他所说的"统治者"（帝王）正是对其他事物的生生化化不加干涉的统治者，他是"以不治治"者，是"无心而任乎自化"者。如果这样，"帝王"（君主）就成为可有可无的了，或者我们把郭象这种"帝王观"叫作"虚君论"。这种"虚君论"和当时鲍敬言的"无君论"，是两种不同的政治思想。鲍敬言认为可以"无君"，而郭象认为"不可以无君"，但君主可以"无心而顺物"。

郭象的这种分"臣民"（多）与"君主"（一）的观点是否有其合理性，郭象又是如何论证其合理性，这就涉及他所构造的理想社会的蓝图了。《齐物论》注中说："夫时之所贤者为君，才不应世者为臣。若天之自高，地之自卑，首自在上，足自居下，岂有递哉！虽无错于当，而必自当也。"郭象用自然现象比附社会的人群关系，说不上是有力的论证，但它毕竟是当时等级森严的阶级社会的写照。在当时的情况下这种等级关系是不能改变的，它是当然之理。《秋水》注说："小大之辨，各有阶级，不可相跂。"郭象为进一步说明他的合理社会的蓝图，他用"公私之辩"加以论证，他说："夫臣妾但各当其分耳，未为不足以相治也。相治者，若手足、耳目、四肢、百体，各有所司，而更相御用也。"（《齐物论》注）各个等级的人都是有其相当的名分，并没有谁治谁的问题，而是一种相互的关系，就像一个人的耳目等等各有各的职能那样而互相配合。照郭象看，如果社会上的各个等级的人能各安其位，并不是谁为谁而存在，那么这样的社会就是合理的社会。这个观点和他的"相因之功，莫若独化之至"相一致。在什么等级安于什么等级之位，尽伦尽职，这就是"公"，反之就是"私"。所以他说："若皆私之，则志过其分，上下相冒，而莫为臣妾矣。臣妾之才而不安臣妾之任，则失矣。故知君臣、上下、手足、外内，乃天理自然，岂真人之所为哉！"一个人在什么样的地位全由其所禀受的"自性"所决定，"自性"是天然如此不能改变的，因此其社会地位也是不可改变的，这是"天理自然"。如果企图改变已定的社会地位，那就是"私"，这不仅做不到，而且会使自己陷入困境。《逍遥游》注中说："理有至分，物有定极，各足称事，其济一也。若乃失乎忘生之主而营生于至当之外，事不任力，动不称情，则虽垂天之翼不能无穷，决起之飞不能无困矣。"任何事物都受它性分所决定，它所能活动的范围都是有极限的，越过其性分所允许的范围，必然失败。"自性"决定着事物活动的范围，决定着其社会等级地位，同时又以是否安于"自性"作为"公"与"私"的价值标准，而且在"适性"上又都可以叫作"逍遥"，故《逍遥游》的解题说："夫小大虽殊，而放于自得之场，则物任其性，事称其能，各当其分，逍遥一也。岂容胜负于其间哉！"郭象的合理的社会蓝图难道不正是当时等级社会的模写吗？在魏晋门阀世族统治的等级社会中，无论哪个集团一方面希望各个等级的人只能按照他们的等级地位（即郭象所规定的"自性"）活动；另一方面门阀世族本身的社会地位使他们可以"戴黄屋，佩玉玺"，可以"终日挥形而神气无变"，可以这样也可以那样，"无往而不为天下之君"，他们的"逍遥放达"的范围是很广大的，甚至可以说是无限制的。一般老百姓名义上也可以"逍遥放达"，但其实他们"自由"的范围是很小的。郭象的哲学，以"游外以弘内"取代了"越名教而任自然"；又用"无心而任乎自化者应为帝王"取代了"名教中自有乐地"。就前者说，可以避免使门阀世族等级制度遭受破坏的危险；就后者说，又可以摆出超然物外不为世事所累的姿态。郭象依据当时门阀世族统治的社会勾画出一幅合理的社会蓝图，这就是说他认为"现实的就是合理的"。现实社会的存在自然有其存在的理由，就这方面说"现实的"确有其"合理性"。但是，如果对"现实存在着的"给予价值判断，如果从历史作为一发展过程的观点看，"现实存在着的"并不具有天然的"合理性"。"现实存在着"总是某种"合理性"和"不合理性"的统一，而且必定会由其具有某种"合理性"走向全然的"不合理性"。因此，批判哲学的批判功能是最可贵的人类精神。

第十三章　郭象哲学中的理论问题（上）

在"郭象的哲学体系"的两章中已涉及他的许多哲学理论问题，本章和下一章将对他的某些重要哲学理论问题作进一步讨论，以说明他在中国哲学史上的贡献及其哲学理论存在的问题。照我看魏晋玄学所讨论的主要问题可以归为以下四个相互联系的问题：（1）"有"与"无"；（2）"动"与"静"；（3）"知"与"无知"（圣智）；（4）圣人学致问题。如果说王弼（与何晏）是魏晋玄学的创始者，那么郭象则是魏晋玄学发展的高峰，而僧肇则是魏晋玄学的终结者，同时又开创了中国的佛教哲学。僧肇的《肇论》正是对上述四个玄学问题依据佛教般若学所作的哲学理论上的发挥。他的《不真空论》讨论了"有""无"问题，《物不迁论》讨论了"动""静"问题，《般若无知论》讨论了"知"与"无知"问题，《涅槃无名论》讨论了圣人学致问题。本章将集中讨论郭象对这四个问题的看法。

（一）关于"有"与"无"的问题

王弼提出"以无为本"的"贵无"思想体系，郭象提出"有物自造"的"崇有"思想体系，僧肇提出既反对"贵无"，又反对"崇有"的"非有非无"的"中道观"。这一思想的演进过程，在中国哲学发展史上无疑有着一定的典型意义。而郭象哲学正是处在这个发展过程中的中间环节，因此解剖他对"有"和"无"关系的看法，对了解魏晋玄学作为一种哲学思潮发展的进程是非常有意义的。

王弼的"以无为本"的"无"不是"虚无"的意思，金岳霖先生说老子的"道"可以理解为"不存在而有"，我想用"不存在而有"来说明王弼的"无"或者更为恰当。王弼的"无"实际上是指抽掉一切具体规定性的"有"，即最抽象的"一般"。如果说，任何具体的事物都有其具体的规定性，即以某种规定性为"性"，那么王弼的"无"，它不是什么具体的东西，它是无规定性的，即以"无规定性"为"性"。无规定性的"无"是不存在的，但它又是一切存在的根据，是"纯有"（pure being）。这个问题，王弼在他的《老子指略》中有明确的说明：

> 夫物之所以生，功之所以成，必生乎无形，由乎无名。无形无名者，万物之宗也；不温不凉，不宫不商；听之不可得而闻，视之不可得而彰，体之不可得而知，味之不可得而尝。故其为物也则混成，为象也则无形，为音也则希声，为味也则无呈。故能为品物之宗主，苞通天地，靡使不经也。

这里王弼要说明的是"有名""有形"的是生乎"无名""无形"的。为什么是这样呢？照王弼看，是方形则不能同时是圆形，是"宫"则不能同时是"商"。只有"无形"才可以成就任何形，"无声"才可以成就任何声。因此，只有"无"才可以成就任何的"有"。但"无形""无声"等等都不能是具体的"存在"，它即是"无形"，这"无形"之"形"，就是所有"形"的抽象，是包括了任何"形"，所以它是"不存在而有"。准此，"无"当然不能是具体的存在物，我们可以说它不是"有"，即是说它是"无有"之"有"，"无有"之"有"就是所有"有"的抽象，是"纯有"。它"苞通天地，靡使不经"，所以它是"不存在而有"。因此我们说王弼哲学的基本命题是"以无为本"，把"无"作为"万有"存在的本体。为什么王弼要为"万物"找一它存在的本体呢？因为他要寻找宇宙的统一性，所以他说："万物万形，

其归一也。何由致一？由于无也。由无乃一，一可谓无？"(《老子》第四十二章注)

郭象关于"有""无"问题在第十一章中已讨论过，现在需要提出的是"有"和"物"是什么关系。郭象的"物"是指具体存在物，如说"物各有性，性各有极"。那么"有"是不是也指具体存在物呢？据他的《庄子注》看，"有"也可以说具有具体存在物的意思，如他说："此所以明有之不能为有，而自有耳。"又说："明物物者无物，而物自物耳。"如说："夫有不得变而为无，故一受成形，则化尽无期也。""成形"之"有"当是具体存在物。但这里的"有"也可以理解为存在物之全体。然"物"有时也是指"任何一物"或"全体之物"。看来，郭象往往是把"有"看成是"存在物之全体"，这有点像他给"天"下的定义那样，作为"万物之总名"。如果要分，"物"和"有"有什么区别？那么我们可以说，郭象的"物"较多的指"具体的存在物"，或者说是指一个体，是"别名"；而他的"有"多指"存在物之全体"，是一"总名"，是个集合名词。但郭象的"有"不是一抽象的概念，不是"殊相"之"共相"。"有"（或"物"）是指"个体存在物"或"存在物之总合"，都不是"共相"。"存在物之总合"不过是一个一个物的相加，虽然可以加到无限，但仍然是"量"的问题，这样就可以排除在"有"（或"物"）之外还有什么造物主或另一性质之"本体"。

郭象建立其"崇有"体系看来并不是要讨论"殊相"和"共相"，虽然我们可以说他不可避免地接触到这一问题。但他主要是要论证"上知造物无物，下知有物之自造"。如果"物各自造"，这就是说"物"各有各的"自性"，而"自性"是"自生"的。就这点看，郭象注意的是事物的"个别性"。而且每一个事物的存在又是不依赖于外在条件的。因此，我们说郭象注意的是每个具体事物自身的统一。

僧肇的《不真空论》即批评了"本无"，又批评了"即色"，而提出"非有非无"的"中道观"。僧肇据般若学"诸法本无自性"的观点，批评"本无"说：

> 本无者，情尚于无多，触言以宾无。故非有，有即无；非无，无亦无。寻夫立文之本旨者，直以非有非真有，非无非真无耳。何必非有无此有，非无无彼无？此直好无之谈，岂谓顺通事实，即物之情哉！

僧肇的意思是说，"本无"太偏好"无"了，因此他们说"非有"，把"有"说成"无"；说"非无"又把"无"说成"无"。但是"非有"，只是说"有"非真有；"非无"也只是说"无"非真无。为什么说"非有"就认为无此"有"呢？说"非无"就认为无此"无"呢？这不过是本无宗偏好"无"的观点，和事情的真实情况并不相符。僧肇这一观点，虽然是批评东晋时般若学的"本无宗"的，但实际上也批评了王弼的"贵无"学说。因为王弼贵无说也是"情尚于无多，触言以宾无"的（按：关于这一问题，尚可作进一步研究，此不赘述）。僧肇对"即色"的批评说：

> 即色者，明色不自色，故虽色而非色也。夫言色者，但当色即色，岂待色色而后为色哉？此直语色不自色，未领色之非色也。

这里僧肇的意思是说，即色论认为色（"有"）不是自己成为"有"的，万物的存在都要依靠一定条件，所以它并不是真实的存在。真实的存在应该是它本来就存在着，不需要任何条件而成为存在。僧肇批评说，即色的这种观点，仅仅是以事物不能独立自存为理由来否定事物的存在，但还没有了解到存在着的事物本身就是"非色"（空）。即色论认为，一切事物都要依靠一定条件而存在，这点与郭象的"崇有"思想不同。郭象认为"物各有性"也和即色论认为事物并没有自身存在的"自性"不相同。但即色论并不了解"色本是空，犹存假有"（见元康《肇论疏》对即色论的批评）。这就是说即色论对事物存在的这一现象和"性空"本来是一回事，因此也就是说对"诸法本无自性"还没有正确的了解。僧肇在这里虽不能说也直接批评了郭象,但他的"不真空论"的"诸法本无自性"却不能不说是也涉及郭象的"物各有性"这一命题了。因此,我们可以说僧肇也间接地批评了"崇有论"。

由王弼到郭象再到僧肇,可以说关于"有"和"无"的讨论是一个问题深化的过程,就这个意义上说,僧肇的《不真空论》是对魏晋玄学的一个总结。

(二) 关于"动"与"静"的问题

王弼《老子》第十六章注说:"凡有起于虚,动起于静,故万物虽并动作,卒复归于虚静,是物之极笃也。""虚"即"无"也,"有"的起因在于"无","动"的起因在于"静",所以万物的种种活动虽一起发生,从根本上说是要回到虚静的,这是事物的最终极的道理。由这里可以看出,王弼讨论"动""静"问题是和他讨论"有""无"问题相联系的。为什么"动""静"问题和"有""无"问题是相联系的问题呢?王弼在《周易·复卦》注中说:

> 复者,反本之谓也。天地以本为心者也。凡动息则静,静非对动者也;语息则默,默非对语者也。然则天地虽大,富有万物,雷动风行,运化万变;寂然至无,是其本矣。
>
> 冬至,阴之复也;夏至,阳之复也,故为复则至于寂然大静。

王弼的意思是说,"复"是万物(万有)反回到本体之无的状态。天地万物是以至无的"本体"作为其核心。"本体"既然是"寂然至无"的,因此它也是"寂然大静"的。这"寂然大静"之"静"不是和"动"相对的"静"。这种"静"是常态之静,是"本体"的绝对的"静"。而现象界中的天地万物,雷动风行,运化万变,那只是变态,是暂时的现象,"寂然至无"才是那些变动的现象的本体。王弼把"本体之无"描绘成是"寂然大静",这也是不得已而为之。因"本体之无"本来是不可言说的,只能勉强这样说罢了。为什么"寂然至无"是"寂然大静"的呢?盖因"本体之无"不是任何具体事物,也不是一个一个事物相加的事物之全体,它只是一超越时空的抽象概念,而此抽象之概念是抽掉了一切性质的"无规定性"之最空之概念。作为一抽象概念说,它是不可能有运动变化的;作为一无规定性的最空之抽象概念,它只能是"常静",这"常静"并不是与"动"相对的"静",而是"寂然大静"。因此,我们说,王弼的"以无为本"的哲学系统在动静问题上,是以"静"为"常(态)",以"动"为"变(态)","静"是"本",而"动"是"末",这与他的"无"是"本",而"有"是"末"相一致。"反本"是反回到"寂然大静"的"寂然至无"。

郭象的"崇有独化"学说则与王弼不同,他认为"运动变化"是事物存在的状态,而且是绝对如此的状态,《齐物论》注中说:

> 日夜相代,代故以新也。夫天地万物变化日新,与时俱往,何物萌之哉!自然而然耳。

按:"萌"或作"明"。"萌"有"使之发生"义。郭象认为,事物每时每刻都在变化之中,新的总是代替旧的,事物和时间一起俱往,哪里有什么东西使它如此呢!这是事物自然而然的状态。这里郭象把事物的运动变化和它的自生自化联系在一起,这是他"崇有独化"体系的合理要求。为了进一步论证他的观点,郭象提出不仅个别事物是处在运动变化之中,而且整个宇宙(事物之全体)也是处在运动变化之中,运动变化是绝对的,他说:

> 夫无力之力,莫大于变化者也;故乃揭天地以趋新,负山岳以舍故。故不暂停,忽已涉新,则天地万物无时而不移也。世皆新矣,而自以为故;舟日易矣,而视之若旧;山日更矣,而视之

若前。今交一臂而失之，皆在冥中去矣。故向者之我，非复今我也。我与今俱往，岂常守故哉！而世莫之觉，横谓今之所遇可系而在，岂不昧哉！（《大宗师》注）

在宇宙间什么力量最大，照郭象看，"变化"的力量最大，所有的东西都由这种力量推动着，而以新代故。如果没有这样的认知，而认为有什么不变的东西，是一种愚昧的想法。郭象之所以要否定在不断变化着的事物之外还有什么永远不变的东西，这正是他"崇有独化"思想所要求的。照王弼看，现象界的一切事物都是在变动之中，但支持现象界存在的本体则是不运动的，而且是"寂然大静"（即不是与"动"相对应的"静"）；郭象认为除了存在着的种种运动着的事物之外，再没有什么不运动的"造物主"或另一事物的本体。为否定"造物主"或"本体之无"，在他的体系中必须排除"寂然大静"之类，所以他说："以变化为常，则所常者无穷也。"（《天运》注）

在讨论生死问题中，郭象认为，从一个人说，"生"和"死"可以说是其最大的变化，《德充符》注中说："人虽日变，然死生之变，变之大也。"但"生"和"死"只有相对的意义，都是事物存在的一种状态，他在《齐物论》注中说：

夫死生之变，犹春秋冬夏四时行耳。故死生之状虽异，其于各安所遇，一也。今生者方自谓生为生，而死者方自谓生为死，则无生矣。生者方自谓死为死，而死者方自谓死为生，则无死矣。

郭象的这一看法是基于他认为一事物存在了，那么它的生生化化是没有穷尽的，"一受成形则化尽无期"。此事之"生"是此事物之"生"，此事之"死"是此事物之"死"，这不过是存在的状态不同，其主体仍是此事物，"虽变化相代，原其气则一"（《寓言》注）；无论是"生"还是"死"，仍都为此"有"，"更相为始，则未知孰死孰生也"（《知北游》注)。据此,郭象认为,人应生时安生,死时安死,他说:"齐死生者,无死无生者也;苟有乎死生,则虽大椿之与蟪蛄,彭祖之与朝菌,均为短折耳。故游于无小无大者,无穷者也;冥乎不死不生者,无极者也。"(《逍遥游》注)"夫忘年故玄同死生"(《齐物论》注)。这就是说,对人的"生死"这样最大的变化问题,如果了解了"生"和"死"只是存在的状态不同,那么人才可以真正地"逍遥放达",而游于"无何有之乡"了。

如果从郭象对历史的看法方面来看,他认为社会是在不断的变化之中,《天道》注中说:"当古之事,已灭于古矣。虽或传之,岂能使古在今哉?古不在今,今事已变,故绝学任性,与时变化而后至焉。"事物及其活动随着时间的变化而变化,已变化了的事情虽然可以留传下来,但是并不能使已变化了的事情再回来。所以一切都在变化中,能够与时俱变的才是最为高超的人。据此,郭象分别了"迹"与"所以迹"的问题。他认为,无论什么样的圣人,他所做的事都是他活动留下来的痕迹,这无非是"陈迹",效法它是无意义的,他说:"时移世异,礼亦宜变,故因物而无所系焉,斯不劳而有功也。"(《天运》注)故游于变化之途者,"以变化为常,则所常者无穷也"(《天运》注)。郭象看到事物(无论自然界或人类社会)是永远处在变动之中,这一观点是很有意义的。但他据此而认为对一事物说"生"和"死"只是状态的不同,则有混同"生"和"死"的质的不同的问题,这样就导致相对主义,而陷入片面性。特别是,他把运动变化绝对化,而否定了相对的静止状态,这从一个方面说,会导致对事物无法认识;从另一个方面说,又否定了历史经验的意义。这是应为我们注意的。

王弼认为"本体之无"为"寂然大静",郭象认为一切之"有"以变化为常,而僧肇之《物不迁论》则认为事物的动静是没差别的,是非动非静,动静皆空,该文引《放光般若经》云:"法无去来,无动转者。寻夫不动之作,岂释动以求静?必求静于诸动。必求静于诸动,故虽动而常静。不释动以求静,故虽静而不离动。"接着他说:"然则动静未始异,而惑者不同。缘使真言滞于竞辩,宗途屈于好异,所以静躁之极,未易言也。"《放光般若经》的意思是说,一切事物都是没有什么运动变化的。但佛经中说的事物无运动变化,并不是离开运动去追求静止。而是说要于动中看到静。在动中看到静,因此虽动而常静。不离开动去求静,那么虽然是静,但并非离开动的静。据此,僧肇得出结论说:其实动静没有什么差异,只是迷惑的人的不同看法。把动和静看成是不同的人不能根据佛教的真理而有无休止的争辩,于是使佛教真理在人们的争论中得不到彰明。因此,关于动静不异的道理,也就不容易说清了。如果说,王弼的"以无为本",是以"本无"为"寂然大静",是主张"非动";郭象"崇有独化",是"万有"以变化为常,是主张"非静";那么僧肇则以"非有非无"的中道观立论,而证之以非动非静,动静皆空。看起来僧肇解决了王弼和郭象各执一偏之弊,但僧肇的"物不迁"理论之根据"诸法本无自性"这个命题,假使我们追问如果"诸法本无自性","佛性"如何安置,就可能是一问题了。从而"非动非静"之"动静不异"的命题能否成立,也是一个需待证实的命题,这里只能存而不论,在附录二"论魏晋玄学到唐初重玄学"中稍有讨论。

(三)关于"知"与"无知"的问题

王弼在《周易略例·明象》中提出"得意忘言"的方法,盖因"道"是"不可道,不可名"的。这就是说,"本体之无"超言绝象,非"知"之对象。如果把"本体之无"看作"知"之对象,那么"本体之无"则非"大全";但"本体之无"是不可分割的,故人们虽可通过现象以观其"本体",但现象并非"本体",故不能执着现象以为"本体",而必须超越现象以达本体,此即谓"得意"需"忘言"。故《老子指略》中说:"道","体之不可得而知"。《老子》第二十五章注中说:"自然者,无称之言,穷极之辞也。用智不及无知。"何劭《王弼传》中记载说：

> 时裴徽为吏部郎，弼未弱冠往造焉。徽一见而异之，问弼曰："夫无者诚万物之所资也。然圣人莫肯致言，而老子申之无已者何？"弼曰："圣人体无，无又不可以训，故不说也。老子是有者，故恒言无所不足。"

王弼认为，因为"本体"即是万物之本体，非为另一物，对它只能通过"有"来体会，而不能用语言来说。又韩康伯《周易·系辞上》注引王弼言，其言曰："夫无不可以无明，必因于有，故常于有物之极，而必明其所由之宗也。""无"是不能说的，要靠"有"来证明"有"必有一其存在之根据。所以"本体之无"只是能从"有"必有其存在根据推而知之，而不是直接识知之对象。这里王弼虽未明确讨论"知"与"无知"的问题，但其对《老子》第一章注所说："可道之道，可名之名，指事造形，非其常也。故不可道，不可名也。"已可说明，王弼实以对"道"只能是"无知"的，故曰："是道不可体，故但志慕而已。"（《论语释疑》）

郭象的《庄子·大宗师》注中说："天者，自然之谓也。夫为为者，不能为而为，自为耳；为知者，不能知而知，自知耳。自知耳，不知也，不知也则知出于不知矣；自为耳，不为也，不为也则为出于不为矣。为出于不为，故以不为为主；知出于不知，故以不知为宗。是故真人遗知而知，不为而为，自然而生，坐忘而得，故知称绝而为名去也。"郭象关于"知"与"无知"的问题是和他所讨论的"为"与"无为"的问题相一致的，都是其"崇有独化"体系所要求的。照郭象看，任何事物就其"自性"说都是独立自足地生生化化的，因此此一事物对他一事物是无能为力的，任何事物都只能是"自为"，而"自为"即是"无为"。因为"物各有性"，而不能知其他事物之"性"，只能知其"迹"，而不能知其"所以迹"，所以它不能知其他事物之"性"，只能知自己之"性",知自己之"自性",实际上是"不知"。《齐物论注》中说:"知无无矣,而犹未能无知也。"如果只知道没有"本体之无",这还不能达到"芚然无知而直往之貌"。盖"知无无"尚有一知之对象,只有"无知"才可"彼我玄同""化尽无期"。故郭象注"俄而有无矣,而未知有无之果孰有孰无也"一句说:"此都忘其知也。尔乃俄然始了无耳。了无则天地万物,彼我是非,豁然确斯也。"只有忘"知"才可以把一切都看成自然而生,原来如此,任之自尔,"故天下莫不芒也"(按:简文曰芒,同茫也)。无论是执着"外物"或执着"自我",皆为所累,而不得"逍遥游放",故必不为"知"所累,才可以出处常通,应物而无累于物,故曰"知出于不知,故以不知为宗,是故真人遗知而知"(《大宗师》注)。

僧肇的《般若无知论》也是讨论"知"与"无知"的问题,他把般若空宗的观点概括为"以无知之般若,照彼无相之真谛"。他认为,般若圣智和世俗的"惑取之知"全然不同,它是超越世俗的所谓能知与所知之上的一种特殊的智慧,这种智慧能照见"诸法性空"之真谛。僧肇说:"夫有所知,则有所不知。以圣心无知,故无所不知,不知之知,乃曰一切知。"盖有所知,则有所蔽;无所知,则无所蔽。般若空宗认为,万法性空,真谛无相,如认识到万法之假有,排除了一切世俗之认识,这样才是洞照了性空之真谛。这就是说,对一切世俗之认识必须不断排除,不断否定,排除到无所排除之域,否定到无可否定之境,境照双泯,而至圣心无知。僧肇的《般若无知论》实际上是用一种否定的方法来排除一切世俗的执着,从而以达到"破相显性"之结果。般若空宗把一切破除了,如《大般若经》五五六卷中说:"时诸天子问善现言:岂可涅槃亦复如幻?善现答言:设更有法胜涅槃者,亦复如幻,何况涅槃?"般若空宗在破除一切之后,是否尚有建立?此是《涅槃无名论》应讨论之问题。

由王弼经郭象而僧肇,可以看出他们都是在否定对现象界认识的执着,而主张要排除这些对外在现象界的知识,这样才可以认识"真理",而对"真理"的认识只能是用"无知"之"知",即僧肇所谓的"圣智"。

(四)圣人"可学致"与"不可学致"的问题

何劭《王弼传》中说:"何晏以为圣人无喜怒哀乐,其论甚精。钟会等述之。弼与不同,以为圣人茂于人者神明也,同于人者五情也。神明茂,故能体冲和以通无;五情同,故不能无哀乐以应物。然则圣人之情,应物而无累于物者也。今以其无累,便谓不复应物,失之多矣。"何晏的"圣人无情"说已不可详考,但根据一些材料大体可知,何晏以为圣人纯乎天道,未尝有情,故《老子》曰:"天道无亲。"贤人以情当理,而未尝无情,至若众庶固亦有情,然违理而任情,为喜怒所役使而不能自拔,何晏说:"凡人任情,喜怒违理,颜回任道,怒不过分。"(《论语集解·雍也》注)照王弼看,因为情乃人之"自然之性","自然之性"怎么能去掉呢?圣人只能做到"动不违理","应物而无累于物"。那么为什么圣人可以做到"动不违理","应物而无累于物"呢?这是由于圣人"茂于人者神明"的缘故。"圣人茂于人者神明"的意思,是说圣人"智慧自备""自然已足",所谓"自备"则非所得,也就是说出自"自然",所以"圣人天成"。由于圣人"智慧自备",则可无为无造,德合自然,而"体冲和以通无","与道同体"。圣人"智慧自备",故非学所得;圣人天成,故非养成所致,故圣人不可学、不可致也。

郭象同样认为圣人不可学、不可致。《德充符》注中说:"言特受自然之正气者至希也,下首则唯有松柏,上首则唯有圣人。""夫松柏特禀自然之钟气,故能为众木之杰耳,非能为而得之也。"郭象这一观点或受嵇康之影响,《养生论》中说:"(神仙)禀之自然,非积学所能致也。"盖郭象之"崇有独化"以"物各有性",且"性"不能易,"性各有分……岂有能中易其性者"(《齐物论》注)。故臣妾有臣妾之性，众庶有众庶之性，圣人有圣人之性，"天性所受，各有本分，不可逃，亦不可加"（《养生主》注）。故郭象提出"学圣人者，学圣人之迹"，"法圣人者，法其迹耳"（《胠箧》注）。而圣人之"迹"亦实无可效法，《让王》注中说："夫圣人因物之自行，故无迹。然则所谓圣者，我本无迹，故物得其迹，迹得而强名圣，则圣者乃无迹之名也。"既然圣人无迹，故其"迹"也只是人们所认为的圣人之迹，但其是否为圣人之"迹"亦不可知。故郭象虽立论与王弼不同，却都认为圣人不可学，亦不可致也。这种观点可以说是魏晋玄学家的共同看法。

我们还可讨论与圣人学致有关的另一问题，即圣人的境界问题。照郭象看："夫小大虽殊而放于自得之场，则物任其性，事称其能，各当其分，逍遥一也。岂容胜负于其间哉！"照郭象看，任何事物只要是各任其性，各当其分，同样都可以是逍遥的。就这点看，似乎臣妾、众庶、圣人的逍遥都是一样的。但实际上，圣人之逍遥与一般人之逍遥并不相同。一般人是以"适性"为"逍遥"，而圣人不仅以"适性"为"逍遥"，而且是"玄同彼我"为其逍遥之境界。郭象不承认在现实世界之上还有一造物主或"本体之无"，但他却认为圣人在精神境界上可以超越现实。郭象说："物各有性，性各有极。"任何事物都有其规定性，其规定性的发挥都是有其极限的。但是郭象给圣人的规定性是"游外以弘内"，故可以"同天人，均彼我"，"忘天地，遗万物"（《齐物论》注），"此乃至德之人，玄同彼我者之逍遥"（《逍遥游》注）。这就是说，圣人之所以为圣人，他的精神境界是没有什么极限的，他能与万物一起变化，"能无待而常通"。故郭象说："夫体神居灵而穷理极妙者，虽静默闲堂之里，而玄同四海之表，故乘两仪而御六气，同人群而驱万物。苟无物而不顺，则浮云斯乘矣。"（《逍遥游》注）这就是说，郭象的圣人是"即世间而出世间"的。但照郭象的"崇有独化"理论则无"世间"之外的"世间"，故其"出世间"只能是一种圣人的精神境界。而这种精神境界只是圣人的精神境界，非一般人所能有。就此亦可知郭象是认为圣人是不可学、不可致的。

僧肇是否著有《涅槃无名论》尚无定论，兹非本书所要讨论之问题，但《涅槃无名论》为当时著名之佛教论文则无可疑处。"涅槃"即"灭度"之义，此与得道成佛有关。该论中有云："经曰：涅槃非众生，亦不异众生。维摩诘言：若弥勒得灭度者，一切众生亦当灭度。"这意思是说，不觉悟的众生当然不可能得道成佛，而觉悟的众生就和弥勒一样可以得道成佛。佛教作为一种宗教需要给人们指示一条得道成佛之路，否则其意义将会落空，而得不到人们之信仰。故必主张"圣人"（佛）可学可致。《涅槃无名论》中还有如下一段："夫群有虽众，然其量有涯，正使智犹身子，辩若满愿，穷才极虑，莫窥其畔。况乎虚无之数，重玄之域，其道无涯，欲之顿尽耶？"宇宙万物虽然很多很多，但它的数量总还是有个极限，即使智慧之高如舍利佛，辩才之强如富楼那，也很难穷尽宇宙万物的边畔；更何况"虚无之数""重玄之域"，它的道理是无穷无尽的，想要顿悟就达到，那怎么可能呢？这就是说，得道成佛应靠渐修，不可能一下子"径登十地"。陈慧达《肇论序》中说："但圆正之因，无上般若；至极之果，唯有涅槃。故未启重玄，明众圣之所宅。"元康疏谓："'但圆正之因，无上般若'者，此《般若无知论》也。涅槃正因，无有尚于般若者也，'至极之果，唯有涅槃'。般若极果，唯有涅槃之法。'故未启重玄'者，以此因果更无，加上'故未'，后明此两重玄法。般若为一玄，涅槃为一玄也。前言真俗，指前两论；后言重玄，指后两论。此是必然，不劳别释。重玄者，老子云：'玄之又玄，众妙之门。'今借此语，以目涅槃般若，谓一切圣人，皆住于此，故名为'宅'也。"如果前引《涅槃无名论》中之"重玄之域"是指一种境界，这种境界是可学可致的，则此处"重玄"者，兼有达到得道成佛之方法义。意谓"般若"为一玄，"涅槃"为一玄，故曰"重玄"。元康的意思是说，《肇论》四篇有前后演进的关系，前两论《不真空论》和《物不迁论》是讨论"真谛""俗谛"问题；后两论《般若无知论》和《涅槃无名论》则是讨论成佛之因果问题。后两论之论因果，般若为因，涅槃为果；般若为一玄，涅槃为一玄，此即"重玄"。只讲般若一玄，未达极致，必有涅槃之"又玄"，至"重玄"方可彰圣。达到"涅槃境界"才是佛教之目标，故圣人（佛）可学可致明矣。据此，我们可知魏晋玄学家多以"圣人不可学致"，而僧肇、慧达、元康等佛教高僧大德均以"圣人可学可致"。（请参看汤用彤先生之《谢灵运〈辨宗论〉书后》，《汤用彤选集》，天津人民出版社，1995年版）

第十四章　郭象哲学中的理论问题（下）

除上章所讨论的郭象哲学中所涉及的重要理论问题之外，本章将分析另外几个他所接触到的哲学理论问题，从某个层面看这些问题对提高人们的理论思维能力也是很有意义的，但由于郭象的思想体系并不十分周延，致使其体系内部不能不存在若干矛盾。

（一）"（命）理"与"自性"

在魏晋玄学中"体"和"用"这对概念已被明确使用，不仅见于王弼的《老子注》，如他说"万物虽贵，以无为用，不能舍无以为体也"（《老子》第三十八章注），而且见于钟会的《老子注》，如说：

> 举上三事，明有无相资，俱不可废，故有之以为利，利在于体；无之以为用，用在于空。故体为外，利资空，用以得成；空为内，用借体，利以得就。（引自李霖《道德真经取善集》，《老子》第十一章注）

在王弼的哲学中有时又用"本"和"末"来表示"体"和"用"的关系。从一个意义上说，王弼哲学体系中，一个个的存在物（有）是个别的，而作为万物存在之根据的本体之"无"则是一般的。他的本体之无是抽空了任何具体内容的"共相"，而有具体规定性的"物"（有）

则是"殊相"。在郭象的哲学体系中,虽也讲到"体"和"用",如说:"见所尝见,闻所尝闻,而犹畅然,况体其体,用其性也。"(《则阳》注)这里的"体其体"的后面之"体"是"万物"的意思,如他说:"天地以万物为体。"(《逍遥游》注)所以在郭象哲学体系中"体"就是指一个一个的万物本身,没有"共相"的意思,而"天"(天地)也只是"万物"的"总名",是一个集合名词,也没有"共相"的意思。那么在郭象的哲学体系中有没有一个与"殊相"(个别)和"共相"(一般)相对应的概念呢?或者说郭象《庄子注》中的"天理"(或"命理")和"自性"相当于"共相"和"殊相"的关系。然此看法是否可成立?关于"自性"前几章已有许多讨论,如说"物各有性,性各有极",这是强调"物"的特殊性。不仅人有人之性,马有马之性,而且此人有此人之性,如为骈拇,彼人有彼人之性,如枝指,各不相同;此马有此马之性,如日可行八百里,彼马有彼马之性,如日可行一千里。这是"自性"的问题。关于"理"这一概念,郭象在《德充符》注和《寓言》注中比较集中地讨论到。在这两篇注里所讲到的"理"大体上都是说每个事物依其"性分"而存在,都有其不可逃的必然性,如说"其理固当,不可逃也","理必有应,若有神灵以致之也","理必自终,不由于知,非命如何",等等。但把前后文联系起来看,郭象所说的"理"并不是和"殊相"相对的"共相",因此它不是决定"自性"的必然性,而是说由每个事物的"自性"所决定此事物如此生生化化的必然性。在《寓言》注中说:

> 不知其所以然而然谓之命,似若有意也,故又遣命之名,以明其自尔,而后命理全也。

郭象认为,事物如此地生生化化好像被什么支配着,把这叫"命"吧,如果是这样,那就应该去掉"命"这个名称,以便人们了解事物本来都是自然而然地生化着,事物的这种自然而然的生化状态是没有什么使它如此的，这才是"命理"的真正意思。显然郭象是在强调事物的"自尔"（事物的"自性"决定其自身如此的而不是如彼的生生化化），而以为"命理"只是"自尔"的表现。接着郭象在《寓言》注中又说：

> 理必有应，若有神灵以致之也。
> 理自相应，相应不由于故也。则虽相应，而无灵也。

郭象的意思是说，事物和理相应，好像是有什么使它如此的，其实是事物的理（必然性）和事物自身（的"自性"）相应，这种相应是没有什么原因的，所以相应是自然如此，并没有什么东西使之如此。这里似乎又没有把必然性和偶然性区别开来。在《德充符》注中说：

> 夫我之生也，非我之所生也，则一生之内，百年之中，其坐起行止，动静趣舍，情性知能，凡所有者，凡所无者，凡所为者，凡所遇者，皆非我也，理自尔耳。而横生休戚乎其中，斯又逆自然而失者也。

这里郭象的意思也是说，人的一生之如此不是他主观所追求的，所有、所为、所无、所遇也不是自己主观所能求得的，这些都是自然而然如此的，由"自性"决定的某个事物自身所使之如此，"理自尔耳"，如果对其如此之生和如此之作为产生什么喜欢或不喜欢，这就要违背其自然之性。这就是说，"理"是每个事物由其"自性"所决定的必然性，所以郭象说："以其知分，故可与言理也。"（《秋水》注）只有了解每个事物的"性分"，才可以讨论每个事物的"理"。这就是说，每个事物有每个事物的"理"，没有一个统一的"理"。不是"理"规定此事物为此事物，彼事物为彼事物，而是此事物有此事物之"理"，彼事物有彼事物之"理"，"物物有理，事事有宜"（《齐物论》注）。

在郭象的哲学体系中，事物都是一个一个的单独的存在物，都因其"自性"和其他事物相区别,他说:"夫长者不为有余,短者不为不足,此则骈赘皆出于形性,非假物也。"(《骈拇》注)骈拇、枝指都是"自足其性"的,它们的不同都是不得不如此。世界上的形形色色各不相同,所以不必去求同,而是应让它们都按照各自的本性行事就可以了。可见郭象所注意的是事物的"个性",事物的差别性,但他忽视了事物的"共性",这样造成对"一般"和"个别"的割裂,或"具体"与"抽象"的混同。如果说王弼的哲学的走向是"反用归体",那么郭象的哲学则走向"即用是体"。

郭象注意到事物的不同,看到事物是一个一个的具体的存在物,从而对"具体"(个别事物的特性)有所认识,在这方面无疑有其特殊的意义,他据此而否定造物主和"本体之无"。但是由于不适当地强调事物只是个别具体的存在物,从而把"个别"和"一般"割裂开来,混同偶然和必然,而不能不带有神秘主义和不可知论的色彩,所以郭象有如下的说法:"凡此上事(按:指'生死存亡'等等),皆不知其所以然而然,故曰芒也。今夫知者,皆不知所以知而自知矣,生者皆不知所以生而自生矣。万物虽异,至于生不由知,则未有不同者也,故天下莫不芒也。"

(二)"独化"与"相因"

郭象哲学中有一个很重要的命题:"相因之功,莫若独化之至。"这个命题可以说接触到"内因"和"外因"的问题,或者说是"根据"与"条件"的问题,它的意思是说,事物之间相互为因(条件)的功用,比起事物自身独立自足的生生化化是没有意义的。

照郭象看,所谓"独化"是说事物都是独立自足的生生化化的,而此事物之如此地独立自足的生生化化,彼事物之如彼地独立自足的生生化化,都是由它们的"自性"决定的,不是由什么外在的造物主或"本体之无"等等所决定的。事物存在和活动的根据在其自身的"自性","自性"不仅是"自生"的,而且是"无待"的,因此从原则上说任何事物的存在与活动都可以不需要有什么外在条件。从郭象认为事物的存在与活动只能从其自身找原因方面看,可以说他的哲学思想已包含"内因是事物存在的根据"的观点。郭象据此不仅反对在事物自身之外去找寻其存在的根据,甚至也不承认事物的存在与外部条件有关,这点和裴頠是有所不同的。郭象反对从事物外部去找其存在的根据,我们可以说他在反对"外因论",这点在中国哲学史上是难能可贵的。至于郭象认为事物的存在不需要外部条件,这就有问题了。在郭象对于"因"的解释中我们或者可以发现他的问题。他对"因"有多种的解释,如"因其性而任之则治,反其性而凌之则乱"(《在宥》注)。此处之"因"是"顺"的意思。如"虽工倕之巧,犹任规矩,此言因物之易"(《达生》注)。此处之"因"似有"依靠"意,但实际上也有"顺"的意思。而《齐物论》注中说:"达者,因而不作","夫达者之因是,岂知为善而因之哉!不知所以因而自因耳,故谓之道也"。此处"因"有"任"之意,"所以因"指"为什么如此因"。达者的"因"是对其他事物不做什么,因此事物之所以如此是"任其自因"的,这叫作道。在"相因"与"独化"对举时,则"因"或有"条件"的意思,但这种"相因"只是在事物的"独化"情况下才有意义。如果"相因"不是顺事物之自性而作,那是违背自然之道的。

郭象对事物的存在需不需要一定的条件,从他整个体系看是持否定态度的。他的"独化"学说排斥了事物存在需要一定的条件性,但他也不是对事物的条件作简单的否定。郭象认为,如果说事物的存在是有条件的,那你可以去分析其存在的条件,而其存在的条件本身的存在也还是有条件的,这样分析下去所能得到的结果是事物的存在的条件是无限的,或者说任何条件都是这一事物存在的条件。说任何条件都是这一事物存在的条件就等于说其存在无任何条件。当然,事物之间存在着普遍联系,但这不是说可以不去区分事物之间联系的主次,更不可以认为任何一条件消失了就会使此一事物的存在受到影响而也消失了。如果不对事物之间的联系作主次、必要和非必要的区分，那么事物的存在就可能成为无法理解的了。

郭象虽不承认事物的存在需要有一定的条件，但它却认为任何事物的存在对其他事物的存在都是有功用的，他说：

> 天下莫不相与为彼我，而彼我皆欲自为，斯东西之相反也。然彼我相与为唇齿，唇齿者未尝相为，而唇亡则齿寒。故彼之自为，济我之功弘矣，斯相反而不可以相无者也。……若乃忘其自为之功，而思夫相为之惠，惠之愈勤，而伪薄滋甚，天下失业，而情性澜漫矣，故其功分无时可定也。（《秋水》注）

> 夫体天地，冥变化者，虽手足异任，五藏殊官，未尝相与而百节同和，斯相与于无相与也；未尝相为而表里俱济，斯相为于无相为也。若乃役其心志以恤手足，运其股肱以营五藏，则相营愈笃而外内愈困矣。（《大宗师》注）

郭象在论证其观点时，常常采用从相对立的两个观点进行分析，然后建立他自己的理论。这里他是从"自为"（无相为）与"相与为"两个方面来论证其思想。从"自为"方面说，此一事物和彼一事物是相对的，但相对的两事物看起来又是有联系的（如唇齿）。照郭象看，相互联系的两事物中也不是彼事物为此事物而存在，或此事物为彼事物而存在，并不互相作为存在的条件，但是如果此一事物不存在，另一方也将受到威胁或影响。所以事物能"自为"或"无相为"，对其他事物的功用是最大的。如果从"自为"或"无相为"方面看，一事物对其他事物无所谓功用；而从存在着的事物必然存在着方面看，任何事物对其他事物都有功用。如果事物失掉了自己为自己而存在，去追求为别的事物而存在，那么就会失去"自性"，而且会把一切都搞乱，反而弄不清其功用之所在。郭象为坚持其"独化"理论，只承认"自为"的意义，而不承认"相与为"的意义，并认为只有在"无相为"中才可以实现"相与为",为此他提出"相因之功,莫若独化之至"这一重要命题,这正是郭象"崇有独化"哲学体系所要求的。在这个问题上,郭象哲学在反对"目的论"和"外因论"方面无疑是有特殊贡献的,但是他在否认任何外在条件对事物存在的作用方面则陷入难以自圆其说的困境。

(三)"无待"与"有待","无为"与"有为"

关于"无为"和"有为","无待"和"有待"的问题,在前面第十一章"郭象的哲学体系(上)"已有所讨论,这里不再对它作详细的讨论,只是简略地说明它与相对主义的某些关系。

"无待"和"有待"的问题和上面讨论的"独化"与"相因"的关系有着一定的联系。而这个问题本是庄子提出的,它和其相对主义有着密切的关系。事物有相对性和对事物相对性的认识是两个不同而又相互联系的问题,庄子认识到事物有相对性,但他企图否定事物相对性的意义,从而使其哲学带有相当明显的相对主义色彩,尽管如此,庄子的这一思想从哲学上说仍然有着重要的理论思维意义。郭象的《庄子注》继承了庄子关于事物相对性和相对主义的思想,且有若干重要发挥。顺着庄子的思路,我们可以看到郭象在这个问题上的一些看法:

1)从一个方面说,事物之间是有差别的,但差别只是相对的,因此事物的差别性是没有意义的。

2)每一事物可以肯定的方面不一样,但都有其可以肯定的方面,例如事物都各自以其美的方面为美,那么万物都一样的美。

3)如果从"有待"方面看,任何事物其生生化化看起来都是"有待"的。大鹏和小鸟相比,大鹏飞行要有大翼,要有很大的空间;小鸟无大翼,飞不远,都受到一定条件的限制。从这方面看,大鹏、小鸟都是"有待"的,因此都是一样的。

郭象认为,上面这些看法是就事物的相对性而言,如果从另一角度看，事物的区别不仅是绝对的，而且任何事物从本质上说都是可以绝对独立自足地存在着和活动着。

如果说庄周的相对主义是建立在从一个超出事物的相对性的观点来"齐万物""齐是非"等等，即所谓"以道观之，物无贵贱"，那么郭象的相对主义则是从事物的"自足其性"方面来"齐万物""齐是非"的。郭象认为，每个事物都各有各的"自性"，而"自性"又是有其极限的，"物各有性，性各有极"，所以区别是绝对的。事物虽有大小、美丑、智愚、长短等区别，这些相对性的差别是绝对的，是由其"自性"决定的，所以是不能改变的，"小大之辨，各有阶级，不可相跂"（《秋水》注）。因此，绝不能认为大的、聪明的为有余，小的、愚蠢的为不足，"儒墨之辨，吾所不能同也。至于各冥其分，吾所不能异也"（《齐物论》注），"虽所美不同，而同有所美。各美其所美，则万物一美也。各是其所是，则天下一是也"（《德充符》注）。

郭象对相对（事物的相对性）和绝对（事物的绝对性）的看法，应该说有一定深刻的哲学意义。他认识到，从一方面说事物是有差别的，但从另一方面看事物又是无差别的，认识到差别性和无差别性的同一，这在中国哲学史上是有意义的。本来事物的差别是客观存在的，但事物都是存在着的，就其都是存在着的而又是"自足其性"的方面说又是无差别的。对事物的看法也是一样，从此一方面看事物是有差别的，而从彼一方面看它们又是无差别的。这里的问题是，郭象从事物的相对性方面否定事物的差别性，又从事物存在的无差别性方面论证每一事物存在的绝对性，于是在郭象的哲学体系中每一相对存在的事物都成了绝对存在的，从而取消了相对和绝对的差别。

特别值得我们注意的是，郭象在讨论"无为"和"有为"问题时，采用了有相当思辨性的方法，或者说采用了他"辩名析理"的办法，使之相对应的概念达到同一，并消除其间的差别性。

"无为"和"有为"本是一对相对应的概念，它们的涵义不同，而且在老子和庄子的哲学体系中的意义也不相同。郭象也说"无为"和

"有为"是两个不同涵义的概念，但在他的体系中经过对这两个概念的涵义作了新的说明，而使之成为并非对立的，而是相合的。

第一，郭象对通常的"有为"做了否定，如他说："患难生于有为，有为亦生于患难，故平易恬惔交相成也。"（《刻意》注）盖郭象认为，此一事物对彼一事物之存在与活动是无能为力的，彼一事物对此一事物也是无能为力的，因此它们之间只能是"平易恬惔"（无为）才可以互相成就，如果此一事物要对彼一事物有所作为，那就必然会产生灾难，故《齐物论》注中也说："此五者（按：指'道昭''言辩''仁常''廉清''勇忮'），皆以有为伤当者也。不能止乎本性，而求外无已。夫外不可求而求之，譬犹以圆学方……"这里郭象认为，那些"不能止乎本性"的所作所为，都是伤害当者的"有为"。

第二，那么"止乎本性"的"为"，即适"当"的"为"是不是可以的，而不会产生灾难呢？郭象认为，"止乎本性"的"为"（或适于本性的为）叫作"自为"，"用其自用，为其自为，恣其性内，而无纤芥于分外，此无为之至易也"（《人间世》注）。如果能"为其自为"，根据其"性分"所允许的"为"，丝毫不会超越"性分所允许的范围"，这种"自为"就是"无为"。

第三，因此，规定一种特殊的"为"叫作"自为"，"凡自为者，皆无事之业也"（《达生》注），"率性而动，故谓之无为也"（《天道》注），这就是说，"自为"是一种"无为"，"无为"是一种"率性而动"的"为"。所以"无为"并不是什么都不做，它本身也就成了一种特殊的"为"，故《大宗师》注中说："所谓无为之业，非拱默而已；所谓尘垢之外，非伏于山林也。"从统治者说，只要他是"无心而任乎自化"，这就是他的"无为"，也是"自为"，"无心"可"戴黄屋，佩玉玺"，"终日挥形神气无变"；"任物之自为"即"无为"，《天道注》中说："夫无为也，则群才万品，各任其事，而自当其责矣。"从这里我们可以看出，郭象把一种特定的"有为"这个概念的涵义规定为"止乎本性"的"自为"，而这种"率性而动"的"自为"又是一种"无为",因而"无为"就成为一种特定的"为",这就是说"自为"既是"无为"又是"有为",于是"无为"和"有为"就可以统一起来,它们的相对意义可以消除,而"差别性"可以通向"无差别性"。

就郭象对"无为"和"有为"关系的分析,我们可以看出他应用"辩名析理"有着方法论上的自觉,这不仅说明魏晋玄学是一种不同于两汉哲学的特殊性的哲学,而且在论证方法上也和两汉哲学大不相同,带有更多的思辨性,而对中国哲学的发展有着重要的贡献。无论庄周还是郭象,在揭示事物的相对性和认识事物相对性的意义上无疑是对哲学问题讨论的深化,然而从认识事物的相对意义而导致在某些情况下否定事物的差别性的相对主义,则是应注意到的。

(四)"顺性"与"安命"

郭象哲学的反目的论在中国哲学史上可以说有其重要的贡献,一般说他既从偶然性方面来反对目的论,又从命定论方面来反对目的论,这就使其哲学更具有特殊性。

汉朝自董仲舒以来,天人感应目的论思想大为流行,甚至像王充这位用偶然论反对天人感应目的论的哲学家,命定论的思想仍然对他有着很大影响。从总体上看,郭象的哲学以"崇有""独化""无故""无因"等思想,主张性命自然,反对各种各样的目的论。郭象认为,事物的生生化化既不是由外部力量有目的决定的,也不是由自己内在主观要求所决定的,如他说:

> 凡得之者,外不资于道,内不由于己,掘然自得而独化也。(《大宗师》注)

此事物之所以得成为此事物,既不是由"道"所成,"此皆不得不然而自然耳,非道能使然也"(《知北游》注);也不是由自己刻意追求而得的,"命之所有者,非为也,皆自然耳"(《天运》注),"命非己制,故无所用其心也"(《秋水》注)。郭象的"崇有"反对有一外在于事物的造物主,也反对有一超越事物之上作为事物存在根据的"道",为此自然也要反对王弼的"以无为本"的思想,如他说:"上不资于无,下不待于知,突然而自得此生。"(《天地》注)关于这个问题,我们在前面几章都有所讨论。而关于"命"的问题则讨论比较少。在郭象哲学体系里,"命"有"不得不然"的意思,《人间世》注说:"知不可奈何者,命也。"因此,"命"不是由自己主观意向所决定,故不要刻意去追求它,它是自然而然如此的。人对于"命"只能"顺",不能"违",故曰:"夫安于命者,无往而非逍遥矣。"就这方面看,郭象是用"命定论"反对"目的论",或者说是由某种必然性来反对目的论。不过,用"必然性"反对"目的论",是可能与"目的论"划不清界线的。对此郭象如何解释呢?这就需要分析郭象对"性"(自性)和"命"的关系的看法了。照郭象看,任何事物的存在都是以"自性"为根据,任何事物的活动都只能在其"自性"所允许的范围之内,所以事物"各以得性为至,自尽为极也"(《逍遥游》注)。就这点看,"命"无非是事物据其"自性"所表现的必然性。"安命"就是"顺性"。然而为什么此事物有此种之"自性",彼事物有彼种之"自性",则纯属偶然,"欻然自生非有本"(《庚桑楚》注)。"欻然"是说忽然发生的意思,事物都是忽然自生的,没有什么比它更根本的东西使它如此生成,故谓"独生而无所资借","死生出入,皆欻然自尔"(《庚桑楚》注)。就这方面看,"安命"也是说不出什么道理的,是"欻然自尔"的,因此事物虽必然如此,但不是有目的的如此;无目的的如此,则其如此纯属偶然的了。郭象把"必然"与"偶然"都称作"自然",这正是他的一大发明。

郭象在反对目的论方面,其思想是相当深刻的,如他说:

> 天不为覆,故能常覆;地不为载,故能常载。使天地而为覆载,则有时而息矣。(《德充符》注)

天地的覆载不是有目的的，如果它们是有目的的覆载，那么就可以有不覆载的时候，这是不可能的。有目的的覆载就必有有目的的不覆载，只有无所谓覆载或不覆载，天地才可以常覆载。世界上的事事物物都是自然而然地存在着、活动着，并不是哪一个主使者使它这样或那样存在着、活动着，郭象说：

> 夫无故而自合者，天属也。合不由故，则故不足以离之也。然则有故而合，必有故而离矣。（《山木》注）

"天属"是说"属于天的"，即"任自然"也。"合"者，指"合于自然"；"自合"者，是说自然而然合于其自然之性（自性）。事物都是没有目的的合于自然，这是属于天的，不是"人为"的。"合于自然"不是有目的地去追求什么，如果有目的地去追求什么，那么也可以有目的的离开"自然之性"，这当然是不可能的。自然界的事事物物为什么这样存在，为什么这样活动，我们可以说它们不是造物主或者人的主观意志所决定的，它们是自然而然如此的。但是，从人类社会生活方面看，人们的活动并非都是没有目的的，人们不仅可以认识世界，而且也可以有目的地改造世界，这就是说人对其社会生活是可以有主观能动性。郭象在反对造物主和目的论中，把人的主观能动性都否定了，这无疑是片面的。他认为，事物都应按照其"自性"的要求生生化化，要"顺性""安命"，不要企图改变自己的地位，贵为王侯的要安于其富贵，贱为皂隶的也应安于其贫贱，"岂有能中易其性者"（《齐物论》注）。不过，从另一角度看，他似乎又认为人们可以有无限的能动性，人们可以"独化于玄冥之境"，可以"逍遥游放于自得之场"。然而郭象的这种"无限的能动性"，如"逍遥放达"只能在自己"性分"所允许的范围之内实现，因此他所谓的"能动性"是一种虚假的能动性。这种只能在"性分"之内实现"能动性"的观点正是魏晋门阀等级制度在观念形态上的反映。

第十五章　郭象与王弼

魏晋玄学从王弼的"贵无"发展到郭象的"崇有"无疑是有其内在必然性的，这个问题在本书第十三、十四章"郭象哲学中的理论问题"和附录"论魏晋玄学到唐初重玄学"中有所论及，这里不多讨论。这里只想就他们哲学思想的不同来说明各自的特点，并兼论中国传统哲学的某些特点。王弼和郭象哲学思想的不同，可以用下列对比（图2）来表示：

1. 王弼　　以无为本　　从无生有　　"道"即"无"（本体）
   郭象　　造物无物　　有各自生　　"道"即"非有"（不存在）
2. 王弼　　反本　　　　不居成　　　反一本
   郭象　　安命　　　　顺性　　　　各反其极
3. 王弼　　抱一（存体）　用反于体　　用不离体（着眼于体）
   郭象　　独化（即用）　即用是体　　用外无体（着眼于用）
4. 王弼　　统一于无（体用如一）　　求宇宙的统一
   郭象　　统一于有（体用如一）　　求自身的统一

图 2

图2虽然分为四栏，但它们是相互联系的。从王弼说，他的哲学基本命题是"以无为本"，则"有"从"无"生。"有"从"无"生，则"无"即是"道"，是"有"之本体。"无"为"有"之本体，则本体之种种表现（万有）必反于本体而存在。"反本"则可不执一偏而"居成"，"不居成"则可"反一本"。"本体"是全体、统一的，"反本"则与"自然为一"，故曰"抱一"。"抱一"则存体，而"用"反于

"体"。"用反于体"则用不离体,即是着眼于体,而明无单独的"用"。"用不离体"则"万有"统一于本体之无,从而知"体用如一"。王弼的"体用如一",是为求宇宙的统一。圣人体无,无莫无适,"则天成化,道同自然",故能与"道"同体。圣人与道同体是王弼理想中的最高境界。王弼所说的这种圣人的最高境界是即世间而出世间的,因为他要求圣人不离世间而达到与超时空的绝对本体同一。从郭象说,他的哲学的基本命题是"造物无物",则"有"各"自生"。"有各自生",则不需要一统一的存在为根据,不需要造物主,故"道"是"非有",即不存在。"有各自生",则万有可各自安于各自应处的地位,这就是"安命"。"安命"并非由外力所强加,它即是顺乎其自身的本性。所谓"顺性",则要求每个事物都根据其自性最大限度地发挥其作用,而又独立自足地生生化化,这叫"独化"。万物独化,不需要任何支配者、主使者、创造者,不需要另外有一存在的根据,它自身就是其存在的根据,故说"用外无体","即用是体"。郭象的"用外无体",是着眼于"用",而无单独的"体",因而他的哲学是统一于"有",从这个方面达到"体用如一"。郭象的"体用如一"要求"万有"自身的统一。达到这种自身统一的"圣人",则能"独化至于玄冥之境"。"独化至于玄冥之境"并非要求在现实之外来实现,只是要求充分地独立自足地生生化化于现实社会之中。所以郭象要求的最高境界是出世间而即世间,在现实中完满地实现其自身的同一。王弼和郭象的哲学虽不相同,却并不相反,而是殊途同归,都要求达到"体用如一"的境界,这点是必须注意到的。从他们的哲学思想的比较中,我们是不是也可以看到中国传统哲学的某些特点?下面我们将就这个问题作些讨论。

(1)"本末有无"是魏晋玄学讨论的中心问题,围绕这个问题魏晋玄学分为"贵无"和"崇有"两大派别。这两大派别虽有区别,在某些哲学家身上甚至表现为唯物主义与唯心主义的斗争,但是就王弼和郭象说,一是"贵无"派,一是"崇有"派,而并不表现为唯物主义和唯心主义的对立。因此，我们是否可以说在中国传统哲学中，唯物主义和唯心主义的区别往往并不表现在形式上（如一主张"贵无"，一主张"崇有"），相反唯物主义和唯心主义的矛盾有时则表现在形式上。从先秦说，儒家（除荀子外）和道家（除《管子》中某些篇外）的矛盾，并不是唯物主义和唯心主义的矛盾，常常是唯心主义之间的矛盾。儒家重视"天"，道家抬出"道"，但无论是儒家还是道家都承认现实世界由一超现实的力量所支配。到宋、明，无论是理学，还是心学，他们之间的互相诘难，也还是唯心主义内部的不同派别。所以我们不能简单地把"贵无"和"崇有"的矛盾就看成是唯物主义和唯心主义的不同。恰恰相反，"贵无"和"崇有"的矛盾表现在王弼和郭象身上仍然是唯心主义的不同派别。然而为什么又有区别呢？这点或许正是中国传统哲学的一个特点。在中国长期封建社会中，几乎所有哲学家都在论证封建制度和封建道德规范的合理性。"贵无"派的王弼把"无"作为"万有"（包括封建礼教）存在的根据，是为封建社会的存在找合理性的根据；"崇有"派的郭象只承认"有"是唯一的存在，因而说现存的一切都是合理的。王弼为"万有"找一存在的根据"无"，而这本体之"无"不过是没有任何规定性的抽象的概念或者说是无任何内容的抽象的形式，这样就便于它成为任何有规定性的具体事物。郭象否定"万有"要有一存在的根据，认为"万有"的存在均为其"自性"所规定，然而所有事物的"自性"实际上都是由郭象根据当时统治阶级的愿望所规定的。因而所谓"万物独化"，虽有独立自足生生化化的形式，而实际上都是被某一主观上构造的模式所规定了的。从这里看，无论王弼还是郭象都不是如实地反映世界，不过是从不同的方面来虚构世界的存在。

（2）如果说在先秦哲学中还没有用"体""用"这对范畴来说明世界的存在，那么自魏晋以后"体""用"这对范畴就成为中国传统哲学用以说明世界的存在状态的一对基本范畴。不仅魏晋玄学中广泛地使用了"体""用"这对范畴，而且南北朝以后的佛教、道教和宋明理学都广泛地使用了这对范畴。从中国传统哲学看，几乎凡是比较有理论思维意义的哲学体系都主张"体用如一"。所谓"体"，原义为"根据"（或"根本"），或者说有"本体（substance）"的意思；"用"则是"功用"的意思。本体是事物存在的根据，而功用是本体的种种功用的表现。提出"体""用"这对范畴，就表明人们不仅在探求宇宙是怎样的存在，而且在探求宇宙为何如此存在的问题。"体用如一"这个命题正是要求通过天地万物纷纭复杂的种种表现探求其统一性的根据。

王弼的哲学是从"用"必有"体"这方面进行论证的，他说："虽贵以无为用，不能舍无以为体也。""以无为用"的是"有"，而天下万物为什么表现为各种各样的功用呢？这正是因为有"无"作为它的本体。"以无为体"，而"无"又不能由无来表现，"无不可以无明，必因于有"。从"有"这方面说，不能不"以无为本"；从"无"这方面说，不能不"因于有"，故必"体用如一"。"体用如一"并非是说"体"和"用"没有分别，而是说"用"不离"体"，故王弼主张"崇本举末"。但无论如何，在王弼看，"无"是天地万物（有）存在的根据，所以他虽主张抱一存体，但是有时又说"道生万物"，从而导致主张"崇本息末"，这样他实际上又承认"无"是独立于天地万物（有）之外的实在。这样在王弼哲学中就不能不包含着某种不能自圆其说的矛盾。

郭象虽也讲"体用如一"，但他和王弼不同，他把"用"本身就看成是"体"。郭象认为，天地万物之所以存在，其根据就在于其自身，在于其各自的"自性"。天地万物有着各种各样的功用和表现，这种种的功用和表现就是其本性，就是"体"，因此"用外无体"。"用外无体"则"即用是体"，所以他主张自足其性的"独化"。从郭象的这种学说看颇有点现象主义的味道，近代德国哲学家胡塞尔（Husserl）认为"存在"就是"个体的存在"（individual being）。郭象大体也是如此，他认为每个单独的具体的事物即是独立自足的绝对的"存在"，因而他实际上把"个体"的存在抽象化为神秘的不可认识的自在之物了。

(3) 中国传统哲学还有一显著的特点,它往往表现为追求宇宙的统一性或天地万物自身的统一性。从先秦哲学开始,就有一些哲学家在探讨"天(道)"和"人(道)"的关系问题,以后有所谓"天人之际"的探讨,又有所谓"天人合一"的学说。到魏晋,玄学本来就想解决"天道"(自然)和"人事"(名教)的关系及其"统一性"的问题。王弼讲"反本""抱一",是说要求反回到"道",反回到本体之"无"而与"道"同体,即要求一切事物统一于"无"(本体)。而"无"是全体,是绝对的,是"唯一"(一)的;"有"是部分,是相对的,是众多(多)的。事物的统一不能由部分、相对的、众多的来统一,必须由全体、绝对的、唯一的来统一,所以王弼的哲学要求宇宙的统一,要求纷纭复杂的万有统一于绝对的、超时空的本体之"无"。郭象和王弼不一样,他的哲学虽也有"体用如一",但由于"即用是体",根本否认在"有"之上(之外)还另有一其存在的根据。天地万物本来就是一个一个的独立自足的存在,它们之间没有任何必然联系。因此在郭象哲学中也就没有宇宙统一性的问题。至于事物的统一性问题,由于郭象主张"用外无体""即用是体",那么就只有各个事物自身的统一性。事物的统一性,仅仅表现它自身内在的统一性,而不表现为宇宙的统一性。郭象否认宇宙的统一性当然是错误的,宇宙的统一性固然不在于绝对的超时空的本体之"无",但是宇宙毕竟有其统一性,而这正是中外许多哲学家在讨论的问题。郭象之所以要否定宇宙的统一性,正在于他把"有"抽象化、神秘化。他之所以只承认各个事物自身的统一性,不仅是为了排除宇宙的统一性,从而否认本体之"无",而且也是为了论证其"独化"学说。事物如是独立自足的生生化化,就必须是自身统一的,而不受外面的任何影响。

(4)"境界"这种学说,虽不能说是中国传统哲学所特有的,但它却是中国传统哲学中特别注重的问题。在先秦,无论是儒家还是道家(他们对以后的中国哲学影响最大),都把达到某种"境界"作为其最高的理想。孔子说他"七十而从心所欲不逾矩",这当然是一种理想的境界。《中庸》讲"诚",说:"诚者,天之道也;诚之者,人之道也。诚者,不勉而中,不思而得,从容中道,圣人也。"所谓"不勉而中,不思而得,从容中道",自然也是一种精神境界。孟子讲"我善养吾浩然之气","上下与天地同流",这更是一种精神境界了。老子所追求的"致虚极,守静笃","和其光,同其尘",这是他要求的一种超然境界。庄子向往"乘天地之正,而御六气之辩",游于"无何有之乡",庄子本人并不认为这种状况真正存在,但是他要求精神要达到这种境界。"境界说"在中国传统哲学中十分流行,至少是由下面两个方面的原因所造成:一是在长期的封建社会里,人们受着极端的专制主义的统治,没有自由,不仅被统治阶级是这样,就是统治阶级的大多数在等级森严的制度下也没有多少自由。既然实际生活中没有多少自由可言,那么只好向精神世界去追求所谓自由了,于是产生"境界说"。这点在中国古代哲学家身上表现最明显的要推庄周的《逍遥游》;在中国古代文学家身上表现最明显的要推屈原的《离骚》和《远游》。二是中国古代许多哲人大都有"济世之志",但他们的热情抱负往往受到冷遇,因为现实社会(特别是那些当权的统治者)并不需要他们的那种献身精神。从孔子起,他就被人视为"知其不可而为之者"的"迂阔"者,在他们对现实社会失望的情况下,总得找一精神寄托;这些哲人(包括文人)又有"不为五斗米折腰"的一面,悲忿之余,只得在精神上求得安慰,于是追求精神境界的哲理也就出现了。当然,如果从另一个角度看,由于中国哲学往往是以"内在超越"为特征,故那些伟大的哲学家大都以追求"超凡入圣"为目标,通过自我的身心修养而达到一种理想的人生境界。因此,"境界说"无疑是中国哲学研究的重要课题。

  魏晋是社会大动荡的时代,随之带来了思想上的大解放。社会生活中的种种矛盾,门阀世族的等级统治,黑暗腐化的社会现实,使当时的玄学家们更加着力去追求一种精神境界。在当时表现得最突出的有嵇康、阮籍、陶渊明等等。嵇康作《游仙诗》以述其"乘云驾六龙"的超世之想。阮籍作《大人先生传》,认为在现实生活中人是不自由的、无能为力的，但从精神上则可以"直驰骛乎太初之中，而休息乎无为之宫"。陶渊明所追求的也是"北窗下卧，遇凉风暂至"，而"自谓是羲皇上人"。在这种社会中，如果没有一点超然物外而求得精神上的安慰的办法，是很难生活下去的。正因为这样，我国历史上的一些哲人文士才能创造出深刻的哲理和优美的诗篇。有时，他们的诗文是消极的，但在一定条件下也往往给人们一种精神上的安慰和寄托。

王弼和郭象不论他们在现实生活中如何，但他们作为一个哲学家说都在追求一种精神境界，或者说他们的哲学思想中认为"圣人"应该有怎样的一种精神境界。王弼认为，圣人和一般人有共同的方面，即"同于人者五情也"，而更重要的是圣人和一般人有不同的地方，"圣人茂于人者神明也"，"神明茂，故能体冲和以通无"，这就是说圣人和一般人不同的地方在于他可以达到与宇宙本体相通的地步。圣人"体冲和以通无"，可在现实中通于超现实。圣人之所以能如此，并不是说圣人真的超出现实，只是说他在精神上可以达到这种境界，这实际上是一种人生态度，所以王弼说：圣人"则天成化，道同自然。不私其子而君其臣，凶者自罚，善者自功，功成而不立其誉，罚加而不任其刑，百姓日用而不知其所以然"（《论语释疑》）。圣人是"道同自然"，并非"自然"（本体）本身，"同自然"即"同无"，"道同自然"仍是一种精神境界。这种"同自然"的精神境界是以"反本""抱一"而达到的。郭象认为，"神人即今所谓圣人也"，圣人可以"游外以弘内，无心以顺有"，"独化至于玄冥之境"。所谓"游外以弘内"，即是说超现实的本在现实之中；所谓"无心以顺有"，即是说要实现"游外以弘内"，必须以"无心以顺有"为条件。"无心以顺有"也只是一种生活态度，精神所要求的境界。圣人正是能以超现实的态度对待一切现实的问题。超现实本来是不可能的，但用这样一种态度对待现实问题又是可能的。"独化至于玄冥之境"，就是要求用超现实的态度对待现实中的一切问题，或者说要求在现实社会中实现其自身的独立自足的生生化化。所以在郭象看来，超现实的可以而且只能实现在现实之中。王弼和郭象在"境界"问题的看法虽不相同，但他们都极力解决现实的和超现实的矛盾。王弼要把现实的提高成为"超现实的"，因此在他的体系中需要有一个绝对的超时空的本体之"无"；郭象则是要把超现实的拉回到现实之中，因此在他的体系中就要取消这个本体之"无"。无论王弼还是郭象，他们极力追求的都是一种主观上的精神境界，当然这种主观上的精神境界正是他们这个统治集团在不同历史条件下的不同要求所决定的。尽管这样，不论是王弼还是郭象作为哲学家来说，试图通过提高境界解决现实和超现实的矛盾所做的尝试，深刻地影响着中国哲学的许多方面，这点是我们应该注意到的。

第十六章　郭象与张湛

魏晋人注书,其宗旨大意往往在"序"和"篇目注"中表现得最清楚。"序"为述全书大意,故如欲了解全书思想宗旨,必细读其"序";"篇目注"为述全篇之大意,列举大纲,而发挥其思想,故研究郭象《庄子注》和张湛《列子注》的思想之不同,似可从此入手。

郭象注《庄子》的根本思想,就是他在"序"里明确地提出的两个基本命题:一是"上知造物无物,下知有物之自造";二是"明内圣外王之道"。张湛注《列子》的根本思想也表现为"序"里的两个基本命题:一是"群有以至虚为宗";二是"万品以终灭为验"。郭象认为"上知造物无物,下知有物之自造",即否认在万物背后有一生化万物之本,而万物是自生自化的;张湛则认为"群有以至虚为宗","群有"的生生化化是以不生不化的"至虚"(至无)为其存在、变化的宗主,实际上认为在万物背后有一超现实的造物主。郭象哲学要解决的现实问题是如何调和"自然"和"名教"以巩固门阀世族的统治,这就是他所谓"内圣外王之道"的问题;张湛哲学则是要解决个人生死,以求解脱的问题,即所谓"万品以终灭为验","神惠以凝寂常全",这种企图超生死的人生观正是适应东晋当权的门阀世族的需要的。

郭象《庄子注》内七篇的"篇目注"可以说是他的上述两个观点的展开,是他思想体系的大纲(郭象《庄子注》的《外篇》和《杂篇》无"篇目注"):"逍遥"在于任性当分;"齐物"在于自足其性;"养生"在于安命适性;"不离人间而无累于世"在无心而不自用;内外玄同者在于"德充于内而应物于外";"为天地万物之宗师"者在于无心以顺有;"应为帝王"者在于无心而顺乎自然。前三篇的"篇目注"重点在说明"上知造物无物,下知有物之自造"。事物的大小、美丑等虽有不同,只要"各当其分",同样都能"逍遥";事物虽有差异,但从"自足其性"来看,则同样都是一样;能否"各当其分""自足其性",则在于能否"存养得当";"存养得当",是为"理之极",而"独化至于玄冥之境"。这里,郭象是想说明一个问题,即"物各有性,性各有极",每个事物各有各的"自性",虽然都有一定的极限,但从根本上说,每个事物又都是独立自足的存在,因此在"有"之上没有一个作为"有"存在根据的本体之"无"。后四篇的"篇目注",其重点很明显是围绕着"内圣外王之道"而展开,魏晋玄学在它发展中所遇到的最大的问题就是"名教"和"自然"的矛盾;但为了巩固门阀世族的统治又不能不解决这个矛盾。如何才能做到不废"名教"又德合"自然"呢?这就必须在"名教"和"自然"之间找到两者沟通的桥梁。"不离人间而无累于世","德充于内而应物于外","为天地万物之宗师","应为帝王"等,只要是"无心以顺有"就可以了。"无心"则可德合"自然","顺有"则可不废"名教"。郭象认为,理想的社会并不需要在超现实的世界中去寻求,可以而且可能在现实社会中获得。最高人格的圣人是能做到"无心以顺有"的,并不用离开"人间世",可以是"戴黄屋,佩玉玺"的帝王,同时又是天地万物的宗师,这就是郭象发明的"内圣外王之道"。

　　这个"内圣外王之道"的理论根据又在于"上知造物无物,下知有物之自造"。郭象哲学的要点在于反对割裂"名教"和"自然"为二,要求把超现实的世界(所谓"玄冥之境"等)拉回到现实世界之中。他认为,只要是"无心以顺有",就可以不离人间而德合"自然",也就是说现实社会即是唯一真实存在的社会,因而"神人"即今所谓"圣人",而"圣人"和"帝王"又可以合而为一。要调和"名教"和"自然",从理论上取消超现实世界,正是郭象哲学的特点。取消超现实世界，就不可能承认在"万有"背后还存在什么作为它的本体之"无"。

《列子注》一书是否为张湛所作尚无定论，但由他编定和加工则毫无疑问。这本书虽不免有矛盾之处，但张湛的注则认为该书八篇的思想是一贯的。据他的"篇目注"并参照各篇中注的内容，则可知：第一篇《天瑞》说"存亡变化，自然之符"，"群有"有生有化，而"本无"不生不化。第二篇《黄帝》说顺生死，顺性命之道者，"应理处顺，则所适常通"，"任情背道，则遇物斯滞"。第三篇《周穆王》说无变化，"生灭之理均，觉梦之涂一"，"神之所交谓之梦，形之所接谓之觉。原其极也，同归虚伪"。第四篇《仲尼》、第五篇《汤问》说玄照，超生死须藉智慧，"智之所限知，莫若其所不知"，而"真智"为"无智"，无智之智则寂然玄照，无所根滞。第六篇《力命》说知命，"命者必然之期，素定之分也"；"死生之分，修短之期，咸定于无为，天理之所制矣"。第七篇《杨朱》说达生，"生者，一气之暂聚"，"暂聚者终散"而"归虚"，故当纵情肆性，而不求余名于后世，此达乎生生之趣者。第八篇《说符》说变通，"事故无方"，圣人"倚伏变通"，"心乘于理，检情摄念，泊然凝定者，岂万物动之所能乱者乎"。从这八篇"篇目注"所包含的思想看，张湛是围绕着生死问题来注《列子》的。所以在《杨朱》于"太古之人知生之暂来，知死之暂往"一段注说："此书大旨，自以为存亡往复，形气转续，生死变化，未始绝灭也。"要超生死、得解脱，就不能从有存亡变化的"群有"自身方面去解决，而必须从不生不灭的至虚之"无"方面去看待。因而，为了解决生死、解脱等问题，就得承认超自然的"无"是"群有"的生化之本，而"群有"之生生化化又是一气之聚散，至虚之"无"乃无存亡变化。所以《列子序》所讲的两个根本问题之间的相互联系，又可以从八篇的"篇目注"得到证实。

郭象的《庄子注》没有简单地讲"超现实世界"（如"六合之外""无何有之乡""玄冥之境"等）就是"现实世界"，但是他却论证所谓"超现实世界"可以而且必须在现实世界中寻得,或者说超世的境界只能在现实生活中实现。他认为,"六合之外"不是"性分之内"的事,所以圣人根本不去讨论它;如果去讨论这样的问题,那就是引导人们追求得不到的东西。圣人不管所谓"六合之外"的事,只是要求在"八畛之内"而"自得"。至于"玄冥之境",那是否存在就更成问题了,他说:"玄冥者,所以名无而非无也。"(《大宗师》注)如果能给这个不存在的超现实世界以"名称",即非"无名",那就不是超现实世界的了!对于事物存在的根据可以一级一级往上推,如果都可以给予"名称",那么就不能得出"无"(超现实世界)的结论。郭象更进一步提出所谓"绝垠之外"实际上就在现实之中,或者说"绝垠之外"就是现实世界本身,他说:"所谓无为之业,非拱默而已;所谓尘垢之外,非伏于山林也。"(《大宗师》注)因此圣人的态度应该是"虽在庙堂之上","心无异于山林之中";可以"戴黄屋,佩玉玺","历山川,同民事",而不缨绂其心,不憔悴其神。相反那些自以为是"超尘绝俗"的人,才真正是俗人,所以郭象说:"然未知至远之所顺者更近,而至高之所会者反下也。若乃厉然以独高为至,而不夷乎俗累,斯山谷之士,非无待者也,奚足以语至极而游无穷哉!"(《逍遥游》注)因此,所谓圣人"独化于玄冥之境",不过是所要求达到的一种精神境界,即用"无心以顺有"的态度对待现实中的一切,这样在精神上就是自由的了。

郭象之所以提出这样的理论,其目的在于解决"名教"和"自然"的矛盾。从理论上把超现实世界拉回到现实世界之中,这样"名教"和"自然"的矛盾也就自然而然地解决了。调和"名教"和"自然"的矛盾,这在当时是一个现实的社会问题,郭象从理论上把两者的界线取消,在实际上否认了超现实的世界,从一个方面说是适合当时门阀世族的需要的,以便他们既能在现实社会中实现其统治,而又是合乎逍遥放任最有效的方法。

张湛的哲学当然也是为门阀世族服务的,但是由于东晋时代社会矛盾出现了新的情况，因而"生死问题"始成为他们要解决的中心课题。张湛构造了一个超现实的世界"至虚"，用它作为现实世界存在的根据，并把认识"群有以至虚为宗"看成是人们解决"生死问题"、达到解脱的办法。"至虚"这个超现实的世界是人们所追求的最后归宿。第一，张湛认为现实世界中的事事物物的存在是暂时的、相对的，只有超现实的"至虚"才是永恒的、绝对的，因而千变万化、生生灭灭的"群有"从根本上说都要回到"至虚"，此名"反本"，"出无入有，散有反无"。第二，"群有"有始终、生灭、聚散，而"至虚"则无始终、生灭、聚散，他说："生于此者或死于彼，死于彼者或生于此，而形生之生，未尝暂无。是以圣人知生不常存，死不永灭，一气之变，所适万形。万形万化，而不化者存归于不化。"(《天瑞》注)"元气"无形无象，所适万形，故为生化之本。所谓"元气"者实即"至虚"(或曰"太虚")之别名。既然具体的事物都是暂时的，而"至虚"之本体是永恒的，如果有此认识，那就可以超出生死的限制，而达到解脱，盖"俱涉变化之涂，则予生而彼死，推之至极之域，则理既无生，亦又无死也"(《天瑞》注)。圣人能明白生死的来源去向，因而对生死是没有什么欢戚的。而一般人不明白这个道理，有所执着，有所分别，这就是"私其身"。人们的迷惑都是由于"私其身"引起的，而一旦能不"私其身"，认识到"神惠以凝寂常全，想念以著物自丧"，则可超生死、得解脱了。第三，得到解脱的圣人是"乘理而无心者"。所谓"无心"亦即不执着什么，因为"不执着什么"才可以"无东西而非己"，"常与万物并游"。这样的"圣人"也就是"至人"，具有各种各样的神通，张湛说："至于至人，心与元气玄合，体与阴阳冥谐；方员不当于一象，温凉不值于一器，神定气和，所乘皆顺，则五物不能逆，寒暑不能伤。谓含德之厚，和之至也，故常无死地，岂用心去就而复全哉？踏水火，乘云雾，履高危，入甲兵，未足怪也。"(《黄帝》注)这里，张湛所描写的"至人"真的成了所谓"神人"了。

张湛和郭象所要解决的问题不同，因而引出一系列的重要区别，兹就其中与所要解决的问题有关的数点分述如下：

1)"游外弘内"是郭象哲学的一个重要命题，而张湛亦尝讲之，但他们在这个问题上的出发点则不相同：一是要解决"名教"和"自然"的矛盾；一是要解决"生死问题"。郭象在《大宗师》注中说："夫理有至极，外内相冥，未有极游外之致而不冥于内者也，未有能冥于内而不游于外者也，故圣人常游外以弘内，无心以顺有。"这段话的中心思想很明显，是要说明圣人可以不废"名教"，而德合"自然"，因此"外内相冥"。张湛《列子注》中也有一段讲"冥内游外"的，他说：

> 卒然闻林类之言（按：指林类论生死问题），盛以为已造极矣，而夫子方谓未尽。夫尽者，无所不尽，亦无所尽，然后尽理都全耳。今方对无于有，去彼取此，则不得不觉内外之异。然所不尽者，亦少许处耳。若夫万变玄一，彼我两忘，即理自夷，而实无所遣。夫冥内游外，同于人群者，岂有尽与不尽者乎？（《天瑞》注）

照张湛看，"有"和"无"不能说是一对矛盾，因为"无"是绝对的，在"绝对"之外不可能有和它相对立的"相对"。又如果把"无"看成和"有"是相对立的，那就有分别取舍，这不是"尽理都全"。盖从绝对的观点看（即从"无"的观点看），"尽"与"不尽"都是一样。如果能把握千变万化（"群有"）的不变的本体（"无"），把一切对立取消，那么生死也就没有什么分别了。圣人顺性而无心，"顺性"则体道穷宗，与"无"为一；"无心"则同于物，与万物并游。顺一切物之性，任一切物之心，无为而无不为，故能超于一切分别（包括生死的分别），而得到解脱。所以张湛讲"冥内游外"和郭象讲"游外弘内"，其用意不同，他讲的是圣人超越一切分别的解脱之道。

2) 郭象哲学在解决社会矛盾，调和"自然"和"名教"；张湛哲学在解决个人生死问题，要求达到自我的解脱。因此他们提出问题和

第十六章　郭象与张湛

解决问题的角度不同。

郭象认为，每个事物都有其"自性"，每个事物的"自性"都有其极限，如果每个事物（当然主要是指各种各样的人）都能尽其"自性"，天下就太平了，这就是到达了理想的社会。能让每个事物最大限度地尽其"自性"，而又"无厝心于其间"，这是最理想的统治者，"无心而任乎自化者应为帝王"。从事物自身说，则应各安于其"自性"，"凡得真性，用其自为者，虽复皂隶，犹不顾毁誉而自安其业"（《齐物论》注）。郭象并把这种"任性""自为"称为"无为"，"夫无为也，则群方万品各任其事，而自当其责矣"（《天道》注）。当奴隶的应安于做奴隶，尽奴隶的职责；当统治者的也要安于做统治者，履行其统治的职责，各安其位，均应如此，这是必然的、合理的，"夫时之所贤者为君，才不应世者为臣。若天之自高，地之自卑，首自在上，足自居下，岂有递哉！虽无错于当而必自当也"，"臣妾之才而不安臣妾之任，则失矣。故知君臣上下，手足外内，乃天理自然，岂真人之所为哉！"（均见《齐物论》注）如果"志过其分"，那就是"私"，这样不仅破坏了"天理自然"，而且也要"伤其自性"，所以郭象对"公"和"私"的看法是："任性自生，公也；心欲益之，私也。"（《应帝王》注）这种顺性为公、违性为私的观点，从根本上说正是在鼓吹"私"即是"公"。郭象认为，每个事物都是独立自足的存在，它们之间没有什么必然联系，正是每个事物充分实现其"自性"的结果才有所谓"相因之功"，"夫相因之功，莫若独化之至"，"若乃责此近因，而忘其自尔，宗物于外，丧主于内，而爱尚生矣"（均见《齐物论》注）。这就是说，"公""私"的标准，只是在于是否能实现其"自性"。如果"开希幸之路，以下冒上，物丧其真，人忘其本，则毁誉之间俯仰失错"（《齐物论》注），这就是"私"，而"若皆私之，则志过其分，上下相冒，而莫为臣妾矣"（《齐物论》注）。然而每个事物的所谓"自性"又是怎么一回事呢？郭象说"自性"都是自己规定的，任何事物之生成为此或为彼是没有原因的，也是没有道理可说的，因而不必去追问这个问题。这正掩盖了事物差异的实质，使郭象得以根据门阀世族的要求把现存社会中事事物物所处的不同地位规定为其"自性"，并把社会关系的模式图中所谓的"任性""当分"，叫作"公"，这实际是最大的"私"。这样处理"公""私"关系，正是郭象提倡"内圣外王之道"所要求的。

张湛和郭象一样，认为"生各有性，性各有所宜"（《天瑞》注），且每个事物的"自性"不是由外物所给予的，是其自身所固有的，"至纯至真，即我之性分，非求之于外"（《黄帝》注）。但是，他又和郭象不同，以为每个事物的"性分"虽是其自身所固有，但圣人却可以"陶冶"它，使之走正道而各得其所，各安其位，"圣人所以陶运群生，使各得其性，亦犹役人之能将养禽兽，使不相残害也"（《黄帝》注）。所以张湛说的"性各有所宜"只是说每个事物的存在都有其适当的环境和条件，而不是说它都是独立自足的存在。且张湛更进一步提出人和整个宇宙的关系，他认为"群有"都是"一气之暂聚"。它们之间是相通的，所以互相之间不能没有影响，"人与阴阳通气，身与天地并形，吉凶往复，不得不相关通也"（《周穆王》注）。人们如欲超生死、得解脱，就得破"小我"，与"大我"（太虚）为一体，而若"私其身"，则不能超生死而得解脱。所谓"私其身"，即谓对自身有所执着而使自己同整个宇宙分开，这样就不能与"太虚"成为一体，不能了解生死的来源与去向。然而张湛并不认为"公"是"与天地合其德"，他认为"公者对私之名，无私则公名灭矣"，"天地之德何耶？自然而已。自然而已，何所厝其公私之名"（《天瑞》注）。"公"与"私"是相对的，或者说，相对的事物才有"公""私"之分，故无"私"则无"公"。然从绝对的观点看，既无所谓"私"，也无所谓"公"，所以人们应从绝对的"至虚"的观点看问题，这样即可消除"公""私"的分别，也可以超乎一切的分别，包括生死的分别，而得到解脱。张湛要从根本上取消"私"和"公"的分别，也是他的思想体系所要求的。在张湛的思想体系中有一个绝对的本体——"至虚"，而这个"至虚"

即无所不包的宇宙全体,所以从绝对的全体的观点看,在超现实的世界中,一切分别都不存在了,而无分别才是永恒的存在。

3)郭象和张湛在生死问题上的不同看法,也表现了他们思想体系的重大差异。

郭象的思想体系中,每个事物都是独立自足的存在,没有一个"生生者",因此任何事物实际上都无所谓生灭。"生"是此物之"生","灭"也是此物之"灭","生""灭"对于此物都是暂时的现象,无论它是"生"还是"死",都仍是此"有",故"更相为始,则未知孰死孰生也"(《知北游》注)。物的生死并非其始终,"死生者无穷之变耳,非终始也"(《秋水》注)。任何事物都是独立自足的存在,既为独立自足存在,故谓"永存"。所谓"永存",并非"永生",而万物"一受成形",则"化尽无期",即永远存在于变化之中,生死也是一种变化。一物的"生"即是此物的"生",一物的"死"也是此物的"死",它"生"既不为他物所"生",它"死"也不会变成为另一物,所以"生"和"死"对此物而言仅仅是其存在的不同表现。"生"是此物作为一"生物"而存在,"死"是此物作为一"死物"而存在,它只是存在形式的变化,并不影响每个事物的自身。因此,说"生",说"死",对一个事物的存在本身并无不同,而只是一种看法而已,因为对于"生"说"死"是"死",但对于"死"说"死"是"生";对于"生"说"生"是"生",但对于"死"说"生"是"死",所以"生"和"死"并非聚和散,而"俱是聚也,俱是散也"。在郭象看,"生"和"死"对任何事物都是其存在的一种状态,"生"是一种存在的状态,"死"也是一种存在的状态,如果能"于死为存",那么任何事物哪有不存在的时候呢?所以他说:"非唯无不得化而为有也,有亦不得化而为无矣。是以夫有之为物,虽千变万化,而不得一为无也。不得一为无,故自古无未有之时而常存也。"(《知北游》注)又说:"死亦独化而死也","死与生,各自成体。"(《知北游》注)既然"死"和"生"一样,都是事物存在的形式,那么就应该"生时安生","死时安死"。不以亡为亡，亦不以存为存，没有必要去追求什么"超生死，得解脱"之道，而"存亡更在于心之所措耳，天下竟无存亡"（《田子方》注）。从这里我们可以看出，郭象在生死问题上的态度和他对待其他问题的态度一样，即要求人们在现实社会中随遇而安，顺性当分，而要做到这点，就必须在现实生活中（不像张湛那样，要求在虚妄的超现实世界中）取消一切分别和对立，包括生死的分别和对立，而不求之于超现实的世界。

张湛既然把万物看成是相对的、暂时的存在，而只有"至虚"是绝对的永恒的存在，因此任何事物都是有始有终，有聚有散。此一事物之"生"就是其始，或说是"聚而成形"；彼一事物之"死"就是其终，或说是"散而归太虚"。就万物说，有"生"就有"死"，"死""生"关系是绝对的，因此对每个事物说，"生"就是"生"，"死"就是"死"；对万物本体（至虚）说，则是"不生"，故亦"无死"，即无所谓"生"，亦无所谓"死"，所以张湛说：

> 本无形者，初自无聚无散者也。夫生生物者不生，形形物者无形，故能生形万物于我体无变。今谓既生既形而复反于无生无形者，此故存亡之往复尔，非始终之不变者也。（《天瑞》注）

所谓"始终之不变者"即万物之本体，万物有存亡变化，而本体不变。万物之有生有形反于无生（死）无形（灭），就是反回"太虚"。所谓"太虚"，既是万物之本体，又是宇宙之全体，"太虚也无穷，天地也有限"（《汤问》注），"凡有形之域皆寄于太虚之中，故无所根蒂"（《汤问》注），盖万物之生生化化均在"太虚"之中。而所谓"太虚"，张湛有时又认为是"元气"，故说："夫生者，一气之暂聚，一物之暂灵。暂聚者，终散；暂灵者，归虚。"（《杨朱》篇目注）从这里我们可以看到，张湛的哲学思想虽以王弼、何晏"贵无"为基础，而又糅合着汉人的元气论。大凡追求"超生死，得解脱"之道者，都把现实生活中的生死看成是相对的，张湛正是这样。他认为，现实世界中的一切事物都是暂时的，因此才有生灭、聚散、始终之分。只有"群有"之宗主"至虚"才是永恒的、不变的、无生灭聚散的。他们这种在现实世界之上虚构一种超现实世界的理论，正是因为现实世界中的生死问题成为不可克服的矛盾，又欲取消而不得其道，所以产生这种结果。由于不能在现实生活中取消生死的对立，而只能求之于超现实的世界。人们如欲解决生死问题，就必须不执着暂时的、有生灭聚散的现实世界，而以"无智之智"观照"至虚"之本体，则可知"生灭之理均，梦觉之涂一"，而达到"体神而独运，忘情而任理"这种"超生死，得解脱"的境界。这正是张湛哲学思想的特点和目的。

综上所述，郭象的思想体系均围绕着论证"上知造物无物，下知有物之自造"，即否定本体之"无"；而张湛的思想体系则在"群有以至虚为宗，万品以终灭为验"，即肯定本体之"无"。然而他们的哲学都是在分析"有"和"无"的关系中建立的，并得出了不同的结论。郭象从"无"不能生"有"，而否定"有"之上存在一个作为其本体的"无"；他所采用的是否定的方法，即从反面来论证，例如他说："谁得先物者乎哉？吾以阴阳为先物。而阴阳者即所谓物耳。谁又先阴阳者乎？吾以自然为先之。而自然即物之自尔耳。吾以至道为先之矣。而至道者乃至无也。既以无矣，又奚为先？"（《知北游》注）所以所谓"六合之外""无何有之乡""圹垠之野"等等，实际不过在"日用百物"之中，如果能在现实生活中"出处常通"，即是"独化于玄冥之境"了。郭象的哲学是以否定超现实的存在为中心课题。张湛则认为，"群有"有生有化，其所以有生有化，必有一不生不化的生化之本为宗主，他所采用的方法是肯定法，即从正面来论证，如他说："凡滞于一方者，形分之所阂耳；道之所运，常冥通而无待"，"至无者，故能为万变之宗主也。"（《天瑞》注）张湛的哲学是以肯定超现实的存在为中心思想。

附录一 有关郭象的生平和著作的资料

郭象的生平事迹主要见于《晋书》本传和《世说新语》,他的著作除《庄子注》外,尚有《论语体略》《老子注》等。为了便于读者研究郭象的思想,这里除不收《庄子注》外,将把其他材料均编入。先录其生平事迹,后录其有关著作佚文。

(1)《晋书·郭象传》(据《晋书斠注》)

郭象字子玄。

《(北堂)书钞》六十九臧荣绪《晋书》曰:河南郭象,字子玄。《世说·文学》篇注引《文士传》亦云:河南人。与《庾敳传》同。《(经典)释文·叙录》作河内人。案《本传》失载郡望。

少有才理,好《老》《庄》,能清言。

《世说·文学》篇注《文士传》曰:慕道好学,记志《老》《庄》,时人咸以为王弼之亚。《赏誉》篇上曰:郭子玄有俊才,能言《老》《庄》,庾敳尝称之,每曰:"郭子玄何必减庾子嵩。"

太尉王衍每云:"听象语,如悬河泻水,注而不竭。"

《世说·赏誉》篇下"语"下有"议"字。《书钞》九十八《语林》云:"王太尉问孙兴公曰:'郭象何如人?'答曰:'其辞清雅,奕奕有余,吐章陈文,如悬河泻水,注而不竭。'"案《语林》以此言为孙兴公答词,与本传作王衍异。

州郡辟召,不就。常闲居,以文论自娱。后辟司徒掾,稍至黄门侍郎。东海王越引为太傅主簿，甚见亲委，遂任职当权，熏灼内外。

《世说·赏誉》篇上注《名士传》曰："任事用势，倾动一府。敦谓象曰：'卿自是当世大才，我畴昔之意，都已尽矣。'其伏理推心，皆此类也。"案此语见《庾敳传》，此作"敦"乃"敳"字之误。

由是素论去之。永嘉末，病卒。著碑论十二篇。

《隋书·经籍志》有《太傅（脱"主簿"二字——原注）郭象集》二卷。注云：梁有五卷，录一卷，亡。《唐志》仍五卷。

先是注《庄子》者数十家，莫能究其旨统。向秀于旧注外，而为《解义》，妙演奇致，大畅玄风。惟《秋水》《至乐》二篇未竟而秀卒。秀子幼，其义零落，然颇有别本迁流。象为人行薄，以秀义不传于世，遂窃以为己注，乃自注《秋水》《至乐》二篇，又易《马蹄》一篇，其余众篇或点定文句而已。其后秀义别本出，故今有向、郭二《庄》，其义一也。

《世说·文学》篇"旨统"作"旨要"，"妙演"作"妙析"，"颇有"作"犹有"，"象为人行薄"作"象为人薄行，有俊才"。《隋志》，郭象《庄子注》三十卷，目一卷，梁有三十三卷。《释文》作三十三卷，三十三篇，内篇七，外篇十五，杂篇十一，为音三卷。今存本十卷。《四库全书总目提要》曰："《世说新语》云，秀《义》不传于世，象遂窃以为己注，乃自注《秋水》《至乐》二篇，又易《马蹄》一篇。《晋书》象本传亦采是文，绝无异语。"钱曾《读书敏求记》独谓："世代辽远，传闻异词，《晋书》云云，恐未必信。"案向秀之注，陈振孙称宋代已不传，但时见陆氏《释文》。今以《释文》所载校之，如《逍遥游》"有蓬之心"句，《释文》郭、向并引，绝不相同；《胠箧》篇"圣人不死，大盗不止"句，《释文》引向注二十八字，又"为之斗斛以量之"句，《释文》引向注十六字，郭本皆无。然其余皆互相出入。又张湛《列子注》中，凡文与《庄子》相同者，亦兼引向、郭二注。所载《达生》篇"痀偻丈人承蜩"一条，向注与郭一字不异。《应帝王》篇"神巫季咸"一章"皆弃而走"句，向、郭相同；"列子见之而心醉"句，向注曰'迷惑其道也'；"而又奚卵焉"句，向注六十二字，郭注皆无之；"故使人得而相汝"句，郭注多七字；"示之以地文"句，向注"块然如土也"，郭注无之；"是殆见吾杜德机"句、"乡吾示之以天壤"句、"名实不入"句，向、郭并同；"是殆见吾善者机也"句，向注多九字；"子之先生坐不斋"句，向注二十二字，郭注无之；"乡吾示之以太冲莫胜"句，郭改其末句；"渊有九名，此处三焉"句，郭增其首十六字、尾五十一字；"乡吾示之以未始出吾宗"句、"故逃也"句、"食豨如食人"句，向、郭并同；"于事无与亲"以下，则并大同小异。是所谓"窃据向书，点定文句"者，始非无证。又《秋水》篇"与道大蹇"句，《释文》云'蹇，向纪辇反'，则此篇向亦有注，并《世说》所云，象自注《秋水》《至乐》二篇者，尚未必实录矣。钱曾乃曲为之解何哉？考刘孝标《世说注》引《逍遥游》向、郭义各一条，今本无之；《让王》篇惟注三条；《渔父》篇惟注一条；《盗跖》篇惟注三十八字；《说剑》篇惟注七字，似不应简略至此，疑有所脱佚。又《列子》"生物者不生，化物者不化"二句，张湛注曰：《庄子》亦有此文，并引向秀注一条，而今本《庄子》皆无之，是并正文亦有所遗漏。盖其亡已久，今不可复考矣。

（2）《晋书·向秀传》（据《晋书斠注》）

向秀字子期，河内怀人也。清悟有远识，少为山涛所知。雅好老庄之学。庄周著内外数十篇，历世才士虽有观者，莫适论其旨统也。秀乃为之隐解，发明奇趣，振起玄风，读之者超然心悟，莫不自足一时也。惠帝之世，郭象又述而广之。

儒墨之迹见鄙，道家之言遂盛焉。

（3）《晋书·裴秀传》附《裴楷传》（据《晋书斠注》）

楷弟绰……绰子遐，善言玄理，音辞清畅，泠然若琴瑟。尝与河南郭象谈论，一坐嗟服。

（4）《晋书·苟晞传》（据《晋书斠注》）

苟晞字道将……复上表曰：殿中校尉李初至，奉被手诏，肝心若裂。东海王越得以宗臣，遂执朝政，委任邪佞，宠树奸党。至使前长史潘滔、从事中郎毕邈、主簿郭象等，操弄天权，刑赏由己。

（5）《世说新语·文学》篇并刘孝标注（仅录与郭象有关部分）

初，注《庄子》者数十家，莫能究其旨要。向秀于旧注外，为《解义》，妙析奇致，大畅玄风。唯《秋水》《至乐》二篇未竟而秀卒。秀子幼，《义》遂零落，然犹有别本。郭象者，为人薄行，有俊才。

　　《文士传》曰：象字子玄，河南人。少有才理，慕道好学，托志《老》《庄》，时人咸以为王弼之亚。辟司空掾，太傅主簿。

见秀《义》不传于世，遂窃以为己注，乃自注《秋水》《至乐》二篇，又易《马蹄》一篇，其余众篇，或点定文句而已。

　　《文士传》曰：象作《庄子注》，最有清辞道旨。

后秀《义》别本出，故今有向、郭二《庄》，其义一也。

裴散骑娶王太尉女，婚后三日，诸婿大会。当时名士王、裴子弟悉集。郭子玄在坐，挑与裴谈。子玄才甚丰赡，始数交，未快。郭陈张甚盛，裴徐理前语，理致甚微，四坐咨嗟称快。王亦以为奇,谓诸人曰:"君辈勿为尔,将受困寡人女婿。"

《庄子·逍遥》篇,旧是难处,诸名贤所可钻味,而不能拔理于郭、向之外。支道林在白马寺中,将冯太常共语,因及《逍遥》。支卓然标新理于二家之表,立异义于众贤之外,皆是诸名贤寻味之所不得,后遂用支理。

　　向子期、郭子玄《逍遥义》曰:"夫大鹏之上九万,尺(斥)鷃之起榆枋。小大虽差,各任其性,苟当其分,逍遥一也。然物之芸芸,同资有待,得其所待,然后逍遥耳。唯圣人与物冥而循大变,为能无待而常通,岂独自通而已。又从有待者,不失其所待,不失则同于大通矣。"支氏《逍遥论》曰:"夫逍遥者,明至人之心也。庄生建言大道,而寄指鹏鷃。鹏以营生之路旷,故失适于体外;鷃以在近而笑远,有矜伐于心内。至人乘天正而高兴,游无穷于放浪,物物而不物于物,则遥然不我得;玄感不为,不疾而速,则逍然靡不适。此所以为逍遥也。若夫有欲当其所足,足于所足,快然有似天真,犹饥者一饱,渴者一盈,岂忘烝尝于糗粮,绝觞爵于醪醴哉?苟非至足。岂所以逍遥乎?"此向、郭注之所未尽。

殷中军问:"自然无心于禀受。何以正善人少,恶人多?"诸人莫有言者。刘尹答曰:"譬如写水着地,正自纵横流漫,略无正方圆者。"一时绝叹,以为名通。

　　《庄子》曰:"天籁者,吹万不同,而使其自己也。"郭子玄注曰:"无既无矣,则不能生有;有之未生,又不能为生。然则生生者谁哉?块然而自生耳,非我生也。我不生物,物不生我,则自然而已然,谓之天然。天然非为也,故以天言之,所以明其自然故也。"

（6）《世说新语·赏誉上》

郭子玄有俊才，能言《老》《庄》。庾敳尝称之，每曰："郭子玄何必减庾子嵩。"

《名士传》曰："郭象字子玄，自黄门郎为太傅主簿，任事用势，倾动一府。敳谓象曰：'卿自是当世大才，我畴昔之意。都已尽矣。'其伏理推心，皆此类也。"

（7）《世说新语·赏誉下》

王太尉云："郭子玄语议如悬河写水，注而不竭。"

《名士传》曰："子玄有俊才，能言《庄》《老》。"

（8）《册府元龟》卷八百二十七《总录部》，《品藻》二

郭象河南人，为东海太傅主簿。象著文称嵇绍父死在非罪，曾无耿介，贪位而死暗主，义不足多。象以问郗公曰："王裒之父亦非罪死，裒犹辞征，绍不辞用，谁为多少？"郗公曰："王胜于嵇。"或曰："魏晋所杀，子皆仕宦，何以无非也。"答曰："殛鲧兴禹者，以鲧犯罪也。若以时君所杀为当耶，则同于禹；以不当耶，则同于嵇。"又曰："世皆以嵇见危授命。"答曰："纪信代汉高之死，可谓见危授命，如嵇偏善其一可也，以备体论之，则未得也。"

（9）《文选》卷五十四刘孝标《辩命论》及李善注（节选）

萧远论其本，而不畅其流；子玄语其流，而未详其本。

李萧远作《运命论》，言治乱在天，故曰论其本。郭子玄作《致命由己论》，言吉凶由己，故曰语其流。

（10）王僧虔《诫子书》（节选，据《全上古三代秦汉三国六朝文·全齐文》卷八）

汝开《老子》卷头五尺许，未知辅嗣何所道，平叔何所说，马、郑何所异，《指》《例》何所明，而便盛于麈尾，自呼谈士，此最险事。……且论注百氏，荆州《八帙》，又《才性四本》《声无哀乐》，皆言家口实，如客至之有设也。汝皆未经拂耳瞥目，岂有庖厨不修，而欲延大宾者哉？就如张衡思侔造化，郭象言类悬河，不自劳苦，何由至此？汝曾未窥其题目，未辨其指归：六十四卦，未知何名？《庄子》众篇，何者内外？《八帙》所载，凡有几家？《四本》之称，以何为长？而终日欺人，人亦不受汝欺也。

（11）颜之推《颜氏家训·勉学》（节选）

夫老、庄之书，盖全真养性，不肯以物累己也。故藏名柱史，终蹈流沙；匿迹漆园，卒辞楚相，此任纵之徒耳。何晏、王弼，祖述玄宗，递相夸尚，景附草靡，皆以农、黄之化，在乎己身，周、孔之业，弃之度外。而平叔以党曹爽见诛，触死权之网也；辅嗣以多笑人被疾，陷好胜之阱也；山巨源以蓄积取讥，背多藏厚亡之文也；夏侯玄以才望被戮，无支离臃肿之鉴也；荀奉倩丧妻，神伤而卒，非鼓缶之情也；王夷甫悼子，悲不自胜，异东门之达也；嵇叔夜排俗取祸，岂和光同尘之流也；郭子玄以倾动专势，宁后身外己之风也；阮嗣宗沉酒荒迷，乖畏途相诫之譬也；谢幼舆赃贿黜削，违弃其余鱼之旨也：彼诸人者，并其领袖，玄宗所归。

（12）刘勰《文心雕龙·论说》（节选）

迄至正始，务欲守文；何晏之徒，始盛玄论。于是聃周当路，与尼父争途矣。详观兰石之才性，仲宣之玄代，叔夜之辨声，太初之本玄，辅嗣之两例，平叔之二论，并师心独见，锋颖精密，盖论之英也。至如李康《运命》，同《论衡》而过之；陆机《辨亡》，效《过秦》而不及，然亦其美矣。次及宋岱、郭象，锐思于几神之区；夷甫、裴頠、交辨于有无之域，并独步当时，流声后代。

（13）陆德明《经典释文·序录》（节选）

庄子者，姓庄名周，梁国蒙县人也。六国时，为漆园吏，与魏惠王、齐宣王、楚威王同时。齐、楚尝聘以为相，不应。时人皆尚游说，庄生独高尚其事，优游自得，依老氏之旨，著书十余万言，以逍遥自然，无为齐物而已。大抵皆寓言，归之于理，不可案文责也。然庄生弘才命世，辞趣华深，正言若反，故莫能畅其弘致，后人增足，渐失其真。故郭子玄云："一曲之才，妄窜奇说，若《阏弈》《意脩》之首，《危言》《游凫》《子胥》之篇，凡诸巧杂，十分有三。"《汉书·艺文志》"《庄子》五十二篇"，即司马彪、孟氏所注是也。言多诡诞，或似《山海经》，或类《占梦书》，故注者以意去取，其《内》篇众家并同，自余或有《外》而无《杂》，惟子玄所注，特会庄生之旨，故为世所贵。徐仙民、李弘范作音，皆依郭本，今以郭为主。

崔譔《注》十卷二十七篇

  清河人，晋议郎，《内》篇七，《外》篇二十

向秀《注》二十卷二十六篇

  一作二十七篇，一作二十八篇，亦无《杂》篇，为《音》三卷

司马彪《注》二十一卷五十二篇

  字绍统，河内人，晋秘书监，《内》篇七，《外》篇二十八，《杂》篇十四，《解说》三，为《音》三卷

郭象《注》三十三卷三十三篇
> 字子玄，河内人，晋太傅主簿，《内》篇七，《外》篇十五，《杂》篇十一，为《音》三卷

李颐《集解》三十卷三十篇
> 字景真，颍川襄城人，晋丞相参军，自号玄道子，一作三十五篇，为《音》一卷

孟氏《注》十八卷五十二篇
> 不详何人

王叔之《义疏》三卷
> 字穆□，琅邪人，宋处士，亦作《注》

李轨《音》一卷
徐邈《音》三卷

（14）《庄子注古钞卷子本后记》（据王叔岷《郭象庄子注校记》）

夫学者尚以成性易知为德，
> 狩野直喜云：尚当作当。岷案：尚、当，古通。《说剑》篇正文：悝尚何敢言？陈碧虚《阙误》引张君房本尚作当，即其证。

不以能政异端为贵也。
> 武内义雄云：政乃攻字之讹。

然庄子闳才命世，诚多英文伟词，正言若反，故一曲之士（《释文·叙录》引士作才），不能畅其宏旨，而妄窜奇说，若《阏亦》
> 武内云：《阏亦》，《释文》作《阏弈》。《困学纪闻》所辑《庄子》佚文中，有"阏弈之隶，与殷翼之孙，遏氏之子相谋"一条，《文选》颜延之《车驾幸京口侍从蒜山诗》注引之，当是《阏弈》篇首之语。《释文》作《阏弈》，似是也。岷案《白帖》二，《天中记》七，亦并引《阏弈》篇首之文，但作《阏亦》，亦非误字。

亦、弈，古通。《诗·大雅·文王》：不显亦世。《后汉·袁术传》以弈为之。《周颂·噫嘻》：亦服尔耕（《笺》：亦，大也。《正义》：亦，大。《释诂》文，彼亦作弈）。《丰年》：亦有高廪。皆借亦为弈，则亦非误字，明矣。

《意循》

  武内云：《意循》，《释文》作《意脩》。循、脩，古通用。岷案：脩、循，形近，故易互讹，非古通用也。

之首，《尾言》

  武内云：《释文》作《危言》。《寓言》篇，寓言，重言，卮言并说。据郭本《寓言》篇，则《危言》及《尾言》，皆《卮言》之误也。狩野云：《庄子音义》《寓言》第二十七"出卮言"，注云：字又作卮。《叙录》专袭郭语为文，则此亦作卮，未可知。今本《叙录》作危，则因形似而误耳。

《游易》

  武内云：《游易》，《释文》作《游凫》。《困学纪闻》所辑《庄子》佚文有"游凫问雄黄"一条，《太平御览》引，当是《游凫》篇首之语。则据《释文》当作《游凫》。岷案《玉烛宝典》一、《路史后纪》五及《余论》三，亦并引《游凫》篇首之文。

《子胥》之篇，凡诸巧杂，若此之类，十分有三。或牵之令近，或迂之令诞，或似《山海经》，或似《梦书》，

  岷案《释文·叙录》似作类，当从之。作似，涉上句而误。

  武内云：《梦书》，《释文》作《占梦书》，此脱一"占"字。

或出《淮南》，或辩形名。而参之高韵，龙蛇并御，且辞气鄙背，竟无深澳，

  武内云：深澳，当作深奥。岷案：奥、澳，古通。《诗·卫风·淇奥》：瞻彼淇奥。《礼记·大学》引作澳。即其证。

而徒难知，以因后蒙，

  武内云：因乃困之讹。

令沉滞失乎流，
> 武内云：乎字恐衍。

岂所求庄子之意哉？故皆略而不存。令唯哉取其长达，
> 武内云：令唯哉，乃今唯裁之讹。

致全乎大体者，为卅三篇者。
> 武内云：者乃焉字之误。

太史公曰：庄子者，名周，守蒙县人也。
> 武内云：守乃宋字之讹。

曾为漆园史，
> 岷案：《史记》本传、《释文·叙录》，史并作吏。

与魏惠、齐王、楚威王同时者也。
> 狩野云：魏惠下脱王字。武内云：齐王，当作齐宣王。

（岷案）右"夫学者"以下二百二字，见《古钞卷子本》。他本无之，最为可贵。《释文·叙录》引郭子玄云："一曲之才，妄窜奇说，若《阏弈》《意循》之首，《厄言》《游凫》《子胥》三篇，凡诸巧杂，十分有三。"武内义雄据之以断此文为郭象附于书末目录之序。狩野直喜据之以断此文为郭象后语，自述其刊芟《庄子》，辑为三十三篇之意。岷谓此二百二字，措辞草率，不似一完整之序，当是郭象注《庄子》毕，偶记于篇末者。至其注《庄子》大旨，则篇首之序，已尽之矣。

（15）郭象《庄子注》佚文（据王叔岷《郭象庄子注校记》之"附录"）

（岷案）今本《庄子》三十三篇，《说剑》篇郭象无注，《渔父》篇之注，仅篇末一处，《让王》《盗跖》二篇之注，仅各见三处，未知有无遗佚。古籍中，偶有称引郭注为今本所无者，至为可贵。兹随正文辑录于后，以供同好参考。

《内篇·大宗师第六》
已外生矣，而后能朝彻。
   朝，旦也。彻，达妙之道。（《释文》）
不知端倪。
   端倪，端畔也。（蔡梦弼《杜工部草堂诗笺》五）

《外篇·骈拇第八》
而侈于德。
   侈，多貌。（《释文》）
附离不以胶漆。（《文选》左太冲《魏都赋》注引离作丽。丽、离，古通）
   丽，著也。（《文选》宋玉《高唐赋注》）

《外篇·马蹄第九》
虽有义台路寝，无所用之。
   义台，灵台也。（《史记·魏世家索隐》）

《外篇·在宥第十一》
而佞人之心，翦翦者。
   翦翦，善辩也（《释文》）

《外篇·天地第十二》
门无鬼与赤张满稽观于武王之师。
   赤张，姓也。（《广韵·入声》五）

《外篇·山木第二十》
夫丰狐文豹。
   丰，大也。（《北堂书钞》一五八）

《外篇·田子方第二十一》
是射之射，非不射之射也。
   不射之射，乃尽善矣。（《御览》七四五）

《杂篇·庚桑楚第二十三》

以北居畏垒之山。(《史记·庄子列传》正义引"畏垒"作"畏累")

   畏累，今东莱也。(《史记·庄子列传》索隐)

《杂篇·徐无鬼第二十四》

今予病少痊。

   病除谓之痊。(《一切经音义》四) 痊谓病除也。(《一切经音义》二三)

《杂篇·外物第二十六》

于是乎有僓然而道尽。

   僓，顺也。(《释文》)

五十犗以为饵。

   犗，犍牛也。

《杂篇·寓言第二十七》

藉外之论。

   藉，借也。(《释文》)

《杂篇·列御寇第三十二》

朱泙漫学屠龙子支离益。

   朱泙，姓也。(《广韵·平声》一)

《杂篇·天下第三十三》

以聏合驩。

聏，和也。(《释文》)

不可与庄语。

庄，庄周也。(《释文》)

   此外，如《秋水》篇："惠子曰：子非鱼，安知鱼之乐"下，孙毓修谓《赵谏议本》有"惠施不体物性，妄起质疑，庄子非鱼，安知鱼乐"十八字注，《列御寇》篇："河润九里，泽及三族，使其弟墨"下，《道藏》成玄英本有"三族，谓父母妻族也。能使弟成于墨教也"十六字注，皆成疏误为注文者。《知北游》篇："未

313

有子孙，而有子孙，可乎？"注："言世世无极"下，焦竑本更有"言其要有由，不得无故而有。传世故有子孙，不得无子而有孙也。如是，天地不得先无而今有也"三十七字，乃《释文》误为注文者。恐览者未明，特辨正于此。

（16）郭象《论语体略》（据马国翰《玉函山房辑佚书》）

《为政第二》

子曰：为政以德，譬如北辰居其所，而众星共之。

　　万物皆得性谓之德，夫为政者奚事哉？得万物之性，故云德而已也。得其性则归之，失其性则违之。（皇侃：《论语义疏》）

子曰：导之以政，齐之以刑，民免而无耻，导之以德，齐之以礼，有耻且格。

　　政者，立常制以正民者也；刑者，兴法辟以割物者也。制有常，则可矫；法辟兴，则可避。可避则违情而苟免，可矫则去性而从制。从制，外正而心内未服；人怀苟免，则无耻于物，其于化不已薄乎？故曰民免而无耻也。德者，得其性者也；礼者，体其情者也。情有可耻而性有所本，得其性则本至，体其情则知至。知耻则无刑而自齐，本至则无制而自正，是以导之以德，齐之以礼。有耻且格。（皇侃：《论语义疏》，按文据《玉函山房辑佚书》。他本不同，未作校勘，下同）

《述而第七》

子在齐，闻韶，三月不知肉味，曰：不图为乐之至于斯也。

　　伤器存而道废，得有声而无时。（皇侃：《论语义疏》）

《泰伯第八》

子曰：禹吾无间然矣。

　　舜、禹相承，虽三圣故一尧耳。天下化成，则功美渐去，其所因循，常事而已。故史籍无所称，仲尼不能间，故曰：禹吾无间然矣。（皇侃：《论语义疏》）

《先进第十一》

颜渊死，子哭之恸。从者曰：子恸矣！子曰：有恸乎？非夫人之为恸而谁为恸？

> 人哭亦哭，人恸亦恸，盖无情者与物化也。（皇侃：《论语义疏》）

《宪问第十四》

子路问君子，子曰：修己以敬。曰：如斯而已乎？……曰：修己以安百姓。修己以安百姓，尧舜其犹病诸？

> 夫君子者不能索足，故修己索己。故修己者仅可以内敬其身，外安同己之人耳。岂足安百姓哉？百姓百品，万国殊风，以不治治之，乃得其极。若欲修己以治之，虽尧舜必病，况君子乎？今尧舜非修之也，万物自无为而治。若天之自高，地之自厚，日月之明，云行雨施而已。故能夷畅条达，曲成不遗而无病也。（皇侃：《论语义疏》）

《卫灵公第十五》

子曰：吾之于人也，谁毁谁誉？如有所誉者，其有所试矣。斯民也，三代之所以直道而行也。

> 无心而付之天下者。直道也。有心而使天下从己者，曲法。故直道而行者，毁誉不出于区区之身，善与不善，信之百姓。故曰：吾之于人，谁毁谁誉，如有所誉，必试之斯民也。（皇侃：《论语义疏》）

子曰：吾尝终日不食，终夜不寝，以思，无益，不如学也。

> 圣人无诡教，而云不寝不食以思者何？夫思而后通，习而后能者，百姓皆然也。圣人无事而不与百姓同事。事同则形同。是以见形以为己异，故谓圣人亦必勤思而力学，此百姓之情也。故用其情以教之，则圣人之教因彼以教，彼安容诡哉！（皇侃：《论语义疏》）

《阳货第十七》

孔子曰：诺，吾将仕矣。

圣人无心，仕与不仕随世耳。阳虎劝仕，理无不诺。不能用我，则无自用，此直道而应者也。然危逊之理，亦在其中也。（皇侃：《论语义疏》）

（17）《道德真经注疏》（节选）

《道德经疏》六卷，原题齐顾欢撰。欢年二十余，从豫章雷次宗咨玄儒大义。齐太祖辅政，悦欢风教，征为扬州主簿，遣中使迎之。及践阼，乃至自称山谷臣，献《老子治纲》一卷，见《南齐书·高逸传》。《隋（书）·经籍志》：《老子义纲》一卷。顾欢撰。《唐（书）·艺文志》顾欢《道德经义疏》四卷，又《义疏治纲》一卷。今《道藏目录》存八卷，即从《道藏》信字号钞出。阮文达据《晁氏读书志》考此书为张君相《三十家道德经集解》：一河上公，二严遵，三王弼，四何晏，五郭象，六钟会，七孙登……二十九车惠弼。公武又言：书称三十。而列名止二十九，盖君相自为一家言，并数之尔。今以其言考之，颇与是书合，则为君相所集无疑。至书中兼有引唐玄宗御疏，则又为后人所羼入。而所称陈曰、荣曰者，殆杜光庭所云任真子陈荣也。今本止有王弼、蔡子晃、卢裕、羊祜、罗什、杜弼、陈荣、车惠弼、孙登、松灵仙、严遵、张嗣、郭象、裴处恩、成玄英十五家，又有缺佚矣。然内疏文采取最多，故归之顾氏，究系六朝初唐人佚文，存之亦见玄学与禅学相通之理，不仅出罗什等也。己未仲夏吴兴刘承幹跋

虚其心，实其腹。

郭曰：其恶改尽，诸善自生，怀道抱一，淳和内足，实其腹也。

生而不有。

> 郭曰：氤氲合化，庶物从生，显仁藏用，即有为迹，功不归己，故曰不有。

（18）杜光庭《道德真经广圣义序》（节选）

此《道德经》自函关所授，累代尊行，哲后明君，鸿儒硕学，诠疏笺注六十余家，则有：

《节解》上下
> 老君与尹喜解

《内解》上下
> 尹喜以内修之旨解注

《想尔》二卷
> 三天法师张道陵所注

河上公《章句》
> 汉文帝时，降居陕州河滨，今有庙见存

严君平《指归》十四卷
> 汉成帝时蜀人，名遵

山阳王弼注
> 字辅嗣，魏时为尚书郎

南阳何晏
> 字平叔，魏驸马都尉

河南郭象
> 字子玄，向秀弟子，魏晋时人

（19）彭耜《道德真经集注杂说》（节选）

广川董逌《藏书志》云：……唐道士张道相集注《道德经》七卷，凡三十家，其名存者：河上公、《节解》、严遵、王弼、何晏、郭象……而道相所集郭象、刘仁会……此十四家不著于《志》。按《志》称道相集注四卷，而董所收乃有七卷，恐后人之所增也。

（20）李霖《道德真经取善集》（节选）

湛兮似或存

　　郭象曰：存，在也。道，湛然安静，古今不变，终始常一，故曰存。存而无物，故曰似也。

谷得一以盈

　　郭象曰：谷，川谷也。谷川得一，故能泉源流润，溪壑盈满。

附录二 论魏晋玄学到唐初重玄学

如果我们把先秦道家看成是道家思想的第一期发展，把魏晋玄学看作道家思想的第二期发展，那么我们能否说唐初重玄学为道家思想发展的一个新阶段呢？如果说中国本民族的宗教——道教在唐初以前还没有较为系统和完善的道教哲学理论，那么能否说重玄学是道教的一种较为系统和完善的哲学理论，并为后来的内丹心性学奠定了基础呢？本文试图讨论上述两个问题。

（一）魏晋玄学是先秦《老》《庄》思想的新发展

魏晋玄学所讨论的主要是本体论问题，而汉朝哲学主要是讨论宇宙生成论问题，这样以说明玄学的特点，应是有意义的。

汉朝哲学讲宇宙生成论问题大体有两类：一是讲宇宙如何由原始状态（最初状态）自然演化而有天地万物等等。例如《淮南子·天文训》中说："道始于虚霩，虚霩生宇宙，宇宙生气（按：据《太平御览·天部》引为'宇宙生元气'），气有涯垠，清阳者，薄靡而为天；重浊者，凝滞而为地。"宇宙在开始产生时呈现为全无规定性的无所不包的存在状态；从这种未分的状态分化出时间和空间，有了时间和空间之后才有其中的未分的实体（元气），有元气就有一定的界限了（即可产生有规定性的东西），其轻清的上扬而为天，重滞的凝结而为地。这是《淮南子》所描述的宇宙生成的过程，汉朝许多著作大体上都有相类似的关于宇宙生成的说法，如《孝经纬·钩命诀》中说："天地未分之前，有太易，有太初，有太始，有太素，有太极，是为五运。形象未分，谓之太易。元气始萌，谓之太初。气形之端，谓之太始。形变有质，谓之太素。质形已具，谓之太极。五气渐变，谓之五运。"所谓"五运"是说"元气"变化发展的五个阶段；由未分到开始发生，再发展到形成一定的形状，而后有固定的质体，最后形成具体的事物。又如王充也有类似观点，他说："天地合气，物偶自生矣。"（《论衡·物势》）"天地合气，万物自生。"（《论衡·自然》）这都是说，天地之气相互交合，万物就自然而然地产生了。在这里王充主要是为反目的论而说的，但它都说明万物皆由元气的相互作用而生成。这是汉朝哲学对于宇宙生成发展的一种理论。另外还有一种宇宙生成论的理论认为，万物是由"天"有目的地产生的，如董仲舒的《春秋繁露》中说："天者，百神之大君也。""父者子之天也，天者父之天也。无天而生，未之有也。天者，万物之祖，万物非天不生。"又如《易纬·乾凿度》开头借黄帝之口说：太古之时，百皇开辟宇宙，拓破鸿蒙（使天地有分），这样就有了伏羲氏。伏羲知道天有好生之德，从而造化万源，如此等等。这都是说，天地万物是由天神有目的地造就的。

魏晋玄学作为一种哲学在基本形态上和汉朝的哲学很不相同，它主要不是讨论宇宙如何生成的问题，而是讨论宇宙的本体问题，即天地万物存在的根据问题。魏晋玄学如何产生？其原因是多方面的，例如时代的变迁、儒学的衰落、学风的转变等都会影响一种新的思潮的产生，在这里不必多讨论（可参见本书第一章），这里只讨论魏晋玄学作为一种本体之学的理论问题。

《晋书·王衍传》谓："魏正始中，何晏、王弼等祖述《老》《庄》，立论以为天地万物皆以无为本。"就此可知，何晏、王弼的哲学是由先秦《老》《庄》思想发展而来，其基本命题是"以无为本"，即"有"（天地万物）以"无"为本。为什么说他们的哲学的基本命题是"以无为本"呢？王弼说："道者，无之称也，无不通也，无不由也，况之曰道,寂然无体,不可为象。""道"是没有办法说的,只能用"无"来说明,但是它贯通在一切之中,没有什么不是由它而成就的,所以只能比方着把它叫作"道",它恒常不变而不是实体,所以没有形象。因此,王弼认为只能用"无"来规定"道"。那么王弼是如何论证"以无为本"这个命题呢?王弼有一篇《老子指略》,他通过对《老子》这部书的总体分析来阐明其"以无为本"的思想。在这篇文章中,王弼提出:声音有宫、商、角、羽、徵等等,声音,如果是"宫"就不能同时又是"商",是"角"就不能同时是"羽";形状,如果是"方"就不能同时又是"圆"。只有"无声"才可以成就一切声音,"无形"才可以做成一切形状。因此,无规定性的"无"才可以成就一切有规定性的"有","无规定性的无"是什么意思?就像金岳霖先生说老子的"道"是"不存在而有",也就是说,王弼的"以无为本"是说"无"是"本"而"有"是"末",这就是魏晋玄学的"本末有无"问题的讨论。

为什么说魏晋玄学是先秦《老》《庄》思想的新发展?我认为主要之点是,在王弼注解《老子》时,对《老子》中可以被解释为"宇宙生成论"的思想,他往往给以本体论的解释,如《老子》第四十章"天下万物生于有,有生于无",王弼注说:

>   天下之物皆以有为生,有之所始,以无为本,将欲全有,必反于无也。

意思是说,天下之物都是以有(有形有象的)而存在,万有之所以始成为万有,是以(无规定性的或无形无象的)"无"作为其存在的根据。如果要成全"有",就要返回到它的根本"无"。又如王弼对《老子》"道生一,一生二,二生三,三生万物"的解释是:"万物万形,其归一也,何由致一?由于无也。"万物万形总得有个统一性,如何能使千差万别的万物统一呢?只能是由"无形无象"的"无"来统一。照王弼看,从众多的有形有象的事物中应该找一个统一性,然而统一不可能由某种具体的有形有象的东西来实现，只能由抽象的无规定性的"无"来实现，即由抽象的"一般"（共相）来统一具体的"个别"（殊相）。这样，王弼就把《老子》中原来具有某种生成论的因素转化而解释为本体论，这种例子很多，如对《周易·复卦》的注、《老子》第三十八章的注等等，兹不赘述。由于王弼哲学是讨论"无"和"有"的关系，并认为"无"是"有"存在的根据（究极原因），因此被称为"贵无"派。不仅如此，王弼还提出，抽象的一般"无"是要由具体的"有"来体现的，他说："夫无不可以无明，必因于有，故常于有物之极，而必明其所由之宗也。"这就是说，"无"不可能由（无形无象的）"无"本身来表现，是需要通过（有形有象的）"有"来表现，所以要常常在有形有象的事物上，指示出它所根据的是本体之"无"。从这里看，王弼哲学已经意识到"无"（一般）和"有"（个别）之间的辩证统一关系，"无"作为"体""本"，"有"作为"用""末"之间的辩证统一关系。因此，我们往往说王弼哲学是"体用一如""本末不二"的哲学。据此，我们可以看到在王弼的著作中常常用"崇本举末""守母存子"来说明"无"和"有"之间的关系。

然而王弼的哲学体系并不周全，在他的论述中（注《老子》和《周易》）仍然有"生成论"的因素，例如《老子》第一章"两者同出而异名"一段的注说：

> 两者，始与母也。同出者，同出于玄也。……玄者，冥也，默然无有也，始、母之所出也。

按："玄"即"道"，即本体之"无"，或曰"无有"（不是"有"）。"天地之始"和"万物之母"同出于"玄"，则"本体"又在"万有"之先，且成为万有之所由生者，所以《老子》第三十七章注说："万物皆由道而生。"这就是说，王弼和老子一样仍然未能完全把生成论的因素排除掉。从这点出发，就会导致在王弼哲学中包含有"崇本息末"的观点。这是因为在"道"产生万物之后,万物渐渐远离"道",例如人就产生了种种"私欲""巧利"之类,而背离了"道",因此要"崇本息末",以达到"反本"。

从这里我们可以看到,在王弼哲学中存在着矛盾。根据他的本体论"体用一如"的要求,得出的应是"崇本举末";而根据他的生成论"万物皆由道而生"的要求,可以导致本末为二,而有"崇本息末"的结论。当然从总体上看,王弼哲学虽有矛盾,而"以无为本"的本体论仍是其思想的核心,是王弼哲学对老子思想的新发展。由于王弼的"贵无"思想强调的是"体用一如""崇本举末",比较注意的是事物的统一性方面,即共相方面,而相对地说,对事物的特殊性方面,即殊相方面则较为忽视,因此玄学由正始时期王、何的"贵无"发展到竹林时期的玄学则分为两支:一支是更加崇尚自然,强调事物的统一性,主张"崇本息末",这就是嵇康、阮籍的哲学;另一支则是向秀的哲学,向秀强调的是万物"自生",这说明他注意到事物的特性。

王弼主张"体用一如",故可要求不废名教而任自然,而嵇康、阮籍提倡废末归本,故要求"越名教而任自然"。照嵇康、阮籍看,"自然"是一有序的、和谐的整体,而人类社会开始时也是和谐的,但"名教"这类人为的东西破坏了"自然"的和谐。如嵇康在《太师箴》中所说:"浩浩太素,阳曜阴凝。二仪陶化,人伦肇兴。厥初冥昧,不虑不营。……茫茫在昔,罔或不宁。赫胥既往,绍以皇羲,默静无文,大朴未亏,万物熙熙,不夭不离。……下逮德衰,大道沉沦。智惠日用,渐私其亲。惧物乖离,攘臂立仁,利巧愈竞,繁礼屡陈,刑教争施,夭性丧真。季世陵迟,继体承资。凭尊恃势,不友不师。宰割天下,以奉其私。"这就是说,社会由于种种智巧、争夺、自私的产生而越来越离和谐的"自然"远了,因此应破除那些违背"自然"的"名教",使人类社会返回到符合"自然"要求的和谐统一的社会中去,即万物应回到那种无分别的状态(无)中去。故嵇康、阮籍提出"越名教而任自然",这正是沿着王弼"崇本息末"的思路发展的。嵇康、阮籍这一"越名教而任自然"的思想正是以他们的宇宙生成论为理论前提的。上引《太师箴》"浩浩太素，阳曜阴凝"一段话正是说的宇宙由自然到社会的演化过程，又如《声无哀乐论》中说的："天地合德，万物资生，寒暑代往，五行以成。"《达庄论》中说的："自然一体……一气盛衰，变化而不伤。"这些都说明嵇康、阮籍的哲学是一种宇宙构成论。因此，可以说他们的思想是继承王弼思想中由宇宙构成论因素导致主张"崇本息末"而发展成的。

向秀主张"以儒道为一"（谢灵运《辩宗论》），认为"自然"与"名教"并不对立，这就是说，他的思路是沿着王弼"崇本举末"发展而成的。在向秀的《难养生论》中，他从批评嵇康《养生论》的观点出发，提出"自然之理"和"人为之礼"并不矛盾，因为"实由文显，道以事彰。有道而无事，犹有雌无雄耳"（《列子注》引向秀语）。从这里看，向秀是以"道"和"事"为相连的两面，"自然"和"名教"自不相矛盾。为了强调事物的合理性，向秀提出"万物自生"的观点，这显然是针对"万物皆由道而生"的观点而发的，即是对王弼"贵无论"中生成论方面的批评。但向秀对王弼的批评似乎并没有涉及其本体论方面，甚至可以说他在某一方面仍然受到"贵无"思想的影响。在张湛的《列子注》中引有几十条向秀的话，其中《列子·天瑞》"故生物者不生，化物者不化"句，张湛注说：

> 《庄子》亦有此言。向秀注曰：吾之生也，非吾之所生，则生自生耳。生生者岂有物哉？（无物也，）故不生也。吾之化也，非物之所化，则化自化耳。化化者岂有物哉？无物也，故不化焉。若使生物者亦生，化物者亦化，则与物俱化，亦奚异于物？明夫不生不化者，然后能为生化之本也。

盖"生生者"不能是"物"，它必定是与"物"不同的东西。因为只要是"物"，它就有生有化，只有不是"物"而超越"物"者，才可以不生不化，这种不生不化的超越"物"者才能是生化之本。向秀一方面主张"万物自生"，另一方面又认为还有一不生不化的"生化之本"，这样在他的体系中就形成了矛盾。

稍后于向秀的有裴頠，裴頠著《崇有论》"疾世俗尚虚无之理"，据《晋书》所载《崇有论》，裴頠和向秀一样，主张"万物自生"，反对"有生于无"，并且提出一比向秀更为明确的命题："自生而必体有"，万物的自生是以其自身的存在为本体。这可以说《崇有论》既否定了王弼的"以无为本"，又抛弃了向秀的不生不化的"生化之本"。为了强调每个事物都有其规定性（有其特性），《崇有论》中说："方以族异，庶类之品也。形象著分，有生之体也。"而且裴頠还提出来"理之所体，所谓有也"，"理"（规律）是以"有"（事物的存在）为其实体，即规律是存在的规律。从这些地方看，可以说裴頠较好地解释了"万物自生"的观点。但在他的《崇有论》中仍然存在一个问题，论中说："夫至无者，无以能生，故始生者，自生也。"这就是说，事物虽然不是由"无"产生的，而是"自生"的，但它还有一个"始生"（开始产生之时），这就会被提出一个问题：在事物开始产生之前又如何呢？这个问题在另一种版本的《崇有论》中就发生了，即在《资治通鉴》卷八十二中所引《崇有论》中有一段与《晋书》所录的很不相同。《晋书》中的"夫至无者，无以能生，故始生者，自生也。自生而必体有，则有遗而生亏矣。生以有为己分（按：此据《晋书斠注》本，而《斠注》本与中华书局标点本不同，中华本'己'作'已'），则虚无是有之所谓遗者也"。然而在《资治通鉴》中则作："夫万物之有形者，虽生于无，然生以有为已分（原注：物之未生，则有无未分；既而生有，则与无为已分矣），则无是有之所遗者也（原注：遗，弃也）。"如果照《资治通鉴》所载，则"始生"问题或可较好解释：宇宙在有形之物产生之前，是有无未分的状态；有形者虽然生于无形者，但在有形者产生之后，它就与无形者分开了，于是无形者就为有形者抛弃。从这里看，万物之有形者当然有一个"始生"之时，而在万物之有形者始生之前，宇宙为一有无未分状态，而这种状态应是无始的。不过如果照《资治通鉴》所载之文，裴頠又会陷入如向秀同样的矛盾，即在"万物自生"（有）和生万物之"无"（此"无"或为无形者）之间形成矛盾。所以在魏晋玄学的发展过程中，"有"和"无"始终是诸玄学家讨论的一个中心问题。

郭象的《庄子序》中提出，他注《庄子》是为了"明内圣外王之道"和"上知造物无物，下知有物之自造"。后面一个问题是讨论有无"造物主"的问题，它涉及"有"和"无"的关系问题。前面一个问题是讨论"名教"和"自然"的关系问题。郭象哲学也是由反对"有生于无"入手，他不仅认为万物都是"自生"的，而且万物之"自生"是因为他们都各自有各自的"自性"，他说："物各有性，性各有极。"（《逍遥游》注）每个事物都有其自身存在的内在根据，这就是其"自性"；而且其"自性"都有一个极限，"有极限"是说有其自身规定性的极限。这说明郭象强调的是事物的特殊性（个性）。既然万物是由其"自性"作为其存在的根据，那么万物（有）就不是由什么别的东西生成的，所以《齐物论》注中说："造物者无主，而物各自造。"特别是"无"不能生"有"，如《齐物论》注中说："请问夫造物者，有邪无邪？无也则胡能造物哉？"照郭象看"无"就是无，就是什么都没有；什么都没有怎么会产生"有"呢，"无既无矣，则不能生有"（《齐物论》注）。因此，郭象认为万物的生成没有一个开始的问题，他说：

> 谁得先物者乎哉？吾以阴阳为先物，而阴阳者即所谓物耳。谁又先阴阳者乎？吾以自然为先之，而自然即物之自尔耳。吾以至道为先之矣，而至道者乃至无也。既以无矣，又奚为先？然则先物者谁乎哉？而犹有物，无已，明物之自然，非有使然也。

一切都是物，没有先于物而存在的东西，"物"（有）是无始的，是自然而然存在的，没有什么东西使它如此存在。郭象的这一观点是对裴颜"始生"思想的否定。不仅如此，郭象还认为，既然万物是"自生"的，那么它的发展变化只能是由其自身内在的"自性"决定，因此它是独立自足生生化化的，这叫"独化"。如他说：

> 凡得之者，外不资于道，内不由于己，掘然自得而独化也。夫生之难也，犹独化而自得之矣。既得其生，又何患于生之不得而为之哉？

"凡得之者"云云是说凡得自性而为生者，从外面说不是由于"道"所给予的，从自身说也不是自己所能求得的，而且没有什么原因突然使自己得以如此的独立自足地存在着。"自得"是说"道"不能使之得而自得为生（"自生"）。既然是"自得为生"，那就根本用不着自己去考虑自身的存在而去追求之。"自得为生"，则任何事物都应是独立自足的，如果不是独立自足的，那或是"外资于道"，或是"内由于己"之为，这样就要否定"自生"了。前面谈到裴頠认为，事物的存在要靠一定的条件，"有之所须，所谓资也"。而郭象认为，任何事物的存在从原则上说都是"无待"（无条件），不需要靠外在的条件，他说：

> 若责其所待，而寻其所由，则寻责无极，卒至于无待，而独化之理明矣。（《齐物论》注）

如果找事物存在的外在根据，那么可以一直找寻下去，最后得出的结果只能是"无待"，所以事物独立自足生生化化的道理是很明白的。从这里我们可以看出，郭象不仅以"万物自生"反对"有生于无"的宇宙生成论；而且以"独化"思想反对"以无为本"的本体论。所以我们可以说郭象的哲学是"无无论"。郭象哲学的特点与王弼不同，他只肯定万物（有）独立自足的存在，所寻求的不是万物的统一性（共性），而是寻求万物的特殊性（个性）。那么，郭象哲学是不是也给我们留下两个问题呢：一是万物是否有统一性？另一是万物的存在是否果真由其"自性"所决定？

上面我们主要讨论的是"上知造物无物，下知有物之自造"和"无既无矣，则不能生有"，下面再讨论"内圣外王之道"的问题。在《齐物论》注中，郭象说："有无而未知无无也，则是非好恶犹未离怀。"意谓，如果知"无无"，则是非、好恶皆可无措于心。这从方法论上说是一种取消矛盾的方法。而在当时玄学家们所要讨论的重要问题之一就是"自然"和"名教"的关系问题。照上引郭象的观点看，知"无无"才可以取消"自然"和"名教"的矛盾。庄子认为，崇尚自然的为"游于方之外者"，而提倡"名教"的故为"游于方之内者"，而"外内不相及"（见《大宗师》）。而郭象则认为，"未有极游外之致而不冥于内者，未有能冥于内而不游于外者也"。他企图冥合"游内"与"游外"之间的界限，以调和"自然"与"名教"，以"明内圣外王之道"。因此，郭象的"崇有""无无"思想又是调和"自然"与"名教"的理论基础。故郭象的《应帝王》解题说："夫无心而任乎自化者应为帝王。"

以上是对魏晋玄学发展的一简略分析，从上述分析，我们可以讨论两个问题：

（1）现在中国哲学史的研究似乎有一个问题，即阐述某一哲学家的思想往往设法把其思想体系说成是没有矛盾的，我认为这是不符合实际的。在历史上的哲学家的哲学思想中都会包含着某些矛盾，或者说存在着他们没有解决的问题，这样才有哲学的发展。魏晋玄学作为一种哲学思潮就是在解决"有"和"无"的讨论中不断发展的。其发展的过程就是在不断地解决着矛盾的过程。

（2）每个时代的哲学往往都有其讨论的共同哲学问题，魏晋玄学作为一种哲学自然也有它讨论的中心哲学问题。这就是"有无本末"问题，存在与所以存在的关系问题，其他问题大体上都是围绕着这个中心问题展开的，例如王弼"贵无"，提出"以无为本"，并用"执一统众"来论证，以强调万物的统一性（共性）；而郭象"崇有"，以"万物自生"来论证，以强调事物的特殊性（个性）。因此，我认为研究哲学史应抓住每个时代哲学思想的中心问题来展开。不能把哲学史的研究等同于"思想史""学术史"或"文化史"。

（二）重玄学的产生和完成

"重玄"是根据《老子》第一章"玄之又玄"提出来的。据现有史料，"重玄"这一概念到南北朝时已被较为普遍地使用。有东晋孙登"托重玄以寄宗"（成玄英《道德经序诀开题》引孙登《老子注》语），佛教徒支道林和僧肇也都使用过"重玄"这一概念，至于道教中人使用这一概念就更为广泛。由于孙登的《老子注》已散佚，他的"重玄"思想故难以讨论。孙登为著《老聃非大贤论》的孙盛之族侄，在《老聃非大贤论》中有一段话，可看出东晋时对前此"贵无"和"崇有"的看法，文谓："昔裴逸民作《崇有》《贵无》二论，时谈者，或以为不达虚胜之道者，或以为矫时流遁者。余以为尚无既失之矣，崇有亦未为得也。道之为物，惟恍与忽，因应无方，惟变所适。……是以洞鉴虽同，有无之教异陈；圣教虽一，而称谓之名殊目。……而伯阳以执古之道，以御今之有；逸民欲执今之有，以绝古之风。吾故以为彼二子者，不达圆化之道，各矜其一方者耳。"（《广弘明集》卷五）孙盛批评"贵无""崇有"两派，认为他们都"不达圆化之道"而"各矜其一方"。这是否意味着应超出"有""无"之对立，而达"非有非无"呢？孙登之"重玄"或已包含"非有非无"的意思？这有待新材料之发现，方可解决。然而僧肇作《不真空论》，则旨在破"贵无"与"崇有"，以明"非有非无"之中道。王弼"贵无"，郭象"崇有"，一执着于"无"，一执着于"有"，各有所偏，僧肇用《不真空论》虽直接批评的是当时三种对般若学的错误理解，但实亦是在解决魏晋玄学"贵无""崇有"各执一偏的。僧肇认为，一切事物（物理的、心理的）的存在都是不真实的,所以是"非有";一切事物都可以因因缘合和而成,故是"非无";就像幻化人一样,幻化人不是真实的人,但仍可有非真实的幻化人。僧肇就是用这种方法来建立其"不真"则"空"的理论。这种把"非有非无"作为一种方法就是既否定"有"又否定"无"的"损之又损之"的双遣法。只有把一切否定了,才可以证得"诸法本无自性"的道理。由此,僧肇在《涅槃无名论》中说:

> 夫群有虽众,然其量有涯。正使智犹身子,辩若满愿,穷才极虑,莫窥其畔。况乎虚无之数,重玄之域,其道无涯,欲之顿尽耶?书不云乎,为学者日益,为道者日损。为道者,为于无为者也。为于无为而曰日损,此岂顿得之谓?要损之又损之,以至于无损耳。

按:"涅槃,秦言无为","虚无之数""重玄之域"均指佛教之"涅槃"境界。这段话的意思是说:"群有"虽然众多,但总还是有限的;即使"群有"是有限的,要用才智去穷尽它,也是很难做到。何况"虚无之数""重玄之域",它的道理是无穷无尽的,怎么能用顿悟的方法一下子就得到呢?因此,要达到涅槃境界只能用渐修的方法,即通过"损之又损之"而达到"无损",直至涅槃境界。涅槃境界是损无所损了,也就是说通过"损之又损之"的否定而必达到有所肯定的涅槃境界。这里或许给我们提示了一重要思想,即僧肇的《涅槃无名论》是用"损之又损之"(亦即"非有非无")的方法以达到重玄之域。看来,僧肇要求在破相之后,应有所建立。这在陈慧达的《肇论序》和元康对此序的疏中均有所透露。慧达《肇论序》中说:

> 但圆正之因,无上般若;至极之果,唯有涅槃。故未启重玄,明众圣之所宅。

元康疏谓：

> "但圆正之因，无上般若"者，此《般若无知论》也。涅槃正因，无有尚于般若者也，"至极之果，唯有涅槃"。般若极果，唯有涅槃之法也。"故未启重玄"者，以此因果更无，加上"故未"，后明此两重玄法。般若为一玄，涅槃为一玄也。前言真俗，指前两论；后言重玄，指后两论。此是必然，不劳别释。重玄者，老子云："玄之又玄，众妙之门。"今借此语，以目涅槃般若，谓一切圣人，皆住于此，故名为"宅"也。[1]

如果说前引《涅槃无名论》中之"重玄之域"是指一种境界，则此处"重玄"兼有方法义。这中间重要的意思是"般若"为一玄，"涅槃"为一玄，故曰"重玄"。元康的意思是说，《肇论》四篇有前后演进关系，前两论《物不迁论》《不真空论》是讨论"真谛""俗谛"问题；后两论《般若无知论》《涅槃无名论》则是讨论成佛之因果问题。后两论之论因果，般若为因，涅槃为果；般若为一玄，涅槃为一玄，此即"重玄"。只讲般若一玄，未达极致，必有涅槃之"又玄"，至"重玄"方可彰圣。

从以上的材料和我们的分析，是否能说，在僧肇的学说中，在借老子"玄之又玄"的"重玄"思想，来表示般若破相为"一玄"，之后必以涅槃彰圣为"又玄"，"此是必然，不劳别释"也。如果我们从南北朝时佛教在中国发展的情况看，东晋时般若学极盛，而宋、齐之后有涅槃学之兴起，至梁大盛，这也正说明般若学与涅槃学前后相继之关系。在破除一切世间虚幻的假象后，"佛性"才得以彰显，而通过修行达到"涅槃"才有可能。破除对世俗之一切执着（包括对"有"和"无"之执着），即"破相显性"，"重玄"就成为达到"涅槃"境界的

---

[1] 此处引慧达、元康语可参见我指导的博士生强昱和崔珍哲的博士论文。

方法。至于"什么是佛性",当时有各种各样的说法,梁宝亮《涅槃经集解》列为十种,此非与本题有关,故阙而不论。但此时期佛教在中国之发展及其所讨论的问题,必对道教(道家)有所启发,而影响着隋唐道教(道家)重玄学之建立。

南北朝之道教学者的著作亦多释"重玄",有释"重玄"为"重天"者;有释"重玄"为至善境界者;有释"重玄"为"道"者;有释"重玄"为"穷理尽性"者,如此等等。有《玄门大论》未详作者,但早于《本际经》,用精气神三者合一况"重玄之道"(《玄门大论·三一诀序》)。于此始把道教之"三一为宗"与"重玄"思想结合;而《本际经》则宣称其宗旨为"最深最妙无上要术,开秘密藏重玄义门"。而"重玄"者"遣一切相",以至于"遣无所遣"(卷八),"于空于有,无所滞著,名之曰玄。又遣此玄,都无所得,故名重玄众妙之门"(卷一)。《玄门大论》与《本际经》或均受佛教之影响,此当另文详论。然这两种著作对成玄英、李荣的"重玄学"之建立则有直接影响。

"重玄"者,取之《老子》第一章"玄之又玄,众妙之门"。照《老子》第一章中说,"常道"虽不可道,但仍可由"有"和"无"两方面来把握,故曰:"两者同出,异名,同谓,玄之又玄,众妙之门。"(据马王堆帛书本)因此,要了解"有"和"无"之间的关系必须对"道"有深刻之体会。王弼"贵无",以"无"释"道",以"无"为无规定性之有(being),故"无"为"有"之体、为"有"存在之根据。郭象"崇有",以"有"自生,故否定"有"另有一存在之根据,"无"是"虚无"(non-being),故不能生"有"。僧肇既否定"贵无",又否定"崇有",提出"非有非无"之命题。僧肇阐发"非有非无"的《不真空论》,根据般若学之"诸法本无自性"之理论所建立。在"破相显性"之后,则必有"佛性"如何安置之问,故于般若破相之后,而有涅槃佛性学说出。唐初道教学者成玄英、李荣运用南北朝以来佛道二教"有""无"双遣之"重玄"思想资源,于双遣"有""无"之后,以"理"释"道",实为道教(道家)理论上之一大突破。

成玄英、李荣以及后来的道教学者（如杜光庭等）均以"重玄"作为其学说之特征，如成玄英说，他的学说"宜以重玄为宗"。那么成玄英如何解释"重玄"呢？他说："深远之玄，理归无滞，既不滞有，亦不滞无，二俱不滞，故谓之玄。"（《道德经义疏》第一章）此谓"一玄"。又说："有欲之人，唯滞于有；无欲之士，又滞于无，故说一玄，以遣双执。又恐行者，滞于此玄，今说又玄，更祛后病，既而非但不滞于滞，亦乃不滞于不滞，此则遣之又遣，故曰玄之又玄。"（《道德经义疏》第一章））此说"重玄"。"一玄"是否定"贵无"和"崇有"，而达到"非有非无"；"重玄"进而要否定"非有非无"，以致"不滞于不滞"。盖因为如果执着僧肇"非有非无"的"不真则空"的理论，那么从一方面说，它也是一种执着；从另一方面看，在破除了一切之后，必须仍有所立，如佛教在中国，于般若学流行之后，又有涅槃佛性学说之兴起。成玄英的"重玄学"，无论其理路或思维方式无疑都是受南北朝佛教的启示而有的。

　　成玄英、李荣在破除了对"有"和"无"的执着之后，他们是如何建立他们的"重玄"理论呢？王弼以"无"释"道"；郭象以"有"释"物"，而成玄英以"理"释"道"。他说："道者，理也。"并且成玄英用"重玄妙理""自然之理""虚通之妙理""实理"（真常之理）等来对"理"加以规定和说明。从"理"是"重玄妙理"说，此"理"是在破除以"道"为"有"（实在的事物）和"无"（本无）之后的有所肯定的"理"。"自然之理"是说"理"不是人为的，"天道，自然之理也"（《道德经义疏》第四十七章注），"真实之道，则自然之理也"（《天道疏》），"玄道至极，自然之理，欲不从顺，其可得乎"（《大宗师疏》）。按："自然之理"，有规律的必然性义。成玄英主要是用"虚通之妙理"和"真常之理"来说明"道"。"虚通之妙理"是说"理"不是具体实在的事物，但它无所不在、无所不通，故亦非"虚无"，"夫能知虚通之道者，必达深玄之实理"，此"虚通之能理"必为"实理"，"实理"即"真常之理"，真实无妄而常存。成玄英用"理"来说"道"，此实为理论上之一大飞跃。"理"为虚通之实理,从而排除了"道"的物质之"实体性",而"道"为"非有";又排除了"道"的外在于物之"虚妄性",而"道"又"非无";进而又排除了"道"的"非有非无"之"无自性性",而使"道"具有常存的真实无妄性之意义。这说明"重玄"(重玄之妙理)不仅是一种方法,而且是作为天地万物之所以存在之本体(宇宙本体)。

成玄英的本体论与王弼有同有异:其所同者,都认为天地万物有其所以存在之根据,即本体;且都用"体"和"用"来说明其所以存在之根据。王弼说:"以无为用,不能舍无以为体也。"他注重的是"无"的"即体即用",成玄英用"理本"来说明"理"是天地万物之本体,用"妙用"来说明"理"之"用"的奥妙。而成玄英的本体论与王弼的本体论最为显著的不同在于,王弼以无规定性的"无"作为天地万物的本体,而成玄英以有规定性的"理"(虚通之实理)作为天地万物之本体,这或是在南北朝经过佛道发展之后而出现之结果乎?

《天地》疏中说:"虚通之道,包罗无外,二仪待之以覆载,万物得之以化生。何莫由斯,最为物本。""虚通之道"("虚通之理")为天地万物存在之根本,天地得到它就有覆载的功能,万物得到它就得以存在,所以它是一切事物的本体。成玄英进而提出"道"(或"理")落实到众生,则为众生之性分,成玄英说:"道者,虚通之妙理。众生之正性也。""道"是天地万物存在之"理",即宇宙存在之根据,人和其他众生从"道"所得为其"正性",即完善之性分,是人存在之根据,这就是说"性"是人得之于"道"("理")而存在的内在本质,"性者,禀生之理"(《在宥》疏),"苍生皆有真常之性,而不假于物也"(《马蹄》疏)。人如何实现其"正性"(真常之性)而通向"虚通之妙理",即由个体之存在通向宇宙全体之存在?成玄英认为要靠"心"的作用。"心"(真常之心)是人的精神活动之主体,"夫心者,五藏之主,神灵之宅"(《达生》疏),"灵府者,精神之宅,所谓心也"(《德充符》疏),故"聪明之用,本乎心灵"(《大宗师》疏)。通过"心"

的作用，进行自我修养，"穷理尽性"，这样一方面可以清除"违理""失性"的欲望，成玄英说："夫苍生所以失性者，皆由滞欲故也。既而无欲素朴，真性不丧，故称得也。"（《马蹄》疏）"夫耽耆诸尘而情欲深重者，其天然机神浅钝故也。若使智照深远，岂其然乎！"（《大宗师》疏）另一方面，通过心神之修炼，恢复"正性"，"心神凝寂，故复于真性"，达到同一宇宙本体，这就是"境智冥合"（天人合一）而至于"重玄之乡"。"六合之外，谓众生性分之表，重玄至道之乡也"（《齐物论》疏）。盖所谓"重玄之乡"即是超越自我与世俗之精神境界也。为此，成玄英提出"穷理尽性"作为达到超越境界之途径。从这里看，成玄英提出"重玄之理"通过"真常之性"（正性）而引出"真常之心"（《德充符》疏"若能虚忘平淡，得真常之心者"），即由本体论问题引向心性论之讨论。同样，成玄英又从"真常之心"的"穷理尽性"，通过"重玄"的"双遣有无""超兹四句""离彼百非"，以实现"真常之性"，而通于"重玄之理"，而达到"重玄之乡"，企图解决本体（重玄之理）与境界之统一。"重玄之域"，《徐无鬼》疏谓："夫至道之境，重玄之域，圣心所不能知，神口所不能辩，若以言知索真，失之远矣。"这说明，"重玄"不仅是方法，是理论，而且是境界。据以上所论，我们可以看出，成玄英的哲学是由"理""性""心"三个概念所构成的一相当圆通之体系。

如果成玄英的"重玄学"只是由本体论引向心性论，这作为一种哲学学说，无疑是很有意义的。就这点说，成玄英哲学的路数大体和宋明理学有相似之处，即由本体哲学向心性哲学发展。从魏晋玄学的本体哲学到唐初重玄学的心性哲学，从中国哲学发展的理路看，是否有着某种内在的必然性？这大概和中国哲学重视精神境界之提高和以"内在超越"为特征有关，此非本题应讨论者，兹不赘述。但是，成玄英的"重玄学"如果只是这样一个理路，它并没有解决"道教"作为一种宗教所要达到的目标，故它远不是一种宗教哲学。我们知道，道教所追求的目标与佛教不同，佛教追求的是"涅槃"，道教追求的是

"成仙",即长生不死。如果成玄英的"重玄学"不仅是一种哲学,而且是一种宗教哲学(道教哲学),那么就必须为道教追求的"长生不死"作理论上的论证。我们知道,道教的"长生不死"是与"气化"理论有着密切关系的。它以"精、气、神"三者的结合作为达到长生不死的途径。那么成玄英的"重玄学"是如何处理这个问题的呢?

为了适应道教终极目标的要求,成玄英把"气"的概念引入他的体系。成玄英对《老子》第四十二章"道生一,一生二,二生三"的注释说:

> 至道妙本,体绝形名,从本降迹,肇生元气,又从元气变生生阴阳,于是阳气清浮升而为天,阴气沉浊降而为地,二气升降,和气为人,有三才,次生万物。

这条注的意思是说:"道"作为天地万物微妙的本体,无形无名,从"道"这个无形无名的本体演化出有形迹的东西,开始产生未分化的元气,然后分化为阴阳二气,阳气清轻上升为天,阴气重浊下沉为地,阴阳二气相互作用而生人,有天地人而后有万物。在这里成玄英把"道"(理)看成是生"物"之本(本体),"自然之理,通生万物"(《齐物论》疏),而"气"是生"物"之元素,"气是生物之元"(《在宥》疏)。天地万物是据"道"(理)由"气"而生成,"妙本一气,通生万物"(《齐物论》疏)。人得"正性"于"道",由"精""气""神"三者结合而为具体的人,如果人能修心养气而志于"道",就能反本归源,与"道"合一而长生。所以道教提出所谓"性命双修",性功修心,命功养气。如何反本归源?照李荣看,就要"宝神,惜气,固精,志道,不轻此生,故云自爱"。而"宝神""惜气""固精"是要通过"修道"(志于道)达到,而"修道"主要在"修心",使"心"无执着,和"道"一样虚通,以得长生。故成玄英《老子》第十六章注说:"不知性修反德,而会于真常之道者,则恒起妄心,随境造业,动之死地。"而"心神凝寂,故复于真性,反于惠命"(《老子》第十六章注)。

就上所论,成玄英的哲学体系又包容着一宇宙生成论的架构,从而使他的道教哲学得以成立。当然以这种道教哲学体系能否实现道教的终极目标——长生不死,仍是一大问题。因为成玄英远只是为道教创建了一套通向其终极目标的理论,并没有建构一套实现其理论的修持方法。到唐末、五代兴起的"内丹心性学"才提出一套"性命双修"的修持方法,从而又把道教的宗教理论和方法向前推进了。至于"内丹心性学"的学理意思又当别论,此非本文所讨论,当对五代、两宋、金元之"内丹心性学"作进一步之研究。

成玄英等所建立的"重玄学"有什么意义?我认为可归为两点:

(1)如果说先秦道家(老子、庄子等)是道家思想的第一期发展,魏晋玄学为道家思想的第二期发展,意欲在道家思想的基础上调和儒道两家思想,那么唐初重玄学或可以被视为道家思想的第三期,它是在魏晋玄学的基础上吸收当时在中国有影响的佛教般若学和涅槃佛性学以及南北朝道教理论所建立的新的道家(道教)学说。

(2)道教自东汉建立以来,不少学者(如葛洪、寇谦之、顾欢、陶弘景等等)都在努力为道教建立哲学理论,但似乎都不成功,因此无法在哲学理论上与当时流行的玄学和佛教理论相匹敌。究其原因或有两点可注意:第一,没有特别注意通过注解《老子》《庄子》,并在继承和发展魏晋玄学理论的基础上,来为道教建立哲学理论体系;第二,没有特别注意参与到当时哲学发展所讨论的问题中去,因此在"重玄学"建立之前,道教哲学的理论水平不高。但"重玄学"或多或少地克服了上述两个缺点。重玄学通过吸收和融合某些玄学和佛教哲学理论,并吸收了南北朝时期之道教理想,在注解《老子》和《庄子》的基础上为建立道教哲学提供了有意义的路径。

参考书目

郭象:《庄子注》,《四部备要》本
郭庆藩:《庄子集释》,中华书局,1961年
《晋书》,中华书局,1974年
严可均编:《全上古三代秦汉三国六朝文》,中华书局,1958年
刘义庆撰,刘孝标注,余嘉锡笺疏:《世说新语笺疏》,中华书局,1983年
王弼著,楼宇烈校释:《王弼集校释》,中华书局,1980年
嵇康著,戴明扬校注:《嵇康集校注》,人民文学出版社,1962年
阮籍著,李志钧等校点:《阮籍集》,上海古籍出版社,1978年
张湛:《列子注》,世德堂刊本
僧肇:《肇论》,《大正藏》,1927年
成玄英:《道德经义疏》,广文书局,1974年
李荣:《道德真经注》,《道藏》本
慧达:《肇论疏》,《大正藏》,1927年
元康:《肇论疏》,《大正藏》,1927年
汤用彤:《汉魏两晋南北朝佛教史》,中华书局,1983年
汤用彤:《魏晋玄学论稿》,中华书局,1962年
牟宗三:《才性与玄理》,台湾学生书局,1983年

后　记

　　《郭象与魏晋玄学》一书 1983 年由湖北人民出版社出版，后被台湾谷风出版社于 1986 年和 1987 年盗印了两次。在写完这本书后，我本打算写一本"魏晋南北朝时期的学术思想史"。为此，我对这一时期的道教作了一点研究，写成《魏晋南北朝时期的道教》一书，1988 年由陕西师范大学出版社出版，同年并由台湾东大图书公司出版。自 1988 年到现在已有十年了，虽然出了两三本论文集，但写作"魏晋南北朝学术思想史"的事，却没有什么进展。在这期间，我的注意力渐渐转向中国文化问题方面，写了一些有关这方面的论文，大都收入《儒道释与内在超越问题》（1991 年由江西人民出版社出版）和《汤一介学术文化随笔》（1996 年由中国青年出版社出版）两书中，还有一本带有自传性的关于我的学术历程的书《在非有非无之间》（1995 年由台湾正中书局出版），其中第四章"对中国哲学的哲学思考"和第五章"文化热的前前后后"也是讨论中国文化问题的。当然，在这一时期中，我也读了一些有关的文献典籍和中外学者研究的成果，并写了一篇讨论这一时期从魏晋玄学到唐初重玄学发展的论文，在《道家文化研究》中发表。这篇文章大体上反映了我所思考的问题。如果说魏晋玄学表现了儒道会合的趋势，那么唐初重玄学则表现了儒道佛会合的趋势。在这中间，我比较注意的是中国文化如何吸收印度文化的问题，这是因为当前有一个我们所面临的中国文化如何吸收西方文化的问题。虽然时移势异，这两个吸收过程不会全同，但总也会为我们提供某些可以参考的经验。如果假我以年，在写出《从魏晋玄学到唐初重玄学》一书之后，再能写出一本《从唐重玄学到宋明理学》，那或可为中国学术文化作出一点小小的贡献。但是我并不甘心只写哲学史、学术史一类的书，而是希望写一本我自己的哲学的书。根据现在的条件，大概很难。不过人往往有一些不能实现的幻想，脱离主客观条件的幻想，幻想是很难实现的，因此写我自己的哲学思想恐怕写不出来的，这是我们这一辈知识分子的悲哀吧！

张文定同志提出把我这本《郭象与魏晋玄学》（增订本）也列入"北大名家名著文丛"[1]，当然我很高兴，也感到荣幸。但我也有自知之明，像我们这一代的知识分子的学术功力与老一代学者相比是有相当差距的。这是客观事实，我们大概也只能加倍努力来缩小这种差距，以期为我国的学术复兴作出一点力所能及的事。

在把这本《郭象与魏晋玄学》（增订本）交给北京大学出版社之前，我调整了部分章节，改正了其中的一些错字和某些提法，也增加了一些内容，但相当部分仍保存着原貌，可以说这本书仍然表达我现在对"魏晋玄学"认识的水平。本书最后由赵建永同志校订了一遍，特此致谢。

汤一介
2000 年 4 月

---

[1] 编者按：本书 2000 年在北大出版社首次出版时，纳入"北大名家名著文丛"，本次出版收入北大出版社"博雅英华"系列。